하나님을 바라보라

"하나님은
우리의 피난처시요 힘이시니
환난 중에 만날 큰 도움이시라
그러므로
땅이 변하든지 산이 흔들려
바다 가운데에 빠지든지
바닷물이 솟아나고 뛰놀든지
그것이 넘침으로 산이 흔들릴지라도
우리는 두려워하지 아니하리로다"

시편 46편 1-3절

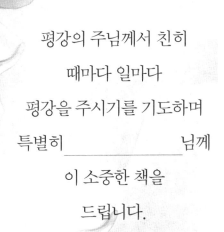

평강의 주님께서 친히

때마다 일마다

평강을 주시기를 기도하며

특별히 _____님께

이 소중한 책을

드립니다.

김장환 목사와 함께 / 경건생활 365일

하나님을 바라보라

나침반

하나님을 바라보면,
하나님의 은혜가 넘칩니다.

우리는 순간순간 수많은 것을 보며 살고 있습니다.
그러나 보고 있는 그 수많은 것들은 결국 하나님 아니면 세상입니다.
그런데 세상을 바라보면 염려와 한숨과 절망과 고통입니다
그러나 하나님을 바라보면 희망과 해결과 평안과 능력입니다

우리는 지난 세월과 비교할 수 없을 정도로
더 많은 것을 누리고, 더 많은 것을 얻지만,
영혼의 생기는 점점 잃어가고 있습니다.
세상의 유혹 속에 점점 거세지는 마귀의 공격으로
그리스도인들 역시 혼란 속에 빠질 때가 많습니다.
하나님을 바라보지 않기 때문입니다.
이런 시대일수록 우리는 더욱 더 고개를 들고 하나님을 향해
시선을 고정하고 하나님을 바라봐야 승리 합니다.

'하늘에 계시는 주여, 내가 눈을 들어 주께 향하나이다
상전의 손을 바라보는 종들의 눈과 같이,
여주인의 손을 바라보는 여종의 눈 같이,
우리의 눈이 여호와 우리 하나님을 바라보며,
우리에게 은혜 베풀어 주시기를 기다리나이다'(시편 123편 1,2절).
하나님의 은혜를 간구하는 다윗처럼 우리도 하나님을 바라보면 됩니다.

이 책이 매일 하나님을 바라보며 사는데 도움이 되기를 기도합니다.

하나님의 은혜를 구하며-

김장환(목사/극동방송-이사장)

1월

네 생명의 날이 대낮보다
밝으리니 어둠이 있다 할지라도
아침과 같이 될 것이요

욥11:17

정말로 지혜로운 시간 관리

● 잠 2:20 지혜가 너를 선한 자의 길로 행하게 하며 또 의인의 길을 지키게 하리니

　세계적 지도자인 빌리 그레이엄 목사님은 90세가 훨씬 넘은 나이에도 불구하고 최근에 그의 30번째 저서인 '집을 앞두고(Nearing home)'를 펴냈습니다.

　1973년에 "빌리 그래함 전도대회"가 여의도 광장에서 열렸는데, 5일 동안 연인원 320만명이 모였으며 전도대회 마지막 날은 110만명의 인파가 모여 집회사상 세계 최고 기록이었고, 세계 최대 규모였는데, 그때 제(김장환 목사)가 통역을 맡으면서 빌리 그래함목사님과의 만남이 시작되었습니다. 그 후로도 틈틈이 미국과 각국의 선교지에서 목사님과 만나 교제하며 동역하는 시간을 가졌지만 젊었던 그 시절이나 병까지 앓는 지금이나 여전히 왕성하게 세상을 향해 복음을 전하는 모습은 늘 존경스럽습니다.

　아름다운 말년을 바라며 천국에 갈 날을 준비하는 빌리 그레이엄 목사님은 책을 통해 모든 그리스도인들은 '왜 내가 이 세상에 살아있는지?'라는 질문을 끊임없이 던져야 한다고 말했습니다.

　아울러 우아하게 늙고 아름다운 말년을 보내기 위해서는 다음 네 가지 사실 "첫째, 시간이라는 선물을 이해하는 것. 둘째, 은퇴와 같은 삶의 변화에 적응하는 것. 셋째, 선택의 기로에서 감정에 의한 것이 아닌 현명한 판단을 내리는 것. 넷째, 하나님께 의지하는 것이 영광이라는 사실을 깨닫는 것." 이 중요하다고 말했습니다.

　새해가 시작되었습니다. 하나님이 주신 시간을 지혜롭게 선용하십시오.

💛 주님! 모든 일의 시작에 앞서 목적을 제대로 설정하게 하소서!

🎴 올 한 해에 세웠던 목표를 점검하고, 기도하십시오.

세월을 아끼라

● 벧전 4:2 그 후로는 다시 사람의 정욕을 따르지 않고 하나님의 뜻을 따라 육체의 남은 때를 살게 하려 함이라

유태인들은 자녀가 13세가 되면 손목시계를 선물하는 관습이 있다고 합니다.

'시간을 낭비하지 말고 잘 쓰라'는 뜻입니다. 바꿔 말하면 이제부터는 시간을 낭비하지 않고 잘 사용할 수 있는 나이가 되었다는 뜻입니다.

미국의 '헌팅턴 프레스' 신문사 입구에는 세 개의 동상이 있습니다.

한 동상은 사람이 지구본을 안고 있고, 한 동상은 사람이 지구본을 밟고 서 있고, 또 한 동상은 사람이 지구본에 깔려 있습니다.

신문사측은 동상의 의미에 대해 이렇게 말합니다.

"지구는 시간을 뜻합니다.

첫 번째 동상은 시간을 아끼고 관리하는 사람을 뜻합니다.

두 번째 사람은 시간을 우습게보며 귀중함을 모르는 사람입니다.

세 번째 사람은 시간을 잘못 사용해 고통을 당하는 사람입니다.

항상 흐르는 시간을 잘 관리하고 최선을 다하자는 의미에서 이 동상을 세웠습니다."

확실한 계획으로 시간을 알차게 사용하십시오.

올 한해 많은 놀라운 일들을 경험하게 하실 하나님에 대한 기대감으로 새롭게 시작하십시오.

🩶 주님! 유익한 목표를 위해 지혜롭게 시간을 사용하게 하소서!

🖼 올 한해 믿음 안에서 이루고자 하는 확고한 목표를 설정하십시오.

바라보는 각도

●마 22:18 예수께서 그들의 악함을 아시고 이르시되 외식하는 자들아 어찌하여 나를 시험하느냐

덴마크의 수도인 코펜하겐에 예수님의 초상화가 있습니다.

코펜하겐에 오는 사람이라면 모두 그 그림을 보고 갔기 때문에 평일이고 휴일이고 항상 초상화가 걸려있는 화랑은 붐볐습니다. 그림에 대한 소문을 듣고 평소에 궁금해 하던 런던의 한 화가가 있었는데, 마침 코펜하겐에 갈 일이 생겨서 그림을 볼 수 있게 되었습니다. 사람들이 많이 없는 조용한 시간에 찾아가 초상화의 구도와 채색법, 세밀함 등을 면밀히 관찰했으나 별로 특이한 점이 없었습니다. 그렇다고 딱히 그리스도의 품성이 느껴지는 것도 아니었습니다. 실망한 채로 돌아서려는 순간, 화랑의 관리인이 말했습니다.

"그 그림은 그렇게 감상하는 것이 아닙니다. 무릎을 꿇고 그림을 올려다보세요."

화가는 무릎을 꿇고 그림을 다시 보았습니다. 그러자 그림에서 아까와는 다른 기운이 느껴졌습니다. 그림에서 자비와 사랑의 기운이 흘러나오는 것 같았습니다. 화가가 그 그림을 그렇게 그린 의도는 사람들이 예수님을 구원자의 입장에 놓고 바라보기를 원했기 때문입니다.

사물을 바라보는 시선에 따라 모든 것이 달라집니다. 마찬가지로 우리가 예수님을 구원자로 볼 때 구원을 얻게 됩니다. 먼저 믿고 주님을 바라보십시오.

💗 주님! 의심의 시선을 거두고 구원의 기쁨에 집중하게 하소서!

🥋 예수님이 나를 구원하셨다는 사실에 의심을 갖지 마십시오.

자신감은 실력에서 나온다

● 고전 4:20 하나님의 나라는 말에 있지 아니하고 오
  직 능력에 있음이라

영화 배급사인 20세기 폭스사가 초창기에 영업부 직원을 구하고 있었습니다.

많은 지원자들이 몰렸지만 지원자들의 영업 실력을 알 수가 없어서 인사부 직원들은 골머리를 앓고 있었습니다. 직원 모집 기간이 끝나가던 무렵 다음과 같은 편지가 도착했습니다.

"저는 현재 가구를 팔고 있습니다. 저에게는 비록 내세울만한 학력도 없고, 동종 업종의 경험도 없지만 영업만큼은 자신이 있습니다. 제가 편지를 보낸 주소로 찾아오시면 저의 능력을 바로 확인하실 수 있습니다. 아무 때고 가구를 사는 척하고 찾아와 주십시오. 저는 여러분이 누군지를 전혀 알아보지 못할 것입니다. 그러나 여러분이 저를 알아보기 위해 저는 항상 빨간 모자를 쓰고 있겠습니다."

당시 영업부에 지원한 사람들은 천 오백 명이 넘었는데 폭스사는 면접도 보지 않고 편지 한 통으로 그 청년을 뽑았습니다.

실력이 있는 사람들은 말이 아닌 행동으로 보여줍니다. 그리스도인들의 실력은 곧 말씀이며 우리의 삶을 통해 그것을 보여줄 수 있습니다. 성령이 충만하고 말씀을 실천하는 삶에는 곧 하나님의 능력이 따릅니다. 실력으로 인정받는 그리스도인이 되십시오.

💙 주님! 성령충만으로 하나님의 능력을 체험하는 삶을 살게 하소서!
🈂 하나님의 말씀을 공부하고, 기도로 하나님의 능력을 구하십시오.

기도의 삼 단계

● 마 6:9 그러므로 너희는 이렇게 기도하라 하늘에 계신 우리 아버지여 이름이 거룩히 여김을 받으시오며

신학자 토마스 버튼은 기도를 다음의 세 가지 단계로 구분 하였습니다.

①지적인 단계의 기도입니다.

이 기도는 마치 사람과 대화하듯이 하나님과도 대화하는 기도입니다.

'내'가 주체가 되어 하는 기도로, 신앙의 초창기에는 이런 방식으로 기도를 시작하는 것이 보통입니다. 하지만 잘못 될 경우 중언부언하거나 자기 암시적인 반성 기도로 그치기가 쉽습니다.

②명상적 단계의 기도입니다

이 기도는 지적인 상태에서 한 단계 더 나아가 심령 깊은 곳에서 하나님을 느끼고 체험하려는 자세의 기도입니다. 지적인 단계보다는 높은 수준의 기도지만 자아의식이 강하게 살아있게 되면 내 뜻을 관철시키려는 기도가 될 수 있습니다.

③ 신뢰적 기도입니다.

이 기도는 '주께서 가르쳐주신 기도'와 같은 맥락입니다. 이 기도는 자신을 비우고, 정화한 뒤에 오직 하나님께 모든 것을 맡기는 기도입니다. '나'라는 주체를 부정하지는 않으나 '나'에 대한 집착이 없을 때 이런 기도를 할 수 있습니다. 어린 아이의 마음으로 하나님을 깊이 신뢰할 때 이런 기도를 할수가 있습니다.

기도에서 중요한 것은 솔직한 우리의 마음입니다. 우리의 모든 것을 솔직하게 주님께 아뢸 때 하나님이 원하시는 모습으로 우리를 이끄심을 믿으십시오.

♥ 주님! 신뢰적 기도로 매일 주님 앞에 나아가게 하소서!

🎴 하루의 시작과 마무리를 진솔한 기도로 하십시오.

바르게 가르치라

● 엡 6:4 또 아비들아 너희 자녀를 노엽게 하지 말고 오직 주의 교훈과 훈계로 양육하라

교육학자 콜리지는 어려서부터 아이들에게 바른 교육을 적극적으로 시켜야 한다고 주장하는 사람이었습니다.

반대로 어린이들에게 종교적인 가치가 깃들어 있는 교육을 시키면 안된다고 주장하는 사람이 있었습니다. 어린 아이들은 아직 가치관과 정체성이 형성되기 이전이기 때문에 어느 한 방향으로 교육이 치우쳐서는 안된다는 것이 그 사람의 주장이었습니다. 따라서 기본적인 교육만을 받은 후 스스로 생각할 나이가 되면 그때 본인 스스로 선택하는 것이 올바른 교육의 방향이라는 것이었습니다. 콜리지는 그 사람을 관리가 전혀 되지 않은 정원으로 데려가 소감을 물었습니다.

"이 정원은 좀 정리할 필요가 있겠군요. 일단 잡초를 제거하고, 흙을 깨끗이 덮어야겠어요. 그리고 군데군데 꽃을 더 많이 심어야 보기 좋을 것 같습니다."

"그래요? 하지만 그렇게 되면 이 정원의 자유는 어떡합니까? 저는 이 정원에게 스스로를 나타내고 표현할 자유를 준 것 뿐입니다. 기다리다보면 언젠가 이 정원도 당신의 말처럼 아름다워 지지 않을까요?"

상대방은 아무 말도 하지 못하고 그 자리를 떠날 수밖에 없었습니다.

바르게 교육하는 것은 때를 막론하고 중요합니다. 어린 아이나 장성한 어른이나 바른 믿음으로 신앙생활을 하는 것은 매우 중요한 일입니다. 어린아이들의 교육을 소홀히 하지 말고 배움의 시간을 아까워하지 마십시오.

💙 주님! 하나님의 말씀을 통해 바르게 양육 받고 양육하게 하소서!

🎞 하나님의 말씀을 공부할 계획을 세운 뒤 실행하십시오.

화합의 기쁨

 ● 시 133:1 보라 형제가 연합하여 동거함이 어찌 그리 선하고 아름다운고

프랑스의 한 수의사가 목장의 말들을 관찰하다가 흥미로운 사실을 발견했습니다.

목장에는 4마리의 말들이 있었는데, 4마리의 말들은 서로 사이가 매우 안 좋았습니다. 만나기만 하면 격렬히 싸워서 서로 같은 우리에 넣을 수가 없었고 함께 마차를 끌 수도 없었습니다.

수의사는 말들을 서로 다른 우리에 넣고 사이사이에 칸막이를 쳐놓았습니다. 그러나 칸을 사이에 두고도 말들은 서로 다투었습니다.

수의사는 이번에는 칸막이 사이에 서로 협동할 수 있는 놀이 기구 같은 것들을 만들어 주었습니다. 한 쪽의 말이 장난감을 쳐서 넘겨주면 옆쪽의 말이 다시 장난감을 쳐서 돌려주는 방식이었습니다. 장난감을 넣고 며칠이 지나자 말들은 더 이상 다투지 않았습니다. 그렇게 우리를 몇 번 바꾸어주자 4마리의 말들은 서로 호감을 보이기 시작했습니다. 한 우리에 넣어도 서로 머리를 비비며 우정을 나눴고, 마차도 무리 없이 잘 끌어 나갔습니다.

함께 할 무언가가 생기자 말들의 사이가 좋아진 것처럼 성도들 안에서도 서로 연합하는 것이 중요합니다. 함께 교제하고 전도하고, 또 주님의 비전을 향해 나아가는 과정을 통해 하나님이 바라시는 아름다운 모습으로 연합하십시오.

♡ 주님! 성도 간의 연합으로 더 큰 비전을 향해 나아가게 하소서!

🧩 교회 안에서 함께 교제하고, 취미를 나눌 수 있는 그룹을 만드십시오.

명품의 조건

● 시 139:14 내가 주께 감사하옴은 나를 지으심이 심
  히 기묘하심이라 주께서 하시는 일이 기이함을 내
  영혼이 잘 아나이다

'노블레스'라는 잡지에 명품 만년필 몽블랑에 대한 기사가 나온 적이 있었습니다.

"몽블랑 만년필 펜촉은 18K 금이고, 기계가 아닌 사람이 직접 만드는 수제품입니다. 몽블랑 만년필 한 자루 만드는 데는 보통 6주일이 걸립니다. 몽블랑의 최고급 제품 솔리테어 1497은 최고로 비싼 만년필로 1983년 기네스북에 올라 있는데 현재까지도 이 기록은 깨지지 않고 있습니다. J. F.케네디, 교황 요한 바오로 2세, 영국 엘리자베스 여왕 등 세계적인 명사들이 특히 몽블랑을 애용했습니다. 몽블랑이 이처럼 명품으로 자리 잡은 것은 우연이 아닙니다. 전통과 명성을 이어 나가기 위한 열정과 노력이 뒷받침되어 왔기 때문에 가능했습니다. 이 세상에 많은 종류의 만년필이 있습니다만, 그 어떤 것도 몽블랑을 따라올 수 없는 것은 몽블랑만의 품격이 있기 때문일 것입니다."

진정한 명품에는 가격과 세월을 뛰어넘는 무언가가 있습니다. 그러나 사람은 예수님을 영접할 때, 그 어떤 것과도 비할 수 없는 귀하고 영원한 가치를 지닌 명품으로 다시 태어납니다.

명품을 만드는 것은 끝없는 열정과 노력입니다. 그리스도를 많이 닮을수록 그리스도인들도 명품이 됩니다. 예수님을 따라 사는 것을 삶의 중요한 목표로 삼으십시오.

♡ 주님! 삶의 모든 일에서 주님을 닮게 하소서!
▨ 매일 조금씩이라도 주님을 닮아가는 삶을 위해 노력하십시오.

마음을 돌려라

 ●겔 18:30 주 여호와의 말씀이니라 이스라엘 족속아 내가 너희 각 사람이 행한 대로 심판할지라 너희는 돌이켜 회개하고 모든 죄에서 떠날지어다 그리한즉 그것이 너희에게 죄악의 걸림돌이 되지 아니하리라

뒤늦게 교회를 다니게 된 한 남자가 있었습니다. 한 친구가 그의 변화된 생활이 궁금해 물었습니다.

"예수를 믿고 나니 어떤가? 삶에 어떤 변화가 일어났는가?"

"예수님이 구원자라는 것을 확실히 믿게 되었네, 그리고 과거에 내가 얼마나 큰 죄인이었는지도 깨닫게 됐지."

"그래? 그렇다면 변화된 지금은 죄를 짓지 않겠군?"

"그렇지는 않네, 나는 지금도 많은 죄를 짓고 있네, 그 사실 때문에 가끔 힘들 때가 있네."

친구는 이상하다는 듯이 물었습니다.

"죄인인 사람이 변화되었는데도 죄인이라니? 이것은 모순이 아닌가?"

"예전에도 죄를 범했고, 지금도 죄를 범하고 있네, 하지만 예전엔 죄를 범하며 점점 죄 속으로 끌려가는 느낌이었다면 요새는 죄를 범하면서도 점점 죄에서 빠져나오고 있는 기분이네, 이것이 예수를 믿고 생긴 변화라네."

우리 죄를 주님께 자백할 때, 주님은 책망하지 않고 오히려 우리를 돌보아 주십니다. 죄에 대한 죄책감보다는 주님의 은혜에 더욱 감사하고 집중하십시오.

💜 주님! 죄를 향한 저의 마음을 주님께로 돌이키게 하소서!
🎌 예수님을 믿고 난 뒤 죄에서 벗어나고 있는지 확인해 보십시오.

보석의 값

● 고후 4:7 우리가 이 보배를 질그릇에 가졌으니 이는 심히 큰 능력은 하나님께 있고 우리에게 있지 아니함을 알게 하려 함이라

　인도의 성자 나나크데브에게 어떤 사람이 사람의 가치가 얼마나 되는지 물었습니다. 나나크데브는 내일 이 시간에 다시 찾아오면 그 때 알려주겠다고 대답했습니다. 다음날 그 사람이 다시 찾아왔고 나나크데브는 보석 하나를 주었습니다.

　"이 보석을 가지고 시장으로 가서 값을 물어보시오. 상점마다 들어가 보석을 얼마에 살지 물어만 보고 절대 팔지는 말고 오시오."

　시장에 간 사람은 먼저 과일가게 주인에게 그 보석을 보여주고 가격을 묻자 사과 10개 정도라고 대답했습니다. 다음으로 채소가게 주인은 감자 세 근 값으로, 대장장이는 오백만원 정도로, 보석가게 주인은 보석을 보더니 이렇게 말했습니다.

　"이 보석은 값을 붙일 수 없을 만큼 귀한 보석입니다. 만약 이 보석을 저에게 파신다면 원하는 만큼 돈을 드리겠습니다."

　이렇게 시장을 모두 돌고 온 사람에게 나나크데브는 말했습니다.

　"보석처럼 사람의 가치란 생각에 따라 달라집니다. 그 가치를 모르는 사람에겐 감자 세근의 가치지만, 그 진가를 아는 사람에겐 무엇에도 비할 수 없는 가치를 지니고 있습니다. 그 사람이 품은 생각이 그 사람의 가치입니다."

　사람은 자신의 생각만큼 성장할 수 있습니다. 하나님을 믿는 자녀들은 모두 무한대의 가능성을 지니고 있습니다. 사람은 할 수 없는 일도 하나님은 하실 수 있기 때문입니다. 주님의 자녀라면 우리의 무한한 가능성을 믿으십시오.

🩷 주님! 우리 자신의 진정한 가치를 깨닫게 하소서!
🖼 하나님의 자녀라는 것이 무엇을 뜻하는지 생각해 보십시오.

절망의 끝에서

● 시 23:4 내가 사망의 음침한 골짜기로 다닐지라도 해를 두려워하지 않을 것은 주께서 나와 함께 하심이라 주의 지팡이와 막대기가 나를 안위하시나이다

찬양사역자 황영택 집사님은 25세의 젊은 나이에 불의의 사고를 당해 하반신을 못 쓰게 되었습니다.

젊은 나이에 찾아온 불행에 모든 것을 포기하고 하루 종일 술만 마시며 한탄하는 포기한 삶을 살았습니다. 그러나 독실한 신앙인이었던 아내의 노력과 기도 덕에 '올바른 삶'에 대해 관심을 갖게 되었고, 성경을 통해 그 답을 찾게 되었습니다.

이후 무절제한 삶을 청산하고 병원을 다니며 재활을 한 뒤 장애인 테니스 선수로 제 2의 삶을 살았습니다. 국가대표로 선발되어 여러 국제대회에서 수상을 했던 황 집사님은 은퇴 한 뒤 주님이 예비하신 길을 따라 성악가로 사는 제 3의 인생을 시작했습니다.

주님은 황 집사님을 위해 37살의 나이였지만 성악가가 되는 길을 예비해놓으셨습니다. 그렇게 주님의 뜻을 좇아 새로운 삶을 살게 된 황 집사님은 어렵고, 힘든 상황에 처해있는 희귀, 난치병 어린이들과 다른 장애인들을 찾아가 노래를 통해 복음을 전하고 용기를 주는 사역을 하고 있습니다.

절망의 끝에서 주님을 만날 때 새로운 희망을 찾게 됩니다. 주님과 함께 할 때 어떤 고난도 이겨낼 수 있습니다. 우리 삶 속에서 함께 하시는 하나님을 신뢰하십시오.

💜 주님! 주님과 함께 라는 사실을 잊지 않게 하소서!
🔰 고난 중에도 주님으로 인해 힘을 얻으십시오.

환경은 중요하지 않다

● 사 45:21 너희는 알리며 진술하고 또 함께 의논하여 보라 이 일을 옛부터 듣게 한 자가 누구냐 이전부터 그것을 알게 한 자가 누구냐 나 여호와가 아니냐 나 외에 다른 신이 없나니 나는 공의를 행하며 구원을 베푸는 하나님이라 나 외에 다른 이가 없느니라

모세는 가난한 노예의 아들이었습니다.

이스라엘의 사사 기드온은 탈곡하는 사람이었습니다.

위대한 왕 다윗은 양치기였습니다.

예수님의 수제자 베드로는 어부였고, 사도 바울은 그리스도인들을 핍박하는 율법주의자였습니다.

영국의 대문호 셰익스피어는 푸줏간 집안에서 태어났습니다.

종교개혁을 일으킨 루터는 가난한 금속 제련업자의 아들이었고, 인도어로 성경을 번역한 모리슨 선교사는 구두수선공이었습니다.

그리고 인류를 구원하기 위해 이 땅에 오신 예수님은 목수의 아들이었습니다.

예수님의 권위 있는 가르침을 보고 당시 사람들은 '이는 목수의 아들이 아니냐?'라며 놀랐습니다. 그러나 하나님의 영광을 나타내는 데에는 사람의 출신과 환경, 그 어떤 것도 중요하지 않으며 걸림돌이 될 수 없습니다.

사람들은 성공에서 가장 중요한 것이 환경이라고 생각합니다. 그러나 환경이 중요한 것이 아니라 우리 삶을 이끄시는 분이 누구냐는 것이 정말로 중요합니다. 세상 어떤 권세보다도 위에 계시는 주님을 따르십시오.

♡ 주님! 세상소리가 아닌 주님의 소리에 집중하게 하소서!

🎇 세상의 길이 아닌 말씀의 길을 따르고 있는지 점검 하십시오.

얼굴 없는 천사

●잠 11:24 흩어 구제하여도 더욱 부하게 되는 일이 있나니 과도히 아껴도 가난하게 될 뿐이니라

서울 가리봉동에는 제대로 의료 치료를 받지 못하는 중국동포와 외국인 노동자를 위한 이주민의료센터가 있습니다.

2004년에 세워진 센터는 전액 무료로 운영됩니다. 때문에 운영이 매우 어렵습니다. 후원금이 제때 들어오지 않으면 어려운 상황이 일어납니다.

그런데 이주민의료센터의 존재가 점점 알려지면서 점점 후원과 기부금이 들어오고 있다고 합니다. 기부금 중에는 특히 정기적으로 큰 금액을 기부하면서도 자신의 존재를 전혀 드러내지 않는 얼굴 없는 천사들이 많이 있는데, 이들이 쓰는 입금명인 '여호와 이레', '샬롬', '오병이어' 등으로 미루어 기독교인일 것이라는 사실만 짐작한다고 합니다.

특히 '여호와 이레'라는 이름의 후원자는 4년 간 2억이 넘는 큰돈을 기부했습니다. 이런 호의에 보답하기 위해 병원 측은 조촐한 개원 기념식에 특별히 '여호와 이레'라는 후원자에게 특별감사패를 증정했습니다. 신원을 알 수 없어 감사패는 병원의 벽에 부착되었지만 정말로 의료센터가 힘들 때 뜻 깊은 기부를 통해 꺼져가는 이주민들의 희망을 밝혀주었기 때문입니다. 지금은 더욱 많은 사람들이 소액 기부로 센터를 후원하고, 단체에서도 정기적인 후원으로 센터를 돕는다고 합니다. 남의 어려움을 그냥 지나치지 않는 많은 사람들이 있어 우리 사회는 더욱 더 따뜻해지고 있습니다.

다른 사람의 필요와 어려움에 눈을 돌리고, 팔을 걷어야 참된 그리스도인입니다. 사회를 따뜻하게 만드는데 일조를 하는 그리스도인이 되십시오.

♥ 주님! 사회에 대한 그리스도인의 책임을 잘 감당하게 하소서!

▨ 하나님의 마음으로 다른 사람을 돕고 정기적인 선행을 실천하십시오.

용기의 사람

● 행 20:35 범사에 여러분에게 모본을 보여 준 바와 같이 수고하여 약한 사람들을 돕고 또 주 예수께서 친히 말씀하신 바 주는 것이 받는 것보다 복이 있다 하심을 기억하여야 할지니라

미국에서 인종차별이 심했던 과거에는 흑인들이 메이저리그에 뛸 수가 없었습니다. 흑인들은 니그로리그 라는 곳에서 따로 활동해야 했는데 이 벽을 최초로 허물었던 것은 재키 로빈슨이라는 선수였습니다.

수많은 인종 차별의 장벽에도 불구하고 그는 빼어난 성적을 올리고 있었습니다. 그러다 하루는 홈경기에서 재키가 중요한 실수를 했습니다. 그를 눈엣가시처럼 여기던 관중들은 이 기회를 놓치지 않고, 야유를 퍼붓고 욕을 했습니다. 쓰레기를 던지는 관중들도 있었습니다. 같은 팀 선수들도 흑인들을 싫어했기 때문에 아무도 재키를 보살피지 않았습니다.

그때 백인 동료인 리즈가 로빈슨에게 다가가서 그를 끌어 안았습니다. 일순간 관객들이 조용해졌고, 야유와 욕설이 수그러들었습니다. 이는 자칫하면 리즈마저도 관중들에게 외면을 당할 수 있는 위험한 행동이었지만 리즈는 전혀 동요하지 않았습니다.

먼 훗날 재키는 그때 자신을 감싸준 리즈의 팔은 자신의 인생을 구원해 준 것과 다름없다고 고백했습니다.

우리가 두려워해야 할 것은 사람들의 비난이나 부끄러움이 아니라, 불의와 범죄입니다. 어떤 상황에서도 성령님이 이끄시는 대로, 또 말씀대로 행동하는 용기있는 그리스도인이 되십시오.

♡ 주님! 사람의 시선보다도, 주님의 뜻에 순종하게 하소서!
🎴 성령의 감동대로 따르는 삶을 사십시오.

아름다운 불복, 아름다운 거부

● 엡 4:32 서로 친절하게 하며 불쌍히 여기며 서로 용서하기를 하나님이 그리스도 안에서 너희를 용서하심과 같이 하라

아프가니스탄전에 참전해 동료 36명을 구한 공로로 미국의 영웅이 된 다코다 마이어 예비역 병장은 명예 훈장을 받았습니다.

군인에겐 최고의 영예인 '명예의 훈장'은 지금까진 모두 죽은 뒤에 수여됐지만 마이어 병장은 처음으로 살아있는 상태에서 수여를 받았습니다. 당시 그의 행동은 상부의 명령을 거절하고 수행한 것이라 더욱 주목을 받았습니다. 간즈갈 계곡 전투에서 죽은 동료 병사 4명의 시신을 찾기 위해서 적진에 뛰어들려는 마이어 병장을 상부에서는 너무 위험하다며 중지 명령을 내렸습니다. 그러나 마이어 병장은 적진으로 뛰어 들어갔고, 그 결과 4명의 시신을 모두 찾고, 위기에 처한 36명의 병사까지 구했습니다. 그러나 언론과의 인터뷰에서 '나는 영웅이 아닙니다. 이 훈장은 그날 전투에 참전했던 모든 장병들의 몫입니다'라며 겸손했습니다. 아름다운 불복으로 영웅이 된 그가 또 한번 아름다운 거부로 화제가 되었습니다.

전역 뒤 여러 바쁜 행사 일정으로 뉴욕의 소방관 시험에 응시하지 못하게 되고 말았는데 4년에 한번 있는 소방관 시험에 빠지게 된 것을 마이어 병장이 아쉬워하자 뉴욕 소방국에서는 마이어 병장에게만 예외적으로 시험을 볼 수 있게 해주겠다고 했습니다. 그러나 마이어 병장은 "혼자만 예외를 받는 건 양심이 허락하지 않습니다. 그것은 저의 원칙과 가치와 타협하는 일이기 때문에 거부하겠습니다."라고 자신의 뜻을 밝혔습니다.

작은 일이라도 마땅히 할 바를 다하는 사람이 진정으로 용기 있는 사람이며, 가치 있는 사람입니다. 하루에 한번이라도 말씀을 실천하는 용기 있는 사람이 되십시오.

♡ 주님! 말씀을 실천함으로 삶 속에 말씀이 녹여있게 하소서!
🖼 듣고 배우는 것보다 깨닫고 실천하는 일에 노력하십시오.

고난의 뜻

● 고후 12:9 나에게 이르시기를 내 은혜가 네게 족하도다 이는 내 능력이 약한 데서 온전하여짐이라 하신지라 그러므로 도리어 크게 기뻐함으로 나의 여러 약한 것들에 대하여 자랑하리니 이는 그리스도의 능력이 내게 머물게 하려 함이라

이스라엘의 총리로 당선된 골다 메이어 여사가 이 세상을 떠난 뒤 '나의 생애'라는 제목의 그녀의 일대기를 담은 책이 나왔습니다.

그 책에서 메이어 여사는 자신의 약점에 대해서 이렇게 고백했습니다.

"내 얼굴이 못난 것은 정말 다행이었습니다. 저는 못났기 때문에 기도했고 못났기 때문에 열심히 공부할 수 있었습니다. 또 저의 약함을 통해 성장했기 때문에 결국은 이 나라에도 도움이 되었습니다. 저는 우리가 살면서 실망하고 슬퍼하는 일들은 하나님이 부르시는 신호라고 생각합니다."

메이어 여사는 자신의 고백과 같은 삶을 살았습니다. 여사는 백혈병에 걸려 투병 중이었지만, 밖으로 조금도 내색하지 않고 12년의 재임기간 동안 자신의 임무를 무사히 마쳤습니다.

메이어 여사는 고난을 통해 우리가 더욱 하나님을 붙들 수 있다고 생각했습니다.

사도 바울의 고백 역시 마찬가지였습니다.

약한 나를 알고 하나님께 매달리는 것, 그것이 능력의 비결이고, 고난의 숨겨진 뜻임을 기억 하십시오.

💗 주님! 고난을 통해 더욱 주님을 바라보게 하소서!
🧩 내 은혜가 내게 족하다는 바울의 고백을 묵상하십시오.

진정한 친구

● 잠 27:9 기름과 향이 사람의 마음을 즐겁게 하나니 친구의 충성된 권고가 이와 같이 아름다우니라

그룹 부활의 리더 김태원 씨는 모 TV오디션 프로를 통해 더 알려 졌으며 지금은 '국민 할매'라는 애칭으로 불리며 많은 국민들에게 사랑과 관심을 받고 있지만, 과거 밴드 활동이 잘 풀리지 않아, 인생을 포기한 채 살아가던 어려운 시절이 있었습니다.

김태원 씨는 한 방송과의 인터뷰에서 "그 힘들었던 시절, 결정적으로 도움을 준 친구가 있었습니다. 위기가 있을 때마다 언제나 절 찾아왔던 친구였습니다."라며 과거 도움을 준 친구에게 고마움을 표시한 적이 있었습니다. 제주도에 있는 교회에서 문화사역을 하고 있는 장동명 목사님이 바로 그 친구입니다.

장 목사님 역시 어렸을 때는 음악을 했습니다. 하지만 방황 속에서 보낸 힘든 청소년기의 끝에서 하나님을 만나며, 자신과 같이 소외감을 느끼는 사람들에게 희망이 되겠다고 결심했습니다. 그로부터 많은 친구들이 장 목사님의 도움을 받았고, 김태원 씨도 그 중 한 명이었습니다. 장 목사님은 오늘날 힘들어하고 있는 청소년들을 위한 문화사역을 준비하고 있습니다. 소외된 모든 계층의 사람들에게 기댈 친구가 되어주는 것이 장 목사님의 평생의 비전이라고 합니다.

진정한 친구는 나이를 초월하고, 모든 환경과 상황을 초월합니다. 주변에 힘들어하는 친구들에게 힘이 되고 도움이 되어줄 수 있는 신실한 그리스도인이 되십시오.

💜 주님! 가까이 있는 사람들을 위해 기도하고 위로하게 하소서!
🧩 한 주에 최소 3명의 지인들에게 안부를 물으십시오.

아름다운 퇴장

● 삼상 15:22 사무엘이 이르되 여호와께서 번제와 다른 제사를 그의 목소리를 청종하는 것을 좋아하심 같이 좋아하시겠나이까 순종이 제사 보다 낫고 듣는 것이 숫양의 기름보다 나으니

서울 효성교회 이창재 목사님은 2011년 교회에서 은퇴를 한 뒤 필리핀 선교를 떠나셨습니다.

정년까지는 5년이 남아 있었고, 목회하기 좋은 강남 지역이라는 이점과 자리를 잡은 천여 명의 성도가 있었습니다. 그런데도 조기 은퇴를 결심하게 된 것은 교회의 현 상황에 맞는 유능한 후임 목사가 있었고, 지금까지 쌓아왔던 40년 목회의 노하우를 필리핀의 현지 목회자들에게 전할 수 있는 기회가 찾아왔기 때문입니다.

아무리 목사님이라고 하더라도 인간적인 생각으로는 쉽지 않은 결정이었습니다. 그러나 편안한 노후보다, 교회와 선교사역을 위해 희생과 헌신하는 것이 하나님의 뜻이라고 믿었고 또 그런 결정을 이해해주는 사모님이 계셨기에 사택도, 월급도 없는 사역지를 향해 떠나는 결단을 내릴 수가 있었습니다. 인도와 베트남, 캄보디아를 비롯한 동남아시아 지역의 복음화를 위해 이 목사님은 오늘도 자신의 사명을 감당하고 계십니다.

그리스도인은 이 땅에서 감당해야 할 사명이 있습니다. 우리의 욕심을 내려놓고 하나님께 순종할 때 아름다운 퇴장을 하게 되고 하나님이 주신 다음 사역을 맡게 됩니다. 나의 욕심이 아닌 하나님의 뜻에 순종하십시오.

♡ 주님! 세상의 그 어떠한 것에도 집착하지 않게 하소서!

🦋 절대로 포기할 수 없는 세상일이 있는지 돌아보십시오.

반석위에 지은 집

● 마 7:24 그러므로 누구든지 나의 이 말을 듣고 행하는 자는 그 집을 반석 위에 지은 지혜로운 사람 같으리니

일본 동경에 있는 제국 호텔은 미국인 건축가 프랭크 로이드가 건축하였습니다.

로이드는 기초공사를 하는 데만 2년이라는 시간을 투자했는데 이것은 보통 건축물의 기초공사보다 배 이상의 시간과 돈이 드는 일이었습니다. 당시 일본의 건축가들과 언론들은 물론 기초공사가 중요하긴 하지만 저렇게까지 많은 시간과 투자를 하는 것은 낭비라고 평가했습니다.

기초공사에만 2년이 걸린 뒤 나머지 공사에 2년이 걸렸고 총 4년 만에 제국 호텔이 완성되었습니다. 공사는 완공되었지만 이후 몇 십년간 쓸데없는 데에 너무 많은 신경을 써 낭비를 한 대표적인 건축 케이스가 되었습니다.

그런데 52년이 지난 후 동경에 대지진이 발생했습니다. 대지진으로 인해 많은 건물들이 무너져 내렸고 도로가 끊어졌습니다. 그러나 제국 호텔만큼은 조금도 피해를 보지 않고 굳건했습니다. 평온할 때는 기초공사가 미련한 짓으로 보였지만 위기를 통해 그것이 얼마나 현명한 처사였는지 알게 되었습니다.

평온한 인생에서는 믿는 사람이나 믿지 않는 사람이나 모두 비슷한 삶을 사는 것 같이 보입니다. 그러나 고난이 찾아오고, 죽음이란 순간이 찾아올 때 누가 지혜로운 사람인지 알게 됩니다. 말씀을 듣고 행함으로 반석위에 집을 지으십시오.

♥ 주님! 반석위에서 살아가는 삶이 되게 하소서!
🧩 생활 속에서 말씀의 실천이 있는지 돌아보십시오.

희망을 달리는 영웅들

● 사 60:1 일어나라 빛을 발하라 이는 네 빛이 이르렀
  고 여호와의 영광이 네 위에 임하였음이니라

대구에서 열렸던 세계 육상 선수권 대회에서 특이한 이력으로 큰 화제와 감동을 주었던 두 명의 선수가 있었습니다.

먼저 '블레이드 러너'로 불리는 남아프리카 공화국의 오스카 피스토리우스 선수인데, 이 선수는 두 다리가 없어 대체 보형물을 끼고 달립니다. 장애인이라는 한계를 깨고 일반 선수들과 경쟁을 벌인 오스카 선수는 남자 400m에 준결선까지 진출했고, 1600m계주에서는 본선 진출에 일조를 하며 은메달까지 목에 거는 쾌거를 이룩했습니다. 다리가 없다는 장애를 극복하고 이제는 올림픽 진출이라는 꿈을 위해 노력하는 오스카 선수를 보며 사람들은 감동의 기립박수를 보냈습니다.

두 번째는 인구가 10만 명도 안 되는 작은 카리브 해의 섬나라인 그레나다의 키라니 제임스라는 선수입니다. 대부분의 사람이 있는지조차 모르는 작은 나라이지만 남자 400m 경주에서 깜짝 우승을 하며 키라니는 자신의 조국을 세계에 널리 알렸습니다. 변변한 지원조차 받지 못한 선수에다가 조국에서조차 기대하지 않았던 그의 우승에 모든 사람들이 기적이라고 칭송하며 그레나다라는 나라의 이름을 기억하게 되었습니다. 조국에서는 그의 생일을 국경일로 지정할 정도로 큰 감동을 받았습니다.

한계를 극복하려는 노력의 모습은 그 자체만으로 많은 사람들에게 감동과 희망을 줍니다. 마찬가지로 그리스도인들도 자신의 말과 행동으로 많은 사람들에게 진리와 복음을 전해야 합니다. 더욱 많은 사람들에게 영향력을 발하는 능력 있는 그리스도인이 되십시오.

💟 주님! 감동과 희망을 전하는 주님의 메신저가 되게 하소서!
🧩 하나님의 나라를 널리 알리는 복음의 영웅이 되십시오.

감동이 있는 복음

● 겔 3:14 주의 영이 나를 들어올려 데리고 가시는데 내가 근심하고 분한 마음으로 가니 여호와의 권능이 힘있게 나를 감동시키시더라

'한국의 슈바이처' 장기려 박사가 태어난 100주년 때 부산에서 작은 기념식이 열렸습니다.

아내와 5남매를 모두 이북에 두고 온 아픔도 감내하고 어떤 이익과 영예도 멀리하고 이웃사랑에 평생을 헌신한 장 박사를 우리는 '참 의사', '성자'라고 부릅니다.

장 박사는 청빈한 의사일 뿐 아니라 뛰어난 의사이기도 했습니다. 1943년 대량 '간 절제술'을 국내 최초로 성공했을 정도로 실력이 뛰어났지만 그 실력을 돈을 버는데 사용하지 않고 돈 없고 불쌍한 이들을 위해 사용했습니다. 전 재산을 털어 설립한 부산의 복음 병원의 작은 옥탑 방에서 평생을 지내며 남긴 유산은 1500만원 정도였고, 그나마 절반은 말년에 자신의 간병인에게 주었고 나머지는 가난한 사람들에게 나누어 주라고 유언을 남겼습니다. 병원의 초창기 시절에는 돈이 없는 사람에게 진료를 마친 뒤 직접 뒷문으로 도망가라고 하기도 했습니다. 장 박사는 이제 하늘나라로 떠났지만 그분이 남긴 선행과 청빈한 삶은 지금도 모든 사람들에게 깊은 감동을 전해주고 있습니다.

장기려 박사가 펼친 선행과 헌신의 모든 동기는 하나님에 대한 사랑이었습니다. 모든 것을 주님께서 책임져 주신다는 믿음이 재물에 연연하지 않고 진정으로 남을 돕는 삶을 살게 만들었습니다. 말씀을 실천하는 삶에는 감동이 있고, 저절로 복음이 전해지는 능력이 있습니다. 어떤 일을 하던지 복음을 전하며 사십시오.

♡ 주님! 헛된 것을 포기하고 참된 것을 구별하는 지혜를 주소서!
🖼 말씀이 전해지는 삶이 되도록 조금씩 변화하십시오.

빛이 거하는 사람

● 벧전 2:9 그러나 너희는 택하신 족속이요 왕 같은 제사장들이요 거룩한 나라요 그의 소유가 된 백성이니 이는 너희를 어두운 데서 불러내어 그의 기이한 빛에 들어가게 하신 이의 아름다운 덕을 선포하게 하려 하심이라

한 컨설팅 업체에서 식재료를 구입하는 소비자들의 구매 심리에 대해서 연구를 했습니다.

실험은 같은 조건에 같은 크기의 매장에서, 같은 채소를 같은 가격에 판매하는 방식으로 이루어졌습니다.

서로 다른 것은 조명뿐이었습니다. 한 곳은 채소를 비추는 조명을 아주 밝게 했고, 다른 한쪽은 매장 평균에 맞추었습니다. 그렇게 여러 번에 걸쳐 판매하자 조명을 밝게 한 매장에서 평균 30%정도의 높은 판매율을 보였다고 합니다.

컨설팅 업체는 이것에 대해 사람들은 빛이 비추는 채소를 더욱 싱싱하고 맛있게 생각하기 때문이라고 결론 내렸습니다.

그리스도인과 그리스도인이 아닌 사람의 차이도 이렇습니다. 그리스도인의 마음엔 진리의 빛이 있어야 하고, 얼굴은 그 빛을 나타내야 합니다. 그리스도인이 있는 곳에선 항상 사랑과 위로가 넘쳐야 합니다. 우리의 말과 행동, 즉 생활 자체가 하나님의 진리에 대한 선포가 된다는 사실을 잊지 마십시오.

💙 주님! 제가 가는 곳마다 주님의 덕이 세워지게 하소서!
🔲 어디서나 항상 그리스도인이라는 정체성을 잊지 마십시오.

홀로코스트의 기적

● 엡 2:10 우리는 그가 만드신 바라 그리스도 예수 안에서 선한 일을 위하여 지으심을 받은 자니 이 일은 하나님이 전에 예비하사 우리로 그 가운데서 행하게 하려 하심이니라

제2차 세계 대전이 일어나면서 폴란드가 나치 연합군에게 점령을 당했습니다. 나치는 폴란드의 모든 유대인들을 한 지역에 격리시켜 죽이기 시작했습니다.

당시 10세였던 헨릭의 부모님은 아이를 살리기 위해서 미리 고아원에 보냈습니다. '아무에게도 절대로 유대인이라는 말을 하지 말아라'라고 말하는 부모님의 모습이 헨릭이 기억하는 마지막 모습이었습니다. 그렇게 고아원에 있다가 탈출선을 타고 헨릭은 구출되었고, 기적같이 홀로코스트의 위험에서 벗어나 이스라엘로 떠날 수 있었습니다.

쯔비라는 새 이름을 얻은 헨릭은 군인으로써 새 삶을 살게 되었는데, 우연히 한 관광객으로부터 선물 받은 신약성경을 통해 그는 예수님을 구세주로 영접하였습니다. 이것은 이스라엘에 살고 있던 쯔비에게는 매우 위험천만한 일이었습니다.

쯔비는 주변의 유대교인들에게 심한 차별을 받았고, 그의 가족들까지 괴롭힘을 당했습니다. 그의 어린 딸 루티는 기독교를 믿는다는 이유로 다른 아이들에게 수시로 폭행을 당했습니다. 그러나 쯔비는 그런 유대인들의 행동에 오히려 의연히 대처하고 포용함으로써 더욱 강력히 복음을 전하고 있습니다. 홀로코스트에서 살아남고 다시 이스라엘로 건너오게 된 것이 유대인의 선교를 위한 하나님의 예비하심이라는 사실을 깨달았기 때문입니다.

예수님을 따르는 삶은 도전의 연속입니다. 우리 삶에 임하는 하나님의 계획을 깨닫고 순종하십시오.

♥ 주님! 날 향한 주님의 계획을 깨닫게 하소서!
▨ 나의 삶을 향한 주님의 계획을 묵상하고 기도함으로 구하십시오.

하나님 중심의 결과

● 마 21:3 만일 누가 무슨 말을 하거든 주가 쓰시겠다 하라 그리하면 즉시 보내리라 하시니

ISI(Image solution Inc.)사는 현재 미국에서 가장 주목받고 있는 IT기업 중 하나입니다. 이 기업은 '이윤추구'라는 기업의 기본목표가 아닌 '하나님 중심'이라는 경영원칙을 가지고 운영되고 있습니다.

이 회사의 설립자이자 C.E.O.인 김진수 장로님은 삶의 고비마다 도우시는 하나님의 손길을 느끼고, 경험했기 때문에 이윤이 전부가 아니라는 사실을 확실히 알고 있기 때문입니다.

회사문화도 성경적입니다. 모두 평등한 분위기에서 진행되는 토론 문화를 정착시켰고, 직원들의 고민을 일대일 면담으로 파악해 중보기도를 해 줍니다. 회사가 얻은 이윤의 최소 10%는 사회로 환원합니다. 100% 성실하게 납세를 합니다. 하나님이 중심인 익숙지 않은 회사 문화에다가, 재정구조에도 손해를 볼만한 부분이 많지만 그럼에도 회사는 나날이 성장하고 있습니다. 하나님을 중심으로 할 때 아브라함에게 임한 축복이 오늘날 우리에게도 임한다는 것을 김 장로님은 굳건히 믿고 있기 때문입니다. 하나님의 축복을 통해 세상의 빛이 되는 것이 김 장로님의 사업의 목표이자 비전이라고 합니다.

모든 그리스도인들이 하나님이 우리의 중심이라고 고백하지만 그것을 삶에서 실천하는 경우는 많지 않습니다. 당장 앞에 닥친 현실이 우리의 믿음을 약하게 만들기 때문입니다. 하지만 하나님은 전지하시며 전능하십니다. 하나님을 향한 믿음으로 우리 삶의 중심을 하나님께 내어드리십시오.

♥ 주님! 말이 아닌 행동으로 하나님 중심의 삶을 살게 하소서!
🔲 내 삶의 주관자가 누군지 생각해 보십시오.

99%의 성공을 만드는 것

 ● 마 24:44 이러므로 너희도 준비하고 있으라 생각하지 않은 때에 인자가 오리라

　세계적인 패스트푸드 프랜차이즈 맥도날드의 초기 입점 성공률은 99%라고 합니다.

　이런 높은 성공률은 뛰어난 전략에서 비롯되었는데, 맥도날드는 점포를 입점하기 전에 철저한 사전조사를 거쳐 최적의 입지를 갖춘 곳에만 점포를 개설합니다.

　맥도날드에서 점포 가맹과 관련한 수칙 안에는 매장을 열고 닫는 시간부터, 매장의 조명 밝기, 화장실 청소 요령, 직원들을 뽑는 요령과 친절 교육에 이르기까지 점포 운영에 필요한 모든 사항이 총망라되어 있습니다. 물론 이런 지나칠 정도의 준비가 창업 초반에는 성장에 걸림돌로 여겨진 적이 있습니다. 하지만 꾸준히 노하우를 쌓고 원칙을 지킨 결과 지금은 높은 성공률 뿐 아니라 세계적으로도 빠르게 성장한 프랜차이즈가 되었습니다.

　지금은 도로뿐인 허허벌판이라도 맥도날드가 들어서면 곧바로 다른 업체들도 뛰어들어 상권이 형성됩니다. '맥도날드'는 곧 99%의 성공을 의미하기 때문이라고 합니다.

　하나님의 일을 하는 데에도, 우리의 인생에도 많은 준비가 필요합니다. 하나님을 잘 따르다 순간 벗어나 파멸한 많은 사람들이 있습니다. 처음부터 끝까지 주님을 따르는 그리스도인이 되십시오.

💙 주님! 많은 준비를 하고도 주님을 의지하는 그리스도인이 되게 하소서!
🎴 종말을 두려워하지 않는 믿음을 가지십시오.

마음의 창

● 살전 4:6 이 일에 분수를 넘어서 형제를 해하지 말라 우리가 너희에게 미리 말하고 증언한 것과 같이 이 모든 일에 주께서 신원하여 주심이라

　많은 돈을 벌었지만 자기밖에 모르는 부자가 있었습니다.

　그 부자가 하루는 먼 나라로 여행을 떠났다가 지역의 유명한 현자를 찾아가 가르침을 구했습니다. 현자는 그 부자가 매우 이기적인 사람인 것을 알고는 집안의 창문 앞으로 데리고 가서 물었습니다.

　"무엇이 보이십니까?"

　부자는 "밖에 있는 사람들이 보입니다."라고 대답했습니다.

　현자는 다음에 커다란 거울 앞으로 데리고 가서 똑같은 질문을 했습니다.

　"무엇이 보이십니까?"

　"제 얼굴이 보입니다. 그런데 도대체 이런 뻔한걸 왜 물으십니까?"

　현자가 말했습니다.

　"창문과 거울은 모두 같은 유리입니다. 그러나 거울 뒤에는 수은이 칠해져 있어 자신밖에는 보이지 않습니다. 마찬가지로 마음이 욕심으로 칠해진 사람은 자신밖에 모릅니다. 자신밖에 모르는 사람은 함께하는 기쁨을 모르는 불쌍한 존재랍니다."

　우리는 스스로의 마음의 창을 통해 세상을 바라봅니다. 마음의 창이 맑게 닦여 있을 때 서로 도우며 살아갈 수 있습니다. 이웃을 사랑하십시오.

💜 주님! 주님 앞에, 이웃 앞에, 마음을 항상 정결히 하게 하소서!

🧩 될 수 있는 한 모든 이웃과 화목하십시오.

공부보다 중요한 것

●잠 17:3 도가니는 은을, 풀무는 금을 연단하거니와 여호와는 마음을 연단하시느니라

우리나라 최고의 수재들이 다닌다는 서울대 학생들에 대해서 서울대 교수에게 묻는 이색 설문조사가 있었습니다.

서울대 내의 연구센터에서 진행된 이 연구는 서울대 교수 158명을 대상으로 진행되었습니다.

먼저 교수들은 학생들의 전공지식, 논리적 사고력, 학습능력에 대해서는 80% 이상의 교수들이 잘 되어지고 있다고 대답했습니다. 반대로 부족한 덕목으로는 공동체 의식과 배려심(40%), 창의성(27%)과 대인관계 능력(16%)이 그 뒤를 이었습니다. 교수들은 특히 학생들의 학습능력에 비해서 창의성이 크게 뒤진다고 평가했으며, 배려심, 공동체 의식과 같은 덕목들은 제대로 되어지고 있지 않아 학교차원의 대책이 필요하다고 (85%) 응답했습니다. 연구소는 이런 현상이 요즘 학생들에게 전반적으로 일어나고 있는 현상이지만 학습능력에 비해 여러 덕목들이 뒷받침하지 못하는 것은 사회적으로도 큰 문제가 될 여지가 있다고 분석했습니다.

대체로 '명문', '최고'만을 추구하는 교육은 실력은 키워도 인성은 키우지 못한다고 합니다.

사람에게는 하나님이 주신 각자의 재능이나 은사와 각자의 길이 있습니다. 학교 성적과 좋은 대학보다도 더욱 중요한 것은 하나님이 주신 사명을 알고, 평생의 비전을 깨닫는 것입니다. 좋은 성적보다도 올바른 마음을 가질 수 있게 자녀들을, 학생들을, 청년들을 지도하십시오.

♥ 주님! 최선으로 주님께 드리게 하소서!

🎴 성과지상 주의의 사고방식을 탈피하십시오.

인생에서 필요한 것

● 요 4:24 하나님은 영이시니 예배하는 자가 영과 진
리로 예배할지니라

　미국의 한 기독교 언론의 조사에 따르면 세계에서 정기적으로 종교의
식에 참여하는 성인비율이 가장 높은 곳은 미국이라고 합니다.

　이 조사를 주도한 미시건대의 잉글하트 연구원은 일반적으로 노령인구
의 증가추세와 정기적인 예배를 드리는 비율이 연관되어 있다고 말했습
니다.

　이것은 나이가 들수록 자신의 존재에 대해서 다시 생각하기 때문에 종
교생활에 더욱 관심을 보인다는 것입니다.

　또 다른 특징은 일반적으로 부유한 나라보다는 못사는 나라들이 종교
활동에 더욱 관심을 보이고, 낮은 자살률을 보였습니다.

　요약하자면 사람은 나이가 들고 너무 풍족하지 않은 환경에서 더욱 종
교 활동을 열심히 했습니다.

　진정으로 하나님께 예배를 드리는 사람들은 자신의 부족함을 아는 사
람들입니다. 물질적인 풍요는 인생의 끝자락에서 아무런 만족감과 행복
감을 주지 못합니다.

　하나님 앞에서 올바로 서있는 사람의 인생이 행복한 사람입니다. 인생
에서 가장 필요한 것은 자신의 부족함을 아는 것 그리고 진정한 예배를
드리는 것임을 잊지 마십시오.

♥ 주님! 하나님을 아는 것이 인생의 목적임을 알게 하소서!
🎨 하나님을 알아가는 시간이 예배임을 깨달으십시오.

우리를 강하게 만드는 시련

 ●벧전 5:10 모든 은혜의 하나님 곧 그리스도 안에서 너희를 부르사 자기의 영원한 영광에 들어가게 하신 이가 잠깐 고난을 당한 너희를 친히 온전하게 하시며 굳건하게 하시며 강하게 하시며 터를 견고하게 하시리라

로키 산맥의 해발 3천 미터부터는 수목 한계선입니다.

3천 미터 이상의 고도에서는 사실상 풀과 나무들이 자랄 수 없는 지역입니다. 하지만 수목 한계선 너머에서도 드문드문 자라는 나무들이 있습니다. 이 나무들은 매서운 바람과 높은 기압 탓으로 일반적인 나무들처럼 곧게 자라나질 못합니다. 뻗기는커녕, 구불구불 휘어져 마치 무릎을 꿇는 모습으로 자라납니다.

어떤 산악인은 이런 나무들을 보고 '자라날 수 없는 환경을 극복하기 위한 나무의 겸손함'이라고 표현하기도 했습니다. 이 나무들은 비록 곧게 뻗지는 못하지만 다른 장점을 가지고 있습니다. 나무가 위로 자라지 못하는 대신 속이 알차져서, 악기를 만들 때 좋은 소리와 울림을 냅니다. 명품 바이올린은 수목 한계선 위에서 자란 나무들로 만들어집니다. 거친 바람과 척박한 환경이 번듯한 겉모습은 앗아갔지만 대신 더욱 값어치 있는 나무로 만들어준 것입니다.

온갖 역경과 아픔을 극복한 인생이 정말로 아름다운 인생입니다. 우리는 역경을 통해 하나님의 뜻을 알고, 주님께 더욱 기도하게 됩니다. 아름다운 선율을 세상에 울리는 주님의 아름다운 악기가 되십시오.

💜 주님! 우리를 강하고 온전케 하시는 주님의 계획을 믿게 하소서!
🔏 고난 올 때 감사하고, 시련이 올 때 기도하십시오.

자격에 어울리는 삶

● 엡 5:8 너희가 전에는 어둠이더니 이제는 주 안에서
빛이라 빛의 자녀들처럼 행하라

프러시아의 황제 프레드릭 2세는 재위하기 전까지 자기 멋대로의 인생을 살았습니다.

불량배들과 날마다 술을 마시며 거리를 배회하며, 도박판에 가서 흥청망청 돈을 썼습니다. 때로는 너무 술에 취해 자신이 누구인지도 잊을 정도였습니다.

그러던 어느 날, 아버지가 돌아가셨고, 왕위는 프레드릭 2세가 물려 받게 되었습니다. 대신들은 온 거리를 뒤져 술을 먹고 있는 프레드릭 2세를 찾아 그 사실을 알렸습니다.

아버지가 돌아가셨다는 소식과 자신이 황제가 되었다는 소식을 들은 프레드릭 2세는 단번에 자리를 박차고 일어섰습니다. 함께 있던 불량배들이 어디를 가느냐고 묻자 프레드릭 2세가 말했습니다.

"나는 더 이상 그대들과 함께 할 수 없네. 나는 그동안 나의 인생만을 살았기에 멋대로 살았으나, 이제는 한나라의 운명을 짊어지고 있는 황제라네. 더 이상 바보짓을 할 순 없다네."

프레드릭 2세는 이후 국민들을 잘 통합해 나라를 다스려, '프레드릭 대제'라는 이름으로 불렸습니다.

성도들은 그리스도의 자녀로서의 삶을 살아야 합니다. 그리스도인, 그리스도의 자녀라고 부를 수 있는 사람은 그에 합당한 삶을 살기 위해 노력하는 사람이라는 사실을 명심하십시오.

💙 주님! 날마다 주님의 자녀로 변화되는 삶을 살게 하소서!
🖼 그리스도의 자녀로써의 삶을 살고 있는지 생각해 보십시오.

불행하십니까?

● 벧전 3:17 선을 행함으로 고난 받는 것이 하나님의 뜻일진대 악을 행함으로 고난 받는 것보다 나으니라

미국 한 지역신문의 유명한 상담가에게 한 여성이 편지를 보냈습니다.

"저는 불행합니다. 저는 성인이 되었지만 여전히 부모와 함께 살며, 제 방도 없습니다. 부모님은 사사건건이 저의 생활에 간섭하며, 제가 하는 말은 전혀 믿어주시지 않습니다. 저는 대인관계도 좋지 않고 남성들에게 인기도 없습니다. 학력도 높지 않습니다. 무엇 때문에 사는지 도저히 모르겠습니다. 저의 미래는 어떻게 되는 것일까요?"

상담가는 자신의 조언 대신 13세의 소녀에게 온 편지를 답변으로 실었습니다.

"저는 걷지 못합니다. 두 다리가 없기 때문입니다. 태어나면서부터 얻은 장애로 저는 걷는다는 느낌이 뭔지 모릅니다. 제가 볼 때는 보고 듣고, 말하고, 걸을 수 있다는 것은 정말로 행복한 일입니다. 걸을 수 없다는 사실이 때로는 저에게 큰 슬픔이 됩니다. 그래도 저의 불행보다는 행복에 초점을 맞추려고 합니다. 그게 인생을 행복하게 사는 지혜가 아닐까요?"

없는 것에 집중하면 인생은 불행해집니다. 한 번 지나간 시간은 다시 돌아오지 않습니다. 이미 어쩔 수 없는 사실에 집중하게 되는 것은 소중한 시간을 낭비하는 것입니다. 내가 받은 것, 내가 할 수 있는 것을 생각하십시오.

♥ 주님! 받은 것에 감사하고, 행복을 느끼게 하소서!

🎴 행복과 불행 어느 쪽에 초점을 맞추고 있는지 점검하십시오.

2월

그는 시냇가에 심은 나무가
철을 따라 열매를 맺으며
그 잎사귀가 마르지 아니함 같으니
그가 하는 모든 일이
다 형통하리로다
시1:3

아버지의 사랑

●요 5:20 아버지께서 아들을 사랑하사 자기가 행하시는 것을 다 아들에게 보이시고 또 그보다 더 큰 일을 보이사 너희로 놀랍게 여기게 하시리라

미국 텍사스주에서 소방관을 하는 샤논 스톤 씨는 여섯 살 난 아들과 함께 야구장을 찾았습니다.

직업상 아들과 많은 시간을 보내지 못했던 스톤 씨는 야구장에서 아들에게 홈런 볼을 잡아주고 싶었는데 아들이 가장 좋아하는 텍사스의 외야수 조시 해밀턴 선수에게 이닝을 마무리하는 공을 잡게 되면 던져달라고 미리 만나 부탁까지 해놓았습니다. 해밀턴은 2회 말을 마무리하는 공을 잡고는 약속대로 스톤 부자가 있는 쪽으로 공을 던졌는데 펜스와 관중석 사이의 거리가 너무 멀어서 공이 조금 모자라게 갔습니다. 그러나 스톤 씨는 아들을 위해 그 공을 놓치지 않으려고 몸을 최대한 뻗었고 실수로 난간으로 추락하게 되며 목숨까지 잃게 되는 안타까운 일이 일어나고 말았습니다. 누군가에게는 공 하나 때문에 일어난 미련한 일처럼 보일지도 모르지만 그 행동에는 아들을 향한 아버지의 엄청난 사랑이 담겨 있었습니다.

2달이 지난 뒤 텍사스 야구팀 구단은 스톤 씨의 아들 쿠퍼를 시구자로 초청하는 선물을 주었고, 아들은 아버지의 사랑을 생각하며 눈물을 흘리며 시구를 던졌습니다. 5만 명의 관중들은 일제히 일어나 기립박수로 쿠퍼를 응원했고, 해밀턴 선수는 쿠퍼에게 '아버지가 얼마나 훌륭한 분이었는지 알길 바란다'며 존경의 마음을 아들에게 전달했습니다.

조금이라도 더 좋은 것을 해주고 싶어 하는 것이 모든 부모의 마음입니다. 그런가하면 모든 인류를 구원하고 싶어 하는 것이 하나님의 마음입니다. 크나큰 하늘 아버지의 사랑에 감사하십시오.

♡ 주님! 구원이라는 가장 큰 선물을 주신 주님의 사랑에 감격하게 하소서!
▨ 하나님의 큰 사랑을 생각하며 감사하는 하루를 사십시오.

사랑과 관심의 중요성

● 잠 17:9 허물을 덮어 주는 자는 사랑을 구하는 자요 그것을 거듭 말하는 자는 친한 벗을 이간하는 자니라

미국 북동부에 뉴잉글랜드 지역의 한 교도소에는 600명 정도의 청소년들이 수감되어 있습니다.

주마다 조금은 다르지만 미국에서도 청소년이 범죄를 저질렀을 경우 보통은 소년원에 가거나, 피해자와의 합의를 통해 마무리 짓는 경우가 대부분입니다. 하지만 청소년임에도 심각한 범죄를 저질렀을 경우 일반 교도소에 가게 됩니다.

이들의 가정환경에 대해서 조사한 결과 수감된 청소년 가정의 60%는 부모 중 한명이 알코올 의존증 환자였습니다. 당연히 부모들은 자녀들에게 무관심할 수밖에 없었고, 실제로 교도소에 간 자녀들에게 별다른 관심이 없다고 응답했습니다. 수감된 청소년들의 거의 대부분은 자신의 가정이 화목하지 않으며, 어린 시절을 통해 충분한 관심과 사랑을 받지 못했다고 응답했습니다.

이 자료는 단순히 화목한 가정의 필요성에 대해서 말하고 있는 것이 아닙니다. 사람들이 세상을 살아가고 바르게 성장하는 데에 사랑과 관심이 얼마만큼 필요한 것인지에 대해서 알려주는 것입니다. 세상엔 사랑과 관심이 필요합니다. 주위의 소외된 영혼들에게 사랑과 관심, 그리고 복음의 기쁜 소식을 전하십시오.

💗 주님! 사랑과 관심, 복음이 정말로 필요한 사람들을 찾아가게 하소서!
🖼 주위에 힘들어 하는 사람들에게 적극적으로 찾아가 위로하십시오.

성급함이 부른 어리석음

● 눅 8:15 좋은 땅에 있다는 것은 착하고 좋은 마음으로 말씀을 듣고 지키어 인내로 결실하는 자니라

중국 고사에 나오는 성급함에 대한 일화입니다.

제나라에 성질이 급한 한 농부가 있었습니다. 농부는 너무나 성질이 급했기에, 씨를 뿌린 뒤 1년이나 기다리는 것이 너무나 힘들었습니다.

하루는 벼를 바라보던 농부가 좋은 생각이 떠올랐다며 밭으로 달려갔습니다. 그리고 아직 키가 작은 벼들의 머리를 잡고 뿌리가 뽑힐 정도로 당겨 놓았습니다. 당장 벼 머리가 조금 높아지자 벼가 더 자란 듯한 느낌이 들었고 농부는 만족했습니다.

하지만 시간이 아무리 지나도 뽑아 놓은 이상으로 벼들이 조금도 자라지 않았습니다.

뿌리가 반쯤 뽑힌 벼는 땅으로 부터 양분을 빨아들일 수 없었기에 더는 성장할 수 없었습니다. 결국 모든 밭의 벼들은 한 달도 되지 않아 말라 죽고 말았습니다.

때를 기다리지 못하고 벼를 뽑아놓은 농부는 급한 성질 때문에 일 년 농사를 망쳐버렸습니다.

씨를 뿌릴 때가 있고, 수확을 할 때가 있습니다. 정해진 때를 기다리지 못하면, 안 좋은 결과를 얻게 됩니다. 믿음으로 구했다면 반드시 응답 받습니다. 성급함으로 일을 망치지 말고 항상 때에 맞게 최선을 다하십시오.

♡ 주님! 믿음으로 기다리는 여유를 갖게 하소서!

🧩 성급한 마음이 들 때마다 인내에 대한 말씀을 읽으십시오.

대대로 내려온 큰 뜻

● 창 17:9 하나님이 또 아브라함에게 이르시되 그런
즉 너는 내 언약을 지키고 네 후손도 대대로 지키라

　메리 스크랜턴과 윌리엄 스크랜턴은 한국 초기 선교의 길을 연 모자 선교사입니다.

　미국 감리교 여선교회의 임원이었던 어머니는 여성 평등과 교육에 헌신하며 이화학당을 설립했습니다. 의사였던 아들은 알렌 선교사와 함께 제중원에서 일하며 1만 명이 넘는 극빈층의 사람들을 치료했습니다. 이들 모자는 의료, 교육 사역과 함께 선교 사역에도 열을 올려 한국에 많은 교회들을 개척했습니다. 당시 한국 사람들은 메리 여사의 헌신에 감동해 존경하는 마음을 담아 '대부인(大夫人)'이라고 불렀습니다. 1909년 그녀가 천국으로 이사 갔을 때 상여를 따르는 무리가 8Km나 늘어섰다고 합니다. 그로부터 100년이 지난 2009년 이들 모자의 4,5대손들이 한국의 양화진을 찾았습니다. 후손들은 자신들의 고조할아버지와 그의 어머니가 머나 먼 한국 땅에서 한 헌신과 봉사에 대해서는 잘 몰랐지만 이날 설명을 통해 큰 감명을 받았습니다. 이들 후손들은 추도예배를 마친 뒤 선조들이 남긴 큰 뜻을 영원히 잊지 않고 그와 같은 삶을 살기 위해 노력하겠다고 다짐했습니다.

　우리의 믿음은 어디에서 내려왔을까요? 가깝게는 가족, 친구로부터, 멀게는 먼 나라에서 온 선교사로부터, 하나님의 계시를 받은 선지자로부터 온 것입니다. 즉, 우리가 오늘날 믿는 이 믿음은 오랜 세월동안 많은 사람들의 헌신과 희생을 거쳐 내려온 것입니다. 우리의 믿음 역시 누군가를 향해 퍼져 나가야 합니다. 믿음을 부끄러워하지 않고 당당히 전파하는 삶을 사십시오.

♥ 주님! 믿음의 소중함과 고귀함을 깨닫게 하소서!

🖼 믿음을 전하기 위해 희생한 많은 사람들을 생각하며 감사 기도를 드리십시오.

미혹의 시대

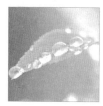 ●눅 21:8 이르시되 미혹을 받지 않도록 주의하라 많은 사람이 내 이름으로 와서 이르되 내가 그라 하며 때가 가까이 왔다 하겠으나 그들을 따르지 말라

　근 십 년 사이 국내에는 굉장히 많은 수의 신흥 종교들이 생겨나고, 또 유입되고 있습니다.

　한 단체의 조사에 따르면 현재 파악된 국내의 종교는 약 350여 개나 된다고 합니다. 토속적인 사상에 뿌리를 두고 있는 신흥 종교들이 특히나 급성장하여 그동안 51종파나 자리를 잡은 것으로 추정된다고 합니다.

　이런 종교들이 점점 성장하는 가운데 기독교의 비율은 오히려 점점 낮아지고 있다고 합니다.

　최근 들어 성장하는 종교들의 특징은 대부분 살아 있거나, 이미 죽은 사람을 교주로 모시고, 정상적인 사회생활이 불가능할 정도의 과도한 희생을 강요한다고 합니다.

　사회적으로도 큰 피해가 아닐 수 없습니다. 그리고 특히 기존의 기독교에서 벗어난 이단 종파가 많이 생겨, 기성 교회들을 비방하고 적대시하는 것을 전략으로 사용해 기독교계에 큰 피해가 생기기도 합니다.

　이 땅에 진리가 전파되지 않을 때 많은 부작용들이 생깁니다. 잘못된 종교는 사람들의 인생과 영혼을 파괴시킵니다. 진리를 믿는 기존의 성도들이 더욱 자신 있게, 담대하게 세상에 나가서 복음을 전파해야 합니다. 거짓 영에 미혹되지 마십시오.

♥ 주님! 잘못된 길에 빠지지 않고 오직 성령을 따르게 하소서!
🧩 신흥종교들에 관심을 갖고 올바르게 대처하십시오.

열매를 맺게 하는 세 가지 조건

●마 12:33 나무도 좋고 열매도 좋다 하든지 나무도 좋지 않고 열매도 좋지 않다 하든지 하라 그 열매로 나무를 아느니라

농사를 잘 하는 데에는 세 가지 비결이 있다고 합니다.

첫째, 먼저 좋은 씨앗이 있어야 합니다.

이것이 가장 중요합니다. 씨앗은 앞으로 자랄 생명에 대한 모든 정보를 담고 있습니다. 어떤 씨를 심느냐에 따라 어떤 열매를 맺을지도 결정됩니다. 콩 심은데 팥이 날 수 없고 팥 심은데 콩이 날 수가 없습니다.

둘째, 농부의 실력과 노력입니다.

농부는 씨를 뿌릴 때와 거둘 때, 거름을 줄 때와 땅을 쉬게 할 때를 결정합니다. 아무리 좋은 씨앗이라도 겨울에 뿌려진 씨앗은 피어나지 못합니다. 또한 농사는 매일 같이 해야 합니다. 하루라도 부지런히 돌보지 않으면 병충해에 대비할 수 없고, 앞으로의 수확의 때를 정확히 예측할 수 없습니다.

셋째, 씨앗이 뿌려지는 밭이 중요합니다.

밭은 좋은 씨앗이 자라날 수 있게 영양분을 공급해줍니다. 좋지 않은 씨앗이라도 옥토에 뿌려지면 많은 열매를 맺게 됩니다.

이 세 가지 조건이 모두 맞게 될 때에만, 풍성하게 수확 할 수 있습니다.

예수님은 그 열매를 보고 나무를 안다고 하셨습니다. 좋은 씨앗은 올바른 진리, 즉 복음입니다. 농부의 노력은 성경을 공부하고 기도하는 우리의 노력입니다. 옥토는 진리를 믿고 순종함으로 따르는 마음입니다. 우리의 믿음은 어떤 열매를 맺고 있습니까? 어떤 열매를 맺기 위해 노력하고 계십니까? 주님께 드릴 좋은 열매를 맺기 위해 노력하십시오.

♡ 주님! 좋은 열매를 맺는 좋은 나무로 자라나게 하소서!

▨ 어떤 믿음의 열매를 맺었는지, 또 맺고 싶은지 생각해 보십시오.

세상을 썩게 만드는 것

● 고전 6:10 도적이나 탐욕을 부리는 자나 술취하는 자나 모욕하는 자나 속여 빼앗는 자들은 하나님의 나라를 유업으로 받지 못하리라

작은 호수에 살고 있는 물고기들이 있었습니다.

호수가 작아 먹이가 풍족한 편은 아니었지만 그래도 맑은 물속에서 물고기들은 서로를 위해 가며 행복하게 살았습니다.

그런데 한 마리 물고기가 욕심을 부리기 시작했습니다. 지금보다 물고기가 조금 줄어들면 더 많은 먹이를 먹을 수 있고, 호수도 더 넓게 사용할 수 있을 것 같았습니다.

욕심이 생긴 물고기는 그날 밤 모두가 잠든 틈을 타서 한 마리의 물고기를 물어서 죽였습니다. 그런데 한 마리를 죽이니 또 욕심이 생겨, 점점 더 많은 물고기를 죽이기 시작했습니다. 그렇게 모든 물고기가 죽고 욕심을 부린 물고기 단 한 마리만 살아 남았습니다.

물고기는 텅텅 빈 호수에서 마음껏 먹이를 먹으며 잘살아보겠다며 좋아했는데 그로부터 며칠이 지나지 않아 죽고 말았습니다. 이미 죽은 물고기들의 시체가 썩어 물속이 오염되었기 때문입니다.

욕심이란 당장은 이득처럼 보이지만 결국 더 큰 손해를 보게 됩니다. 사람은 혼자서는 결코 행복할 수 없습니다. 예수님도 제자들과 사람들에게 늘 욕심에 대해서 주의시키셨습니다. 욕심이 마음과 세상을 썩게 만든다는 사실을 잊지 마십시오.

💜 주님! 마음속의 욕심과 이기심을 내어버리게 하소서!
🎴 나의 이득만 챙기기보다는 먼저 양보하십시오.

다섯 가지 거짓말

● 약 3:14 그러나 너희 마음 속에 독한 시기와 다툼이 있으면 자랑하지 말라 진리를 거슬러 거짓말하지 말라

사람들이 가장 많이 하는 거짓말 중의 대표적인 5가지 유형이 있다고 합니다.

①회피형 거짓말 - 자신의 잘못을 회피하기 위해서 하는 거짓말입니다. 높은 위치에 있는 사람이 이런 거짓말을 할 때 많은 사람들이 피해를 보는 경우도 있습니다.

②비난형 거짓말 - 오로지 남을 괴롭히고, 망하게 하려는 목적으로 하는 거짓말입니다. 다른 사람에 대한 열등감이 큰 사람들이 주로 이런 거짓말을 많이 하고, 빠르게 퍼트립니다.

③농담형 거짓말 - 자신의 유익이나, 남에게 해를 끼치려는 것이 아니라 정말로 장난으로 하는 거짓말입니다. 유머 감각이 좋은 사람들이 자주 하는 장난이지만 당하는 사람 입장에서는 의도치 않게 상처받는 경우가 있을 수 있습니다.

④아부형 거짓말 - 남을 기쁘게 해주려고 하는 거짓말입니다. 단점도 장점으로 만들어 주는 거짓말로 보통 높은 권력을 가진 사람들에게 아부하는 것이 이에 해당합니다.

⑤위장형 거짓말 - 다른 사람들에게 주목받기 위해서 하는 거짓말입니다. 작은 것도 크게 부풀려 말하는 것이 이에 해당합니다. 이런 사람들은 자신보다 못한 사람들을 무시합니다.

거짓말의 대부분은 남에게 해악을 끼치고, 양심을 속이게 만듭니다. 거짓말을 조심하십시오. 특히나 양심과 진리에 관련된 경우에 더욱 조심하십시오.

💗 주님! 작은 거짓말도 진리를 거스르는 것임을 알게 하소서!
🧎 습관적인 거짓말을 멈추고, 되도록 진실만을 말하십시오.

동일한 신앙

● 히 13:8 예수 그리스도는 어제나 오늘이나 영원토록 동일하시니라

　2010년 2월 4일 오바마 대통령은 연례 국가조찬기도회 연설에서 다음과 같이 말했습니다.

　"평화의 시기에도 기도가 필요하다고 생각합니다. 기도는 우리의 마음을 겸손으로 채우고, 서로를 생각하는 마음을 갖게 해줍니다. 자기만족과 자만을 경계해야 할 때 우리는 기도해야 하고, 이견이 있을 때는 서로 토론해야지 미워해서는 안 됩니다. 저도 대통력 직을 수행하며 좌절감이 들 때가 있습니다. 그러나 이런 순간 침착함과 평안을 주는 것은 기도와 신앙이었습니다."

　맥시 양은 아이티 대지진으로 인해 건물의 폐허 속에 친구와 함께 6일 동안이나 꼼짝 못하고 갇혀 있었습니다. 마실 물도 없었고, 조금의 식량도 없었습니다. 그러나 맥시 양과 친구는 삶에 대한 희망을 포기하지 않았고, 신앙심도 잃지 않았습니다. 힘든 상황 속에서도 하루 2번씩 기도를 했고, 또 자신들이 이런 상황을 겪는 데에는 하나님의 뜻이 있을 거라며 서로 격려했습니다. 결국 두 친구는 극적으로 구조되었고, CNN은 이 사건을 '대지진도 무너뜨리지 못한 신앙심'이라고 보도했습니다.

　하나님은 동일하십니다. 그분을 믿는 우리의 신앙도 환경에 관계없이 항상 동일해야 합니다. 마음이 힘들 때에도 상황이 힘겨울 때도 하나님께 의지함으로 힘을 얻으십시오.

💜 주님! 언제나 어느 때나 주님을 의지하게 하소서!
🔳 힘들 때에도, 기쁠 때에도, 주님과 함께하십시오.

불변의 진리

● 히 6:17 하나님은 약속을 기업으로 받는 자들에게
그 뜻이 변하지 아니함을 충분히 나타내시려고 그
일을 맹세로 보증하셨나니

불면증으로 심하게 고생을 하는 사람이 있었습니다. 너무나 괴로운 나머지 하루는 병원에 찾아갔습니다. 의사는 환자에 대해서 몇 가지 물은 뒤 처방을 내렸습니다.

"흠, 속이 너무 비어 있어서 그런 것 같습니다. 주무시기 전에 간단하게 뭘 좀 드십시오."

의사의 처방 덕분인지 며칠간은 잠을 잘 이룰 수 있게 되었습니다. 하지만 일주일이 지나자 다시 불면증이 찾아와 병원을 찾아갔습니다. 의사는 저번과 똑같은 질문을 한 뒤 말했습니다.

"흠, 아무래도 식습관에 문제가 있는 것 같습니다. 주무시기 전에는 아무것도 드시지 마십시오."

"아니, 뭐라고요? 일주일 전만 해도 자기 전에 뭘 먹으라고 하지 않았습니까?"

의사는 덤덤한 표정으로 말했습니다.

"그것은 일주일 전 이야기가 아닙니까? 그동안 의학이 얼마나 발전했는지 아십니까?"

매일 서로 반대되는 내용이 올라오는 건강 기사들이나 예전에 우리가 상식으로 알던 것들이 잘못된 지식으로 밝혀진 경우도 많이 생기고 있습니다. 그러나 이렇게 모든 것이 빠르게 변하는 세상이라 하더라도, 절대로 변하지 않는 만고불변의 진리가 있습니다. 하나님은 당신을 사랑하십니다. 어떤 상황에서도 이것만은 잊지 마십시오.

💙 주님! 변하지 않는 주님의 사랑을 언제나 느끼게 하소서!

🖼 하나님은 언제나 당신을 사랑하신다는 사실을 기억하십시오.

그리스도인의 건강 5계명

● 막 5:34 예수께서 이르시되 딸아 네 믿음이 너를 구원하였으니 평안히 가라 네 병에서 놓여 건강할지어다

"그리스도인의 건강 5계명"이란 글을 보았습니다.

① 일정한 시간에 일어나십시오.

매일 같은 시간에 일어나는 것은 생활 리듬을 지켜주고, 수면의 질을 높여 줍니다. 수면의 질은 하루의 질을 결정합니다.

② 아침을 여유 있게 만드십시오.

30분 정도의 여유시간을 만들어 하루를 꾸리십시오. 그 시간을 통해 하루를 구상하고, 말씀을 묵상하고 기도를 하십시오.

③ 자신의 일을 사랑하십시오.

우리의 일은 하나님이 주신 사명입니다. 일을 사랑하는 사람은 스트레스를 적게 받으며, 범사에 감사하며, 사랑이 가득한 삶을 살게 됩니다.

④ 충분한 휴식 시간을 주십시오.

하나님은 사람을 위해 안식일을 주셨습니다. 일을 열심히 하는 만큼 충분한 휴식이 필요합니다. 일과 휴식 사이의 균형을 유지하십시오.

⑤ 말씀에 순종하십시오.

하나님을 사랑하고 부모님께 효도하십시오. 하나님은 이 말씀을 지키는 사람들에게 부귀와 장수를 약속하셨습니다.

이 땅의 사명을 감당하기 위해 그리스도인들은 건강해야 합니다. 하나님이 이 땅을 창조한 원리에 순응하는 것이 진짜 건강의 비결입니다. 재물과 건강, 이 땅의 모든 것을 하나님의 사역을 위해 사용할 수 있게 초점을 맞추십시오.

💜 주님! 창조의 원리대로, 말씀대로 살아가게 하소서!

🎴 사역을 감당하기에 적합한 건강을 유지하고 있는지 점검하십시오.

열정이 부른 성공

● 시 62:5 나의 영혼아 잠잠히 하나님만 바라라 무릇
나의 소망이 그로부터 나오는도다

　세계적인 화장품 브랜드 '바비브라운'의 창립자 바비 브라운이 이화여
대에서 학생들을 대상으로 특별강의를 한 적이 있었습니다.
　세계 50개국에 천여 개의 매장을 내며 성공가도를 달리고 있는 세계적
인 CEO에게 학생들이 가장 궁금했던 것은 '성공을 하기 위해 필요한 것
이 무엇인지'였습니다.
　바비 브라운은 그 질문에 대해 "저는 원래 성공할 계획이 없었습니다.
단지 제가 사랑하는 일에 열정을 부었을 뿐입니다."라고 대답했습니다.
또한 "돈을 벌기 위해 직업을 선택하지 마십시오. 저는 단지 화장이 좋아
이 일을 시작했고, 저를 필요로 하는 곳이라면 어디든 찾아가서 도와주었
습니다. 대부분의 일을 공짜로 해주었지만 좋아하는 일을 했기에 행복했
고, 이 때 만났던 사람들이 나중에 저의 일을 크게 도와주었습니다."
　진정으로 성공한 사람들은, 많은 돈을 번 사람들이 아니라, 자신의 일
을 사랑하는 사람들입니다. 그리스도인들에게 성공의 목적과 이유는 무
엇일까요?
　그리스도인들의 성공은 하나님을 바라보는 데에서 나옵니다. 그분에
대한 사랑과 열정이 우리를 이 땅에서 성공으로 이끌어주며, 그것이 온전
한 성공입니다. 하나님에 대한 열정과 사랑으로 성공하십시오.

💟 주님! 성공에 대한 목적도 오직 주님 한분만 되게 하소서!
🖼 내가 아닌 하나님을 만족하게 하는 성공을 꿈꾸십시오.

가장 중요한 것

● 빌 3:8 또한 모든 것을 해로 여김은 내 주 그리스도 예수를 아는 지식이 가장 고상하기 때문이라 내가 그를 위하여 모든 것을 잃어버리고 배설물로 여김은 그리스도를 얻고

건망증이 심한 고3 학생이 있었습니다.

수험 전 날 그 학생은 필요한 준비물들을 종이에 적어 놓고 미리 챙겨 놓았습니다. 목록에 나온 모든 것들을 이미 철저히 챙겨 놓았기에 학생은 안심하고 잠들 수 있었습니다.

다음 날, 시험장에 도착하자 친구들이 물었습니다.

"오늘은 수험 날이니까, 그래도 준비물들 잘 챙겨왔겠지?"

"그럼, 사인펜, 연필, 지우개, 수험표, 시계, 모두 전날 미리 가방에 챙겨 놓았는걸?"

하지만 잠시 뒤 학생은 큰 실수를 저질렀다는 것을 알았습니다. 모든 것을 담아 놓은 책가방을 가져 오지 않은 것이었습니다.

예수 그리스도의 복음 안에 모든 것이 다 들어있습니다. 아무리 잘난 외모와 지식을 가져도, 많은 돈과 귀한 권력을 가져도, 이 복음을 모른다면 아무런 의미가 없습니다. 그 무엇보다도 그리스도의 구원을 알게 하신 하나님의 은혜에 깊은 감사의 기도를 드리십시오.

♥ 주님! 주님의 은혜에 항상 감사하고, 또 감사하게 하소서!
🌀 구원이 우리가 받을 수 있는 가장 큰 선물이자 은혜임을 기억하십시오.

중요한 것은 본질

●막 8:18 너희가 눈이 있어도 보지 못하며 귀가 있어도 듣지 못하느냐 또 기억하지 못하느냐

　그리스의 철학자 데마데스가 아테네 광장에서 사람들에게 중요한 연설을 했습니다.

　하지만 데마데스의 말이 너무 어렵고, 딱딱해서 사람들은 귀를 기울이지 않았습니다. 데마데스는 할 수 없이 사람들의 관심을 끌기 위해 이솝우화를 사용했습니다. 자신이 전하고자 하는 메시지에 맞는 이솝우화를 사용하면 사람들을 깨닫게 할 수 있으리라는 생각이었습니다.

　데마데스가 우화로 이야기하자 사람들은 그의 말에 귀를 기울였습니다. 그러나 그 속에 감춰진 본질은 깨닫지 못하고, 그저 재밌는 이야기로만 받아들였습니다. 데마데스의 노력에도 결국 사람들은 데마데스의 이야기에만 시선을 빼앗겨 정작 중요한 것은 놓쳤습니다.

　'철학자' 데마데스는 '이야기꾼' 데마데스로 불리게 되었습니다.

　아테네 사람들의 귀는 즐거웠지만 데마데스라는 훌륭한 철학자의 가르침을 놓치는 큰 실수를 범하고 있었습니다.

　본질을 놓칠 때 큰 실수를 하게 됩니다. 하나님의 말씀과 계명에 대한 본질을 이해하지 못할 때 우리는 귀를 닫게 되고, 오해하게 됩니다. 하나님은 오늘도 다양한 방법을 통해 우리에게 말씀하고 계십니다. 그 음성에 귀를 기울이고 그 말씀에 따르십시오.

💙 주님! 하나님의 마음을 이해하고, 주님의 음성을 듣고 따르게 하소서!
🎴 말씀 속에 담겨진 하나님의 뜻을 깨닫기 위해 노력하십시오.

믿음을 주는 리더

● 고후 1:24 우리가 너희 믿음을 주관하려는 것이 아니요 오직 너희 기쁨을 돕는 자가 되려 함이니 이는 너희가 믿음에 섰음이라

빌 하이벨스 목사님은 '리더십'이라는 저서에서 리더십의 중요성에 대해서 말했습니다.

올바른 리더십이 이끌 때 나라가 성장하고, 그리스도의 사명이 이루어질 수 있기 때문입니다. 또한 하이벨스 목사님이 말한 존경받는 리더의 유형에 대해 소개하겠습니다.

① 방향제시형

강력하고 확실한 미래를 제시하며, 모든 열정을 쏟는 타입.

② 격려형

사람의 특성을 잘 파악하고, 각자의 능력을 최대한 발휘시켜주는 타입.

③ 양치기형

팀원을 보살펴주고 사랑해주며, 관심을 갖고 이야기를 들어주는 타입.

④ 전략가형

해야 할 일을 차근차근 설정하여, 눈 앞 일부터 처리해나가는 타입.

⑤ 다리건축형

타협과 협상을 잘하며 융통성이 있다. 커다란 조직에 어울리는 타입.

리더는 자신보다 남을 더욱 세우는 사람입니다. 뛰어난 리더들의 공통점은 섬기는 사람들에게 '믿음'을 준다는 것입니다. 주위 사람들을 세우고 믿어주는 리더가 되십시오.

♥ 주님! 사람들을 올바로 이끌고 세상에 영향력을 발하는 리더가 되게 하소서!

▨ 진정한 리더십은 진정한 믿음에서 옴을 기억하십시오.

의지의 차이

● 골 1:29 이를 위하여 나도 내 속에서 능력으로 역사
하시는 이의 역사를 따라 힘을 다하여 수고하노라

학교도 다니지 못했고 14살 때부터 상점 점원으로 일을 해야 했던 워너메이커는 훗날 크게 성공해 '백화점 왕'이라는 별명으로 불렸습니다.

워너메이커는 사업에서 크게 성공했을 뿐 아니라 평생 독실하게 신앙생활을 해온 크리스천이었습니다. 83세 때에도 그는 여전히 왕성하게 일을 했고, 꾸준히 신앙생활을 했습니다.

워너메이커는 60년이란 긴 세월 동안 지치지 않고 일과 신앙생활을 모두 열정적으로 해낼 수 있는 이유에 대해서 이렇게 말했습니다.

"그것은 의지의 차이입니다. 저는 어려서부터 많은 종류의 사람을 봐왔습니다. 많은 사람들은 자신들이 바쁜 것을 싫어하면서도 바쁩니다. 그들은 일을 그만둘 용기도, 일을 잘해낼 의지도 없습니다. 그러나 저는 스스로 바쁨을 원합니다. 이렇게 많은 일을 감당할 수 있다는 사실이 나에게는 행복입니다."

싫어하면서 억지로 일을 하는 것은 그 일을 시킨 사람과 맡은 사람 모두에게 불행입니다. 지금도 하나님은 하나님을 위해 헌신할 준비가 된 사람들을 찾고 계십니다. 하나님의 사명을 감당할 준비를 하십시오, 사명을 감당할 의지를 가지십시오.

♥ 주님! 기쁨으로 사명을 감당하고 주님을 예배하게 하소서!
🔲 신앙생활과 맡은 사역에 기쁨이 있는지 확인하십시오.

특별한 검은띠

● 시 119:71 고난 당한 것이 내게 유익이라 이로 말미암아 내가 주의 율례들을 배우게 되었나이다

미국 매사추세스주의 실라 래지위츠 양은 32살이 되는 해에 태권도 검은 띠를 땄습니다.

그녀의 태권도 검은 띠는 조금 특별합니다. 선천성 희귀병에 걸려 팔, 다리가 수축되어 거의 없는 수준이고, 또 의사는 그녀가 태어나자마자 1주일도 살지 못할 것이라고 얘기했기 때문입니다. 그러나 그녀는 태어나면서부터 자신에게 주어진 모든 시련을 자신감 하나로 극복했습니다. 부모님도 그런 래지위츠 양의 자신감을 살려주어, 조금도 특별대우를 하지 않고 그녀가 하고 싶어 하는 모든 것을 할 수 있게 배려해주었습니다. 태권도를 배우기 전에는 승마와 축구, 인라인을 배웠지만 그동안 만났던 사람들 모두 래지위츠 양을 특별하게 보지 않았습니다.

그러다 그녀가 태권도 검은 띠를 따면서 언론을 통해 그녀의 인생이 미국 전역에 알려지게 되었습니다. 사람들은 자신감을 통해 모든 시련과 고난을 극복한 그녀의 인생을 통해 큰 감동을 받고 또 용기를 얻었습니다.

모든 고난 속에는 감춰진 뜻이 있고, 또 극복할 방법이 있습니다. 고난을 넘어선 사람들은 많은 사람들에게 감동이 되고 용기를 줍니다. 예수님의 고난 역시 마찬가지입니다. 우리가 주님의 고난을 기억하고 참예함으로 세상을 이길 힘을 얻게 됩니다. 주님이 고난을 통해 승리하셨음을 항상 기억하십시오.

♡ 주님! 우리가 경험하는 모든 것에 하나님의 큰 뜻이 담겨있음을 알게 하소서!

✖ 주님의 십자가 고난을 묵상하고 힘을 얻으십시오.

감동을 준 식사기도

● 골 4:2 기도를 계속하고 기도의 감사함으로 깨어 있으라

17세기 영국의 크롬웰 장군은 존경받는 정치인이자 군인이었습니다.

장군은 청교도 혁명 때 왕당파를 물리치고 공화국을 세운 업적을 세웠고 또 독실한 신앙인이었습니다.

하루는 장군이 어떤 만찬에 초대를 받아 대표로 기도를 하게 되었습니다.

기도는 매우 짧았습니다. 화려한 미사여구와 수식어도 붙지 않았습니다. 하지만 사람들은 짧지만 진심이 담긴 장군의 식사기도를 통해 많은 감동을 받았습니다.

장군은 이렇게 기도했습니다.

"하나님 아버지 이렇게 귀한 음식을 주셔서 감사합니다. 사람들 중에는 음식이 있어도 식욕이 없는 사람이 있고, 또 식욕이 있어도 음식이 없는 사람이 있습니다. 그러나 지금 저희에게 음식과 식욕을 모두 주신 하나님 감사합니다."

하루에 얼마나 기도합니까? 얼마나 감사합니까? 진실한 감사를 담은 기도를 주님께 드리십시오.

♡ 주님! 짧은 기도라도 진심을 담아 드리게 하소서!

🏚 식사기도를 습관적으로 드리지 마십시오.

격려와 칭찬의 위력

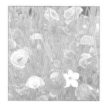 ●행 3:26 하나님이 그 종을 세워 복 주시려고 너희에게 먼저 보내사 너희로 하여금 돌이켜 각각 그 악함을 버리게 하셨느니라

자동차 왕 헨리포드는 '격려는 위대한 자산이다'라는 말을 했습니다.

이것은 그의 경험에서부터 우러나온 격언입니다.

포드가 '자동차'라는 기계를 만들기 위해 엔진을 개발하고 있을 때, 속칭 그 분야의 '전문가'라는 사람들이 모두 비웃었습니다. 심지어는 아내를 제외한 그의 가족들도 포드를 비웃었습니다. 그런데 에디슨만큼은 예외였습니다. 에디슨은 포드의 설명과 개발 중인 엔진을 보고는 이렇게 말했습니다.

"걸작이군! 이것은 분명 중요한 발명이네. 내가 보기엔 자네는 이미 해낸 거나 다름없네."

에디슨으로부터 칭찬을 들은 뒤에도 몇 년이 흐른 후에 엔진은 개발되었습니다. 하지만 포드는 평생 동안 '에디슨의 격려를 들었던 때'를 생각하면 세상을 다 얻은 기분이었다고 말했습니다.

'제대로 된 칭찬을 듣는다면 2달은 밥을 안 먹고도 살 수 있다'는 말이 있습니다. 그만큼 격려는 큰 힘을 갖고 있습니다. 또한 우리 모두가 아무 수고 없이 누구에게나 해줄 수 있는 귀한 능력입니다. 격려와 칭찬을 아끼지 마십시오.

♥ 주님! 비난보다 격려, 비판보다도 칭찬을 많이 하게 하소서!

▨ 사람들의 단점보다 장점을 먼저 보십시오,

조지 뮬러의 기도 원칙

●마 21:22 너희가 기도할 때에 무엇이든지 믿고 구하는 것은 다 받으리라 하시니라

평생 '5만 번'의 기도응답을 받은 조지 뮬러를 연구한 학자들은 그의 기도에는 다음 6가지 원칙이 있었다고 합니다.

① 축복의 근원이 되는 예수님의 공로에 대한 확신.

② 기도 전에 먼저 마음에 떠오르는 모든 죄를 자백하는 회개.

③ 하나님의 말씀에 대한 확실한 믿음.

④ 자신의 생각이 아닌 하나님의 뜻을 따르는 목적.

⑤ 하나님을 신뢰하고 기다리는 끈기.

⑥ 작고 사소한 일들도 기도하는 섬세함.

'믿고 구하는 것을 받는다'는 말씀이 사실인 것은 조지 뮬러의 삶을 통해 알 수가 있습니다.

조지 뮬러의 기도를 들어주신 하나님은 또한 우리의 기도도 들어주십니다.

'5만 번'의 기도응답을 부러워만 하는 하는 성도가 아니라, '5만 번'이상 기도 응답 받기를 원하는 성도가 되십시오.

♡ 주님! 믿음으로 응답받는 기도를 하게 하소서!

🖼 기도 노트를 만들어 구한 날과 받은 날을 적어보십시오.

너무 늦기 전에

●눅 15:6 집에 와서 그 벗과 이웃을 불러 모으고 말하되 나와 함께 즐기자 나의 잃은 양을 찾아내었노라 하리라

어떤 의대 교수님이 강의 시간에 실제 일어났던 환자의 상태에 대해서 설명한 후 학생에게 어떤 처방을 해야 하는지 물었습니다.

"만약 환자가 이런 상태라면 어느 정도의 약물을 처방해야 안전하겠나?"

학생은 자신 있게 대답했습니다.

"100cc정도를 먼저 처방하고 추후 상태를 본 뒤 50cc를 추가로 처방하거나 방치하겠습니다."

교수는 아무 말 없이 강의를 계속했습니다. 강의가 끝날 때쯤 처방을 내린 학생이 손을 들고 말했습니다.

"교수님, 제가 아까 처방을 잘못 내린 것 같습니다. 아까 상태의 환자라면 100cc의 약물은 너무 위험합니다."

교수는 강의실을 나가며 말했습니다.

"너무 늦었네, 자네 환자는 14분 전에 이미 죽었네."

생명이 달린 문제에는 특별히 신중할 필요가 있습니다. 더 늦기 전에 진리를 찾아야 합니다. 더 늦기 전에 많은 사람들에게 진리를 전해야 합니다. 때를 아끼며 구원의 복음을 전하십시오.

💜 주님! 구원이 생명과 직결된다는 사실을 깨닫게 하소서!
🧑 진리와 생명과 관련된 문제에는 항상 신중하십시오.

교육의 목적

● 눅 18:30 현세에 여러 배를 받고 내세에 영생을 받지 못할 자가 없느니라 하시니라

예전 타임지에 뉴욕대학의 시드니 후크 교수의 고별 강의가 실렸었습니다.

50년 가까이 학생들에게 철학을 가르쳤던 교수는 학생들에게 이런 말을 남겼습니다.

"지성이나 지식은 학생들이 추구해야할 최고의 가치들이지만 그것만 가지게 되면 쓸모없는 사람이 됩니다. 지식을 아무리 많이 갖고 있어도 도덕적인 생각과 용기를 갖지 못하면 실천을 하지 못합니다.

반대로 부족한 지성에 용기만 갖고 있다면 무모해집니다. 이런 사람들은 지극히 현실적이지 못한 환상의 세계만을 추구하게 됩니다.

제가 생각하는 교육이란 지식과 그것을 실천할 용기, 이 두 가지를 모두를 키우는 것입니다."

지식과 용기의 균형을 맞춰주는 것이 교육입니다. 마찬가지로 내세와 현세에 모두 복이 되는 것이 신앙입니다. 예수님을 믿음으로 내세에는 영생을 받고 현세에는 복을 받게 됩니다.

성경은 천국과 현세의 행복 모두를 약속하고 있습니다. 고난과 시련들도 행복을 향한 여정의 과정일 뿐임을 기억하십시오.

💜 주님! 믿음은 먼 미래가 아닌 오늘날에도 필요한 것임을 알게 하소서!
🗌 삶속에서 하나님의 능력을 체험하길 구하십시오.

관계의 깊이

●몬 1:6 이로써 네 믿음의 교제가 우리 가운데 있는 선을 알게 하고 그리스도께 이르도록 역사하느니라

　최근 '트위터'나 '페이스북'과 같은 소셜네트워크서비스(SNS)가 사회에 붐을 일으키고 있습니다.

　단기간에 폭발적으로 보급된 스마트폰과 거의 어디서나 사용할 수 있는 무선인터넷 덕분에, 사람들은 업무를 하거나 이동을 하면서도 실시간으로 글이나 사진을 올리며 다른 사람과 소통할 수 있게 됐습니다. SNS는 서로 모르는 사람들과도 손쉽게 친구를 맺을 수 있어서, 유명인의 경우는 몇 만에서 몇 십만, 일반인이라 하더라도 최소 몇 백 명의 온라인 인맥을 갖고 있는 경우가 대부분입니다.

　그런데 이런 대세에 반하는 '패쓰(PATH)'라는 SNS서비스가 최근에 등장했습니다. 한 명당 50명까지 밖에 친구를 맺을 수 없는 이 서비스가 추구하는 것은 간단합니다. '정말 소중한 사람과 관계를 맺으라'는 것입니다. 옥스퍼드대 인류학자 던바 교수의 연구에 따르면 사람이 가까운 인맥으로 기억할 수 있는 한계는 150명이라고 합니다. 따라서 수백, 수천에 달하는 온라인 친구들은 오히려 진정한 소통을 방해하고, 교제로 얻을 수 있는 유익들을 오히려 몰아낸다는 것입니다.

　A.W. 토저는 '의사소통의 수단은 점점 발달하고 있지만 사람들의 관계의 깊이는 점점 얕아져만 간다'라고 말했습니다. 진정한 교제를 나눌 수 있는 친구를 가진 사람은 행복합니다. 친밀한 교제를 나눌 수 있는 깊은 친구를 사귀십시오.

♡ 주님! 관계의 깊이에 더욱 가치를 두게 하소서!

🖌 깊은 관계를 맺고 있는 친구들을 더욱 소중히 여기십시오.

뉘우칠 기회

● 고전 16:11 그러므로 누구든지 그를 멸시하지 말고
  평안히 보내어 내게로 오게 하라 나는 그가 형제들
  과 함께 오기를 기다리노라

어느 나라의 왕이 신하들을 데리고 시장을 구경 갔습니다.

시장에 있는 보석상에 진귀한 보석이 들어와서 구경을 하기 위해서였습니다. 왕은 신하들과 함께 여러 보석을 본 뒤 다시 궁으로 돌아가고 있었습니다. 그런데 보석상 주인이 급하게 달려와 말했습니다.

"매우 비싼 다이아몬드 하나가 없어졌습니다. 제발 찾아주십시오."

왕은 자신의 신하들 중 한 명이 다이아몬드를 훔쳤을 것이라고 생각했습니다. 그리고 빈 항아리를 하나 가져오라고 한 뒤 신하들에게 항아리에 주먹을 쥐고 손을 한 번씩 넣었다 빼라고 했습니다.

모든 신하들이 주먹을 넣었다 빼고 항아리를 뒤집자 다이아몬드 반지가 나왔습니다. 왕은 자신의 신하에게 뉘우칠 기회를 주었던 것입니다. 다이아몬드를 훔쳤던 신하는 왕의 배려에 감복해 다시는 부정을 저지르지 않고 최선을 다해 왕을 보필했습니다.

잘못한 대로 처벌을 받는 것은 사실 당연한 일입니다. 하지만 뉘우칠 기회를 주는 배려는 아름다울 뿐만 아니라 사람을 살리는 일입니다. 주님도 우리를 끝까지 기다려주십니다. 될 수 있는한 남들의 상처를 덮어주고, 기다려주기 위해 노력하십시오.

💜 주님! 조금 더 사랑하고 조금 더 이해하게 하소서!
🖼 다른 이의 실수와 잘못을 덮어 주기 위해 노력하십시오.

진정한 자기 사랑

●눅 4:43 예수께서 이르시되 내가 다른 동네들에서 도 하나님의 나라 복음을 전하여야 하리니 나는 이 일을 위해 보내심을 받았노라 하시고

베르나르라는 세상에는 사랑의 4가지 단계가 있다고 말했습니다.

●첫 번째 단계의 사랑은 자기를 위해서 자기를 사랑하는 것입니다.

이런 사랑을 가진 사람들의 유일한 목적은 자신에게 만족을 주는 것입니다. 삶의 초점이 오로지 자신에게만 맞추어져 있습니다.

●두 번째 단계의 사랑은 자기를 위해서 하나님을 사랑하는 것입니다.

하나님의 존재와 능력을 인정하지만 여전히 모든 초점이 자신에게만 맞추어져 있습니다.

●세 번째 단계의 사랑은 하나님을 위해 하나님을 사랑하는 것입니다.

사람의 목적에 대해 제대로 알고 말씀을 따를 의지도 있지만, 지금의 자신과 다른 사람들에 대해서는 무관심하기가 쉽습니다.

●네 번째 단계의 사랑은 하나님을 위해 자신을 사랑하는 것입니다.

자신이 하나님의 소중한 창조물이고, 귀한 자녀라는 것을 깨달은 사람의 경지입니다. 이런 사람들은 자신을 가꾸고, 이웃을 돕는 모든 일들까지 하나님을 위한 것이라는 사실을 깨달은 사람입니다.

크리스천들은 같은 세상에서도 다르게 살아야 합니다. 같은 행동도 이유에 따라 의미가 달라집니다. 하나님에 대한 사랑과 신뢰를 밑바탕에 깔고 모든 행동을 하십시오.

♡ 주님! 우리가 이 땅에 온 목적을 항상 잊지 않게 하소서!
📖 모든 행동의 근본에 하나님을 두는 것을 잊지 마십시오.

유럽의 재복음화

● 행 26:23 곧 그리스도가 고난을 받으실 것과 죽은 자 가운데서 먼저 다시 살아나사 이스라엘과 이방인들에게 빛을 전하시리라 함이니이다 하니라

어떤 통계에 보면 영국에선 매년 교회 220곳이 문을 닫는다고 합니다. 영국뿐만 아니라, 전 유럽의 평균 교회 출석률은 3%정도이며, 전통적인 복음주의자들은 1%도 되지 않습니다. 기독교뿐 아니라 전통적인 가톨릭 국가들조차 5% 남짓한 출석률을 보이며 고전하고 있습니다.

그에 반해 무슬림과 불교 인구는 급격히 증가하고 있습니다.

유럽의 재복음화를 위해 헌신하고 있는 최종상 선교사는 지난 30년 동안 영국의 교회 1만 여 곳이 문을 닫았다고 말한 뒤 특히 지금의 때에 한국 교회의 역할이 매우 중요하다고 말했습니다.

영국 교회의 쇠퇴 이유 중의 하나가, 고령화에 대한 대책을 세우지 못했고, 주일학교와 학생, 청년부 같이 연령대에 맞는 적절한 부서와 프로그램을 개발하는데 실패했기 때문입니다. 이런 방면에서 잘 발달되어 있는 한국 교회들이 관심을 가진다면 유럽의 재복음화는 충분히 실현 가능한 이야기가 될 수 있습니다. 과거 유럽에서 들어온 복음의 흐름이 이제 다시 유럽으로 흘러 들어갈 때입니다.

복음은 세계 곳곳에 전파되어야 합니다. 세계 선교에 대해 교회적인 차원에서, 개인적인 차원에서 작은 관심이라도 가져야 합니다. 온 땅의 복음화를 위해 매일 기도하십시오.

♡ 주님! 유럽 곳곳에 주님의 복음이 다시 퍼져나가게 하소서!
🎴 특정 선교지역을 정해놓고 기도와 물질로 후원하십시오.

가장 좋은 증거

●마 5:48 그러므로 하늘에 계신 너희 아버지의 온전하심과 같이 너희도 온전하라

R. A. 토레이 목사님이 설교시간에 이런 말을 한 적이 있습니다.

"성경에 많은 번역이 있습니다. 번역이 너무 많아지면서, 때로는 어떤 번역본이 더 좋은지에 대한 논쟁도 일어나곤 하는데 저는 오늘 그 많은 번역 중에서 가장 뛰어난 번역을 알려드리겠습니다.

성경의 가장 뛰어난 번역, 그것은 바로 삶으로 번역한 성경입니다.

여러분의 삶으로 또 저의 삶으로 성경을 번역한다면 세상 사람들은 성경이 보기 싫어도 가장 뛰어나게 번역된 성경을 볼 수밖에 없을 것입니다."

성경의 가장 뛰어난 번역은 삶으로 번역한 것입니다. 이 짧은 말은 아주 많은 것을 의미하고 있습니다. 행동은 말보다 큰 힘이 있고, 작은 실천이 세기의 명언보다 더 큰 설득력이 있기 때문입니다.

성숙한 그리스도인들은 세상 사람들과 진리에 대해서 논쟁하고 다투기보다는 변화된 모습을 통해 납득시킵니다. 말보다 행동이 소리가 크다는 말을 기억하십시오.

♡ 주님! 말씀으로 성장하는 기쁨을 알게 하소서!
📷 나의 삶이 날마다 변화되고 있는지 확인해보십시오.

영원한 믿음의 가치

●요일 2:15 이 세상이나 세상에 있는 것들을 사랑하지 말라 누구든지 세상을 사랑하면 아버지의 사랑이 그 안에 있지 아니하니

'33인의 예수 이야기'란 책에는 어려움을 믿음으로 극복하고 당당히 신앙을 고백하는 33명의 크리스천 연예인들의 이야기가 실려 있습니다.

탤런트 이 유리 씨는 사춘기 때에 성공만 바라보고 달려온 인생에 절망감을 느꼈습니다. 어린 나이에도 심각한 두려움을 느꼈던 이 유리 씨는 우연히 다른 친구가 꺼낸 교회 얘기에 무작정 자기도 교회에 가겠다며 따라갔습니다. 처음 드려본 예배에 눈물이 쏟아졌고 그렇게 하나님과의 첫사랑이 시작되었습니다. 교회 오빠였던 전도사님과 결혼까지 한 이 유리 씨는 지금도 하나님과의 사랑을 키워가며 신앙을 가꿔가고 있습니다.

탤런트 한 혜진 씨는 극심한 가난 속에 어린 시절을 보냈습니다. 없어서 힘들었던 기억 말고는 추억이랄 것이 아무것도 없을 정도로 어려운 시절이었습니다. 지푸라기라도 잡고자 하는 심정으로 교회에 나가며 길이 조금씩 열리기 시작했고, 점점 신앙생활을 열심히 할수록 길이 열려가는 기적을 삶속에서 체험하며 믿음이 굳건해졌습니다. 지금도 아무리 바빠도 하루에 4장의 성경은 꼭 읽고, 새벽기도를 챙기려고 노력한다고 합니다.

차 인표 씨와 신애라 씨 부부도 어려서부터 교회에 다녔지만 제대로 구원의 확신을 가진 것은 결혼 생활을 통해서라고 합니다. 행복한 결혼과 수많은 선행으로 많은 사람들에게 하나님의 사랑의 본을 보이는 부부는 교회의 익숙함과 편리성에 빠져서 진정한 신앙의 감동을 잊지 말라는 메시지를 전하고 있습니다.

세상의 어떤 가치도 영원한 믿음보다 귀할 수는 없음을 기억하십시오.

💙 주님! 영원한 믿음의 가치를 목표로 값진 인생을 살게 하소서!
🧑‍🦱 나를 필요로 하는 곳에서 필요한 사역을 감당하십시오.

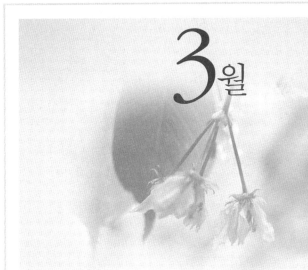

3월

너희는 먼저 그의 나라와
그의 의를 구하라
그리하면 이 모든 것을
너희에게 더하시리라
마6:33

소망의 그리스도인

 ●요 8:12 예수께서 또 말씀하여 이르시되 나는 세상의 빛이니 나를 따르는 자는 어둠에 다니지 아니하고 생명의 빛을 얻으리라

일제강점기 시절 한국의 신앙인들에게는 많은 어려움과 유혹이 있었습니다.

일부는 그 유혹에 넘어가 신사참배와 같은 잘못된 길과 타협하고 친일로까지 돌아선 실수를 한 사람도 있었지만 그대로 신앙을 지키기 위해 끝까지 투쟁을 한 사람도 많았습니다.

당시 일본의 요구를 받아 들이지 않아 80여개의 교회가 파괴되었습니다. 그리고 기독교 계열의 학교 8곳이 폐교를 당했습니다. 3.1운동을 하다가 감옥에 간 신도는 3,373명이었고, 목사님은 54명 전도사님은 127명, 장로님은 63명이라고 합니다. 총독부에 사실로 기재된 것만 이 정도입니다.

그러나 조국 광복과 신앙에 대한 열망은 그 누구도 막을 수가 없었습니다. 조국의 광복과 하늘의 소망 하나로 3월 1일에 태극기 하나를 들고 거리로 나왔던 것입니다. 믿음의 선배들은 어떤 어려움 속에서도 결코 하늘의 소망을 버리지 않았습니다.

아무리 어려운 시대에도 주님의 길을 바르게 따르는 사람이 있었고 아무리 신앙이 번영하던 때에도 주님의 길에서 멀어지는 사람이 있었습니다. 그러나 어려운 상황 속에서도 더욱 빛나는 것이 진정한 그리스도인입니다. 어떤 상황 속에서도 주님을 향한 소망의 끈을 놓지 마십시오.

♡ 주님! 흑암에 비추이는 주님의 빛을 바라보게 하소서!

🎫 힘든 상황 속에서도 희망을 잃지 않는 믿음의 자세를 가지십시오.

하나된 군대

● 고전 12:12 몸은 하나인데 많은 지체가 있고 몸의 지체가 많으나 한 몸임과 같이 그리스도도 그러하니라

유럽의 어느 왕이 자국에 있는 모든 기독교 교파의 대표를 불러서 말했습니다.

"그대들은 다 같은 하나님을 섬기는 것이 아닌가? 그런데 어째서 그렇게 서로 나누어져 활동하는가? 같은 하나님을 믿으면서도 서로 화목하지 못하고 갈라진 것 아닌가?"

영문도 모른 채 갑작스럽게 모였던 대표들은 왕의 질문을 받고 순간 당황했습니다. 모두들 우물쭈물하는 사이 하나님께서 한 대표에게 지혜를 주셨습니다.

"폐하, 군대에도 여러 분과가 있지 않습니까? 보병과 기병, 포병은 모두 같은 군인이지만 분과가 다를 뿐입니다. 저희들도 마찬가지입니다. 서로 중시하는 것이 조금 달라 구분되어져 있지만 저희는 모두 그리스도께 속해 있는 하나의 군대입니다."

주님을 믿고 따르는 성도들은 이단이 아니라면 교파가 달라도 큰 틀 안에서 서로를 더 세워주고 연합해야할 필요가 있습니다. 믿는 성도 간에도 사랑하고 연합하지 못하면, 믿지 않는 사람들을 섬기기는 더욱 어렵습니다. 교파를 초월해 서로 사랑하고 섬기십시오.

♥ 주님! 서로의 차이를 인정하고 배려하게 하소서!

교파간의 서로 다른 약간의 차이는 이해하고 존중하십시오.

생명의 빛

●마 5:16 이같이 너희 빛이 사람 앞에 비치게 하여 그들로 너희 착한 행실을 보고 하늘에 계신 너희 아버지께 영광을 돌리게 하라

빛이 생명에 어떤 영향을 미치는지 연구하기 위해 과학자들이 상자에 쥐를 넣은 뒤 관찰 했습니다.

빛이 완전히 차단된 상자에 있던 쥐들은 대부분 30분을 견디지 못하고 죽었습니다.

그러나 상자에 빛을 쐬어준 쥐들의 수명은 월등히 증가했습니다. 매우 희미한 빛만 쐬어 주어도 36시간이나 살아 있었습니다. 아주 약간의 빛이 쥐의 수명을 70배나 늘려준다는 사실을 과학자들은 이해할 수가 없었습니다.

결국 과학자들은 실험의 결과에 대해서 '쥐들은 절망 때문에 죽은 것 같다'라고 논문에 적었습니다. 과학자들은 빛이 없는 상태를 절망 이외에 다른 말로 표현할 수가 없었습니다.

빛이 존재하지 않는 상태가 절망입니다. 세상의 빛은 예수 그리스도입니다. 절망뿐인 세상을 살아가는 우리의 어두운 마음에는 예수님이 필요합니다. 세상에 빛으로 오신 예수님을 믿을 때 절망을 극복할 힘이 생깁니다. 그리고 이미 빛이신 예수님을 믿는 그리스도인들은 곧 하나님의 기쁨이며, 하나님께 영광이 되는 삶을 살아야 합니다. 세상에 예수 그리스도의 빛을 비추어 하나님께 영광을 돌리십시오.

♥ 주님! 세상에 주님의 소망을 전하게 하소서!

▨ 말과 언행이 그리스도를 전하고 있는지 생각해보십시오.

희망의 연주

● 창 45:8 그런즉 나를 이리로 보낸 이는 당신들이 아니요 하나님이시라 하나님이 나를 바로에게 아버지로 삼으시고 그 온 집의 주로 삼으시며 애굽 온 땅의 통치자로 삼으셨나이다

피아노에 재능이 있던 박주현 씨는 12살 때 유학을 떠나던 비행기 안에서 눈을 꼭 감고 기도했습니다.

"하나님, 꿈의 사람 요셉처럼 저에게 용기와 자신감을 주세요."

오랜 고난의 시간을 보낸 뒤 꿈을 이뤘던 요셉처럼, 박 씨의 인생 역시 많은 굴곡이 있었습니다. 전문 레슨 한번 받지 않고 예원중학교를 수석으로 합격되었을 정도로 피아노에 뛰어난 재능이 있었지만 개척교회 목사님이셨던 아버지의 형편으로는 수업료를 감당할 수가 없었습니다. 결국 이런 저런 길을 찾다가 장학금으로 공부할 수 있는 오스트리아 국립대학에 원서를 냈고, 교수들의 만장일치로 입학허가를 받게 되었습니다. 그러나 유학길에서도 고된 시련이 있었습니다. 학비는 공짜였지만 생활비를 벌기 위해서 낯선 이국땅에서 밤낮없이 일을 해야 했고, 교수들과 동료 학생들은 인종차별적 발언을 하며 박 씨를 힘들게 했습니다. 너무 억울해 길거리에서 목 놓아 울 때도 있었지만 요셉을 생각하며 기도로 극복해 내었습니다. 그리고 하나님은 비행기 안에서 드렸던 요셉처럼 되게 해달라는 박 씨의 기도를 잊지 않으셨습니다. 박 씨는 모차르테움 국립대학을 수석으로 졸업한 뒤 미국 예일대 음악대학원에 전액 장학생으로 입학하게 되었기 때문입니다. '하나님께 영광'이 되고 '사람들에게 희망'을 전하는 음악가로써의 꿈을 위해 박 씨는 하나님과 함께 또 한걸음을 내딛었습니다. 어떤 시련이 와도, 어떤 고난이 와도, 주님이 우리와 함께 한다는 사실을 잊지 마십시오. 하나님은 실수하지 않으심을 잊지 마십시오.

💛 주님! 언제나 우리와 함께 하고 계심을 감사드립니다!
🔲 주님과 함께 라는 사실을 통해 위로와 힘을 얻으십시오.

위기의 순간이 찾아올 때

●마 10:22 또 너희가 내 이름으로 말미암아 모든 사람에게 미움을 받을 것이나 나중까지 견디는 자는 구원을 얻으리라

복싱 챔피언 제임스 J. 콜벳은 자신이 챔피언에 오를 수 있었던 이유에 대해서 이렇게 말했습니다.

"나를 챔피언 자리에 오르게 만든 것은 근성입니다. 아무리 난타당해 다리가 풀리고 눈이 부어도 '1라운드만 더 버티면 된다. 1라운드만 더 싸우면 된다'라고 생각했습니다.

인생이 정말로 힘들 때가 있겠지만 그럴 때마다 1라운드만 더 버티면 된다는 사실을 잊지 마십시오."

유명한 첼리스트 카잘스는 환갑이 넘은 나이에도 전성기의 기량을 유지할 수 있는 비결에 대한 질문을 받고는 말했습니다.

"나 역시 나이가 들면서 체력이 약해지고, 순발력이 예전 같지 않습니다. 그래서 나는 조금 더 많은 시간을 투자해 더 적은 수의 곡을 확실히 연습합니다. 그리고 화려한 기교가 들어간 곡보다는 깊이를 느낄 수 있는 곡을 위주로 연주합니다. 변화에 대처하는 것이 내 실력의 비결입니다."

모든 고난 속에는 하나님의 깊은 뜻이 담겨 있습니다. 그 고난을 믿음으로, 지혜롭게 극복할 때 그 속에 담긴 선물을 받게 됩니다. 고난 뒤에 찾아올 영광을 바라보십시오.

💙 주님! 힘든 순간에도 믿음을 지키게 하소서!
🧩 어려운 순간들도 하나님의 계획의 한 과정이라는 사실을 기억하십시오.

관계회복의 기쁨

● 골 1:20 그의 십자가의 피로 화평을 이루사 만물 곧 땅에 있는 것들이나 하늘에 있는 것들이 그로 말미암아 자기와 화목하게 되기를 기뻐하심이라

아나운서 P씨는 TV에서 한창 유명세를 타던 2004년도에 갑자기 일을 그만두었습니다. 방송인을 꿈꾸는 사람이라면 모두들 부러워하던 그 자리, 1800대 1의 경쟁률을 뚫고 들어왔던 그 자리를 조금의 미련도 없이 그만두었습니다. '하나님과의 관계를 회복하며, 말씀대로 살아가기 위해서'라는 것이 그 이유였습니다.

P씨는 기독교 집안에서 태어나 평범한 신앙생활을 하며 살았습니다. 하지만 하나님의 도움으로 방송인으로 성공하면서도 하나님과의 '인격적인 만남'이라는 것에 대해서는 전혀 알지 못했습니다. 바쁜 방송생활을 하며 금세 유명인이 되어 성공하게 되었지만 영육은 더욱 피폐해져 갔습니다. 자기계발도 해보고, 쉬어도 보고, 여행도 다녀보았지만 절대로 채워지지 않는 무언가가 있었습니다. 그런 혼란 속에서 P씨는 하나님과의 만남을 체험했고, 이후로는 전혀 다른 인생을 살아가기로 결심했습니다. 방송사를 그만 둔 후 P 씨는 계속해서 하나님을 만나며 회복되어 가는 관계가 너무나 즐겁다고 합니다. 하나님을 위해 봉사에 초점을 맞춰 살고 있어 몸은 예전보다 훨씬 바쁘지만, 몸과 마음은 점점 즐거워지고 열정이 멈추지 않는다고 P씨는 말했습니다.

하나님과의 관계가 회복될 때 인생이 정말로 즐거워집니다. 모든 것을 다 가져도 하나님을 알지 못한다면 덧없는 인생입니다. 구원하신 하나님의 은혜에 감사하십시오.

♥ 주님! 주님과의 관계가 회복되는 기쁨을 누리게 하소서!
🖼 날마다 하나님과 동행하는 삶을 살아가십시오.

시간의 올바른 사용

● 요 14:1 너희는 마음에 근심하지 말라 하나님을 믿으니 또 나를 믿으라

독일의 한 탄광이 무너지는 사고가 일어났습니다.

탄광 안에는 10명의 광부가 갇혀 있었고, 휴대전화나 기타 통신기기가 발달해 있지 않던 시절이라 외부와의 연락을 일체 취할 수 없는 상황이었습니다.

독일 정부는 긴급히 구조작업을 진행했고, 며칠 만에 갇혀 있던 광부들을 구출해 낼 수 있었습니다. 그런데 9명의 광부만 살아있고, 한 명의 광부는 사망했습니다. 9명의 광부들은 그가 유난히 초조하고 신경이 곤두서있었다고 증언했습니다. 사망 원인을 조사하던 결과 유일한 특징은 단 하나였습니다. 사망한 광부만이 '시계'를 차고 있었습니다. 갇혀있는 시간이 점점 지나고 있다는 사실이 그를 초조하게 만든 것 입니다.

발명왕 에디슨은 80세까지 왕성한 활동을 할 수 있던 비결을 이렇게 밝혔습니다.

"나는 시간에 초조해하지 않았다. 쉬고 싶으면 쉬고 눕고 싶으면 누웠다."

시간에 쫓기지 않고 여유를 가질 때 더 시간을 잘 활용하게 됩니다.

시간에 쫓기는 삶은 인생을 피폐하게 만듭니다. 주어진 시간 이상의 일을 하지 말고, 지혜롭게 시간을 사용하십시오.

♡ 주님! 주어진 시간을 잘 선용하게 하소서!

▩ 여유가 있는 하루를 위해 업무와 시간을 잘 구성하십시오.

천국을 체험하는 법

●눅 17:21 하나님의 나라는 너희 안에 있느니라

시골의 작은 교회 목사님이 어느 주일날 천국에 대한 설교를 했습니다. 끝나고 한 성도가 찾아와 말했습니다.

"목사님, 오늘 설교에 정말 은혜를 받았습니다. 천국의 소망과 기쁨에 대해서 드디어 완전히 이해가 됩니다. 그런데 제가 궁금한 것은 천국이 어디 있느냐는 것입니다. 저 우주를 아무리 뒤져도 천국은 보이지 않고, 죽은 뒤에 간다는 천국은 확인할 수가 없습니다. 저희가 살아있는 동안에 그 느낌을 조금이라도 알 수 있다면 정말로 큰 도움이 되지 않겠습니까?"

목사님이 대답했습니다.

"저는 모르지만 알고 있는 분을 알려드리지요. 옆 마을에 가난해서 병을 치료하지 못하고 계시는 환자 분이 계십니다. 그분에게 좋은 선물을 드리고 극진히 간호를 해주세요. 그러면 천국이 어디 있는지 알려드릴 것입니다."

성도는 목사님의 말을 듣고, 좋은 선물을 사서 환자를 찾아가 하루 종일 극진히 간호했습니다. 그리고 다음 주가 되어 목사님을 찾아와 말했습니다.

"목사님의 말은 정말 사실이었습니다. 그분은 천국이 어디 있는지 말은 해주지 않았습니다. 하지만 그 집에 갔다 온 뒤 저는 그날 하루가 천국이었다는 것을 알 수 있었습니다."

주님의 사랑을 서로 나눌 때, 천국의 기쁨을 체험할 수 있습니다. 사랑을 베풀고 봉사하는 것이 천국을 체험하는 길이라는 것을 명심하십시오.

💙 주님! 이 땅에서도 천국 생활을 체험하게 하소서!
🧎 일주에 한번, 한달에 한번이라도 꾸준히 봉사하십시오.

단련 받는다는 증거

● 시 26:2 여호와여 나를 살피시고 시험하사 내 뜻과 내 양심을 단련하소서

　미국의 과학자들이 음식을 어느 정도 섭취하는 것이 생명에 도움이 되는지 알아보기 위해서 실험을 했습니다.

　과학자들은 쥐를 두 그룹으로 나눈 뒤, 한 그룹에는 죽지 않을 만큼의 최소한의 식량만을 주었고, 다른 한 그룹은 먹고 남을만한 풍족한 식량을 주었습니다. 과학자들은 두 그룹의 평균 수명이 비슷하거나, 풍족한 쪽이 조금 오래 살 것이라고 예상했습니다. 과식은 안 좋지만 쥐는 필요 이상으로 폭식을 하는 경우가 거의 없기 때문에 여유분의 에너지가 건강에 도움을 줄 것이라는 생각이었습니다.

　그런데 결과는 정 반대였습니다. 식량이 부족한 그룹은 평균 쥐 수명의 약 2배를 살았습니다. 식량이 남는 쪽은 비슷하게 살거나 조금 더 단명했지만 행동이 이상했습니다. 부족한 식량을 먹는 쥐들은 서로 싸우지도 않고, 사이좋게 지냈지만 풍족하게 먹은 쥐들은 서로 싸우고 물어뜯었습니다. 그리고 성에 대한 과도한 집착을 보이기 시작했습니다. 과학자들은 이 실험에서 영감을 받아 건강이 안 좋은 환자들을 대상으로 '절식'을 시켜보았습니다. 환자들은 공복감에 괴로워했지만 대부분 더 맑은 정신과 건강한 신체를 회복했습니다. 검사결과 실제로 각 장기들의 백혈구 수치가 올라가고 기능이 회복되는 일들이 일어났습니다.

　풍요가 항상 좋은 것은 아닙니다. 필요 이상의 낭비는 삶의 질을 낮추고 영혼의 성장을 방해합니다. 고난을 통해 인생의 의미를 찾고 참된 풍요를 만끽하게 됨을 이해하십시오.

💙 주님! 절제를 통해 진정한 풍요를 누리게 하소서!
🦋 무슨 일이든 너무 지나치지 않게 하십시오.

기쁨의 추수

● 시 126:6 울며 씨를 뿌리러 나가는 자는 반드시 기쁨으로 그 곡식 단을 가지고 돌아오리로다

　이집사님은 결혼을 하기 전부터 딸을 낳으면 유학을 보내야 되겠다고 결심했습니다.

　어린 나이 때부터 조금 더 큰 세상을 보여주기 위해선 유학이 최선의 방법이라고 생각했기 때문입니다. 김양을 낳고. 박봉을 쪼개 아이의 유학 자금을 적립하며, 낯선 땅에서도 잘 적응할 수 있게 시간관리, 집중력, 자존감을 키우는 훈련을 시켰습니다. 이것이 이 집사님이 해줄 수 있는 최선이었습니다.

　김양은 15살 때 혼자 미국으로 유학을 떠났습니다. 이후 단 몇 분도 가만히 있는 시간이 없었을 만큼 다양한 활동을 했고, 열심히 공부를 했습니다. 딸을 유학 보낸 뒤 이 집사님은 하루도 빼놓지 않고 새벽에 나가 딸을 위해 기도했습니다. 어머니의 기도와 김양의 노력 덕분에 고등학교 졸업할 때가 되자, 아이비리그의 명문대를 들어갈 실력이 되었습니다. 그러나 엄청난 액수의 등록금을 낼 방법이 도저히 없었습니다. 집사님과 김양은 하나님께 전적으로 매달렸고, 그 결과 하버드 대학교로부터 전액 장학금 뿐 아니라 생활비까지 지원을 받는 조건으로 합격하는 놀라운 일이 일어났습니다. 합격 통보를 받은 김양은 '하나님의 은혜를 결코 잊지 않는 하버드생이 되겠다'며 평생 그 은혜를 나누고 살겠다고 다짐했습니다.

　기쁨으로 추수하기 위해선 눈물로 씨앗을 뿌려야 합니다. 기도와 노력으로 눈물의 씨앗을 뿌리십시오.

💚 주님! 하루도 낭비하지 않고 씨를 뿌리며 가꾸게 하소서!
🖼 비전을 위해 충분히 노력하고 기도하고 있는지 생각해 보십시오.

겸손의 복

● 잠 29:23 사람이 교만하면 낮아지게 되겠고 마음이 겸손하면 영예를 얻으리라

사막에는 물이 전혀 없습니다.

드문드문 오아시스가 있긴 하지만 정확한 위치를 알 수 없을뿐더러, 광활한 사막에 비하면 너무나 적은 양입니다.

그러나 이런 사막에도 많은 식물과 동물이 살고 있습니다.

사막은 낮에는 덥고 밤에는 추운데 이런 기온차로 인해 아침이면 바위와 식물, 지면에 이슬이 맺히는데 동물들은 바로 이 이슬을 통해 수분을 섭취하고 생존할 수 있습니다. 하지만 동물들이 이슬을 먹기 위해서 한가지 필요한 것이 있습니다.

바로 '겸손함'입니다. 동물들은 낮게 깔린 이슬을 먹기 위해 저마다 겸손해 집니다.

뱀은 몸을 돌려 최대한 굽힌 후 자신의 몸에 내려앉은 이슬을 핥습니다. 개구리는 고개를 숙여 떨어지는 이슬방울을 두 손으로 받아 마십니다. 손이 없는 곤충들은 개구리와 같은 방법으로 최대한 고개를 숙여 이슬을 땅에 떨어트린 뒤에 엎드려 마십니다. 동물들이 이런 자세를 취하는 것은 생존에 필요한 물을 마실 때 뿐입니다.

사람들은 겸손한 사람을 좋아합니다. 하지만 하나님은 겸손한 사람을 귀하게 여기십니다. 자신을 낮춤으로 겸손의 복을 누리십시오.

💛 주님! 겸손으로 교만의 죄를 피하게 하소서!

🧩 겸손함으로 주님께 가까이 나아갈 수 있음을 기억하십시오.

철길을 걷는 방법

●롬 6:5 만일 우리가 그의 죽으심과 같은 모양으로
연합한 자가 되었으면 또한 그의 부활과 같은 모양
으로 연합한 자도 되리라

존 노에라는 사람은 자신의 어린 시절에 있었던 일을 통해 그리스도인의 연합에 대해서 깨달았습니다.

그는 어릴 때 집 근처에 있는 버려진 철로에서 노는 것을 좋아했습니다. 그는 때때로 친한 친구들과 함께 철로의 한쪽 레일 위를 걷는 시합을 했습니다. 하지만 레일은 생각보다 매우 좁았고, 단 몇 초도 제대로 서있기가 힘들었습니다. 그렇게 오랜 시간을 철로에서 보내며 놀던 존 노에는 나중에 레일을 걸을 수 있는 한 가지 방법을 생각해내었습니다. 두 명이 동시에 레일에 올라가 서로 손을 잡고 걷는 방법이었습니다.

존 노에는 자신의 가장 친한 친구와 함께 서로 의지하며 레일을 걸었고, 그 결과 승부는 낼 수 없었지만 아주 오랜 시간동안 떨어지지 않고 레일 위를 걸을 수 있었습니다. 존 노에는 이때의 경험을 통해 '자신을 자랑하면서 남에게 의지할 수는 없다'라는 것을 깨달았습니다. 자신을 내세울 때보다 서로 연합하면 훨씬 어려운 일들을 쉽게 처리할 수 있게 됩니다.

우리가 하나님과 연합하는 방법도 마찬가지입니다. 우리의 소리를 조금 낮추고, 하나님의 음성에 귀 기울일 때, 주님과 동행하는 인생을 살 수 있습니다. 하나님과 함께 하는 참된 인생을 즐기십시오.

💙 주님! 하나님과 올바른 관계의 삶을 살게 하소서!
🧩 예수님께 우리 마음의 주인 자리를 내어드리십시오.

인정받는 그리스도인

 ● 벧전 3:13 또 너희가 열심으로 선을 행하면 누가 너희를 해하리요

U.S. 뉴스 앤 월드리포트지에는 21세기의 직장인이 성공하기 위해서 필요한 5가지 기술에 대한 글이 실린 적이 있습니다.

① 민첩한 적응력입니다.

과거와 달리 요즘 회사들은 직원들을 다양한 부서로 이동시키고, 직원들의 자발적인 이직도 늘어났기 때문에 이 과정에 적응하는 민첩성이 중요합니다.

② 기술 연계 능력입니다.

단순히 한 가지 일을 잘하는 것이 아니라 할 줄 아는 일들을 서로 연계해 창의적으로 일하는 사람들이 더욱 높은 연봉을 받게 됩니다.

③ 폭넓은 시야입니다.

기존 직업이 아니더라도, 자신의 능력을 펼칠 수 있는 곳이라면 과감히 실행할 줄 아는 사람에게 더 많은 기회가 열리는 시대이기 때문입니다.

④ 넘치는 호기심입니다.

호기심은 일하는 데 즐거움을 더하고 자발적인 학습을 이끌어주는 에너지입니다. 호기심이 충만한 사람은 보통 사람들보다 훨씬 크게 성장합니다.

⑤ 자기확신입니다.

'나에게 그것을 할 능력이 있다'는 태도는 다른 사람에게 의존하지 않고 자기 스스로의 능력을 더욱 계발시키는데 도움을 줍니다.

그리스도인들은 사회에서도 인정받아야 합니다. 세상에서의 의무와 책임을 다함으로 일상 속의 선교활동을 해나가십시오.

♥ 주님! 충만한 능력과 겸양의 덕을 함께 갖게 하소서!

▨ 자신의 맡은 일과 직분에 필요한 능력을 개발하십시오.

허망한 것

● 슥 13:2 만군의 여호와가 말하노라 그 날에 내가 우상의 이름을 이 땅에서 끊어서 기억도 되지 못하게 할 것이며 거짓 선지자와 더러운 귀신을 이 땅에서 떠나게 할 것이라

핀란드의 한 농부가 자신의 유산을 모두 귀신의 몫으로 남기고 죽었습니다.

농부는 생전에 귀신을 숭배하는 종교를 가졌습니다. 이로 인해 생전에도 가족들과의 마찰이 있었지만 유족들은 설마 재산까지 귀신에게 바칠 줄은 몰라 매우 당황했고, 결국 법원에 이 일을 가져갔습니다.

당황스럽기는 판사 역시 마찬가지였습니다. 귀신이라는 존재를 인정한다 해도 농부의 유언을 따라 재산을 처리하는 것은 전례가 없는 매우 어려운 일이었습니다.

심사숙고 끝에 결국 판사는 농부의 모든 유산을 '무소유'로 인정하고, 방치하라고 판결을 내렸습니다. 그리고 마지막으로 "사물을 있는 그대로 두는 것이 귀신에게 가장 좋은 방법이라고 생각했습니다."라고 말하며 판결을 마쳤습니다.

죽음과 함께 사라질 허망한 것들을 믿고 따르는 사람들이 아직도 많이 있습니다. 그러나 죽음이라는 개인의 마지막과 예수님의 재림이라는 이 땅의 마지막은 분명 있으며, 그때 세상의 모든 허망한 것이 끝날 것입니다. 사라질 것과 영원한 것을 구별하는 사람이 정말로 지혜로운 사람입니다. 세상의 허망한 것들을 따르지 마십시오.

♡ 주님! 주님 한분만으로 만족하게 하소서!
※ 세상의 어떤 즐거움에도 필요 이상으로 빠져들지 마십시오.

진짜 원인

 ●마 23:27 화 있을진저 외식하는 서기관들과 바리새인들이여 회칠한 무덤 같으니 겉으로는 아름답게 보이나 그 안에는 죽은 사람의 뼈와 모든 더러운 것이 가득하도다

새집으로 이사를 온 가정이 있었습니다.

온 가족이 힘을 합쳐 집을 깨끗이 청소하는 도중 지하실에서 커다란 오크통을 발견했습니다. 가족은 그 오크통을 밖으로 꺼내 내용물을 확인한 뒤 처리하려고 했지만, 오크통의 외관이 매우 깨끗했고, 적잖은 크기에 손이 많이 갈 것 같아 그냥 구석으로 밀어놓았습니다.

그렇게 새집에서 생활하는 도중, 언제부터인가 나방이 나타나기 시작했습니다. 처음에는 그저 몇 마리가 우연히 집안으로 들어왔겠거니 생각했지만, 나방은 점점 많아서 일상 생활에 방해가 될 정도가 되었습니다. 식구들은 다시 힘을 합쳐 나방을 퇴치하기 시작했습니다. 약도 치고, 열심히 잡아도 봤지만 그래도 나방은 우후죽순 늘어만 갔습니다.

결국 온 가족은 잠시 일손을 놓고, 도대체 나방의 진원지가 어디일지 생각을 했고, 그러다 지하실의 오크통이 떠올랐습니다. 그리고 가족의 생각은 정확했습니다. 오크통을 마당으로 끌어내 뚜껑을 따자, 그 안에서 수많은 나방과 애벌레들이 들끓고 있었습니다.

언뜻 괜찮아 보이는 작은 습관과, 작은 취미들로 인해서, 삶의 전체가 무너질 수도 있습니다. 하나님은 우리의 겉모습 뿐 아니라 모든 속까지 다 알고 계십니다. 드러나는 행위로 하나님을 속이지 마십시오,

💜 주님! 정결한 마음으로 주님을 섬기게 하소서!
🖼 옳은 행위 뿐 아니라 옳은 마음을 위해 노력하십시오.

끊을 수 없는 사랑

● 롬 8:39 높음이나 깊음이나 다른 어떤 피조물이라도 우리를 우리 주 그리스도 예수 안에 있는 하나님의 사랑에서 끊을 수 없으리라

연어는 귀소 본능이 있는 어류입니다.

냇가에서 태어나 바다 흘러 내려갔다가, 산란기가 되면 다시 자신이 태어난 곳으로 돌아와 알을 낳습니다. 연어는 자신이 태어난 냇가 뿐 아니라 부화된 장소까지도 정확히 기억하고 있는데, 이것이 어떻게 가능한지에 대해서는 아직 정설이 존재하지 않습니다. 연어의 귀소 본능은 매우 강렬해서 연어는 어떤 시련이 와도 그것을 극복하고 냇가로 돌아갑니다. 보통 태평양같이 넓은 대양에 서식하던 연어가 다시 돌아가려면 1500km 이상을 헤엄쳐야 하는데 산란기에 맞추기 위해선 하루에 10km이상 헤엄쳐가야 합니다.

그러나 더욱 놀라운 것은 폭포를 거슬러 올라가는 연어입니다. 연어의 점프력은 한번에 3m정도로 엄청나지만, 그래도 폭포를 거슬러 올라가기엔 턱없이 부족합니다. 하지만 연어는 포기하지 않고, 바위를 딛고 계속해서 뛰어 오릅니다. 그런 노력을 통해 10m가 넘는 폭포도 연어는 거슬러 올라갑니다. 연어가 이 모든 고난을 감당하는 이유는 단지 자신이 태어난 곳으로 돌아가 알을 낳기 위해서입니다.

귀소하는 연어는 머나먼 거리와 높은 폭포도 막지 못합니다. 우리가 주님에게로 돌아가려고 할 때 사탄은 주님의 자녀들 앞에 장애물을 놓습니다. 그러나 그때 주님 역시 우리를 위해 기도하시고 놀라운 길로 인도하심을 기억 하십시오.

🖤 주님! 날 향한 그 끝없는 사랑을 항상 높여 찬양하게 하소서!

🖼 우리의 근원으로 돌아가십시오. 하나님의 놀라운 인도하심을 체험하십시오.

매일 크는 실력

● 눅 19:26 주인이 이르되 내가 너희에게 말하노니 무릇 있는 자는 받겠고 없는 자는 그 있는 것도 빼앗기리라

미국 중부 캔자스 주의 연방 판사 웨슬리 씨는 매일 8시 30분에 출근을 해 개정을 선언합니다.

올해 103세의 나이에 진동휠체어를 타고 다니는 그는 호흡도 원활하지 않아 한쪽 코에는 늘 튜브를 꼽고 다녀야 하지만 아직도 왕성한 현역 활동을 하고 있습니다. 나이가 들면서 업무시간을 조절할 수 있는 자격도 이미 오래전에 획득했지만 웨슬리 씨는 최근까지도 풀타임으로 판사 업무를 소화해냈습니다. 가끔 피고나 원고의 말을 제대로 듣지 못해, 더 크게 증언을 요구하거나 좀 천천히 할 것을 요구할 때는 있지만, 내리는 판결은 항상 공정합니다. 뉴욕타임즈는 웨슬리 판사를 찾아가 인터뷰를 하며 '얼마나 더 오래 판사직을 할 예정인지' 물었습니다. 그러나 전혀 뜻밖의 대답이 돌아왔습니다.

"사실 오래하는 것은 저에게 별로 중요하지 않습니다. 정말로 중요한 것은 '얼마나 잘하는가'입니다. 사실 저는 요새도 동료 판사들에게 내가 판사직을 제대로 수행할 수 없을 것 같다고 판단되면 빨리 말을 해달라고 요청합니다. 저는 단순히 오래 판사 일을 하는 사람이 아닌 오랫 동안 판사 일을 잘 수행한 사람이 되고 싶습니다."

웨슬리 씨는 판사라는 일 자체에도, 103세라는 나이에도 여전히 만족하지 않고 일에 대한 열정이 있었습니다. 성도들도 매일 더 주님께 나아가고, 발전해 나가고자 하는 열정이 있어야 합니다. 날마다 뜨거워지는 열정을 품으십시오.

💛 주님! 매일 주님께로 더 가까이 나아가게 하소서!
🖼 목표를 향해 매일 조금씩 전진하고 있는지 평가해보십시오.

지금 필요한 것

●벧전 5:7 너희 염려를 다 주께 맡기라 이는 그가 너희를 돌보심이라

　해외에 파견되었던 어떤 장군이 신속히 본국으로 돌아오라는 지령을 받았습니다.

　정확한 상황은 전달되지 않았고 단지 '급한 일'이라고만 전달되었습니다. 장군은 그날 밤 바로 짐을 꾸려 항구로 출발했습니다. 동이 트자마자 출항하는 첫 배편을 예약해놓고 근처 여관에서 하룻밤을 묵었으나, '큰일이 일어나지 않았나' 걱정되는 마음에 잠을 이루지 못했습니다. 장군을 수발하기 위해 동행하던 병사가 그 모습을 보고 물었습니다.

　"장군님, 장군님은 예수님을 믿으시지요?"

　"그렇네. 자넨 옆에서 봐왔으니 잘 알거 아닌가?"

　"그럼 우리가 태어나기 전에 예수님이 모든 걸 다스리시겠죠? 그러면 우리가 죽은 뒤에도 하나님이 모든 걸 다스리시겠지요?"

　"맞아. 내가 틀림없이 믿는 사실이 그걸세."

　"그런데 장군님, 과거도 미래도 하나님이 다스리시는데 왜 지금은 하나님께 맡기지 않으십니까?"

　장군은 병사의 질문에 큰 깨달음을 얻었습니다. 장군은 깊은 기도를 드린 뒤 마음의 평안을 얻어 숙면을 취했습니다. 그리고 본국으로 돌아가서 모든 문제들을 신속하게 처리했습니다.

　모든 것을 창조하신 분이 하나님이십니다. 그분은 모든 분야에서 우리보다 뛰어난 전문가이십니다. 지나간 과거와 앞으로의 미래 뿐 아니라 지금 이 순간도 하나님이 주관하게 하십시오.

♡ 주님! 모든 근심과 걱정 주께 맡기는 믿음을 주소서!

▨ 오늘의 성구를 암송하십시오.

영웅 등극

 ● 약 5:20 너희가 알 것은 죄인을 미혹된 길에서 돌아 서게 하는 자가 그의 영혼을 사망에서 구원할 것이 며 허다한 죄를 덮을 것임이라

아프가니스탄에서 군의관으로 근무하던 한국계 미군 존 오 씨는 '올해 의 미국 영웅상'을 받았습니다.

2006년 복무 당시 부상당한 동료를 위험을 무릅쓰고 구한 공로를 인정 받았기 때문입니다. 탈레반의 미사일 로켓 공격을 받아 엉덩이 쪽에 폭탄 뇌관이 박혀 들어온 군인이 있었는데, 뇌관이 터지지 않아서 수술 중 언 제라도 터질 위험이 있었습니다. 따라서 아프간 미군 사령부는 이 병사를 수술할 자원자를 찾았습니다. 그 때 존 오 씨가 직접 자원을 했고, 두꺼운 헬멧과 방탄복을 입고 2시간에 걸친 힘겨운 수술을 완료했습니다. 수술 도 성공적이어서 병사는 건강을 무사히 회복하게 되었습니다.

존 오 씨가 '올해의 미국 영웅상'을 수상했을 때 수술을 받은 미국 병사 도 찾아왔습니다. 그는 "벌써 5년이 지났지만 아직도 그를 잊지 않고 있습 니다. 자신의 목숨이 위험한 상황에서도 저를 구해준 '존 오'는 단순한 영 웅이 아닌 제 생명의 은인입니다."라고 말하며 고마움을 표시했습니다.

사람들은 생명을 살리는 것에 최고의 가치를 둡니다. 생명을 구하는 사 람이 일순간에 큰 영웅이 됩니다. 하나님께는 영혼을 구하는 사람이 영웅 입니다. 영혼을 구하는 일에는 영생이 달려있기 때문입니다. 영혼으로 사 람을 구하는 하늘나라의 영웅이 되십시오.

💙 주님! 영혼 구원의 중요성을 정말로 깨닫게 하소서!

🧩 육체의 안위만큼 영혼의 안위도 걱정하십시오.

감정의 잔고

● 히 6:17 하나님은 약속을 기업으로 받는 자들에게
그 뜻이 변하지 아니함을 충분히 나타내시려고 그
일을 맹세로 보증하셨나니

'패트릭 모레이'라는 작가는 자신의 책에서 '감정 계좌'라는 것을 설명했습니다. 사랑을 충분히 받은 사람은 기분 나쁜 일이 있어도 웃으며 대응합니다. 감정 계좌에 사랑이 쌓여있기 때문에 좋지 않은 일에 그것을 꺼내 쓸 수 있기 때문입니다. 반면에 계좌에 불평과 미움, 시기가 쌓여 있는 사람은 멀쩡한 사람에게도 화를 내고 시비를 겁니다. 자신의 계좌에 있는 안 좋은 감정들을 다른 사람들에게 사용하기 때문입니다.

패트릭은 이혼하려는 부부들의 실제 문제는 자신의 좋은 감정 계좌가 바닥나 있고, 나쁜 감정 계좌가 가득 차 있는 상태인데 이것을 상대방의 잘못이라고 인식하기 때문입니다.

패트릭은 더 나아가 하나님과의 관계도 마찬가지라고 말했습니다. 변하는 것은 하나님이 아니라 우리의 감정과 처한 상황인데, 이것을 하나님의 잘못, 혹은 탓으로 느끼기 때문에 믿음이 흔들린다는 것이었습니다. 패트릭은 이런 상황을 피하기 위해서 자신의 '감정계좌'를 수시로 확인하라고 말했습니다. 상태가 안 좋다면 사람들을 좀 적게 만나고, 조금 더 참으려고 노력해야 합니다. 상태에 따라 사람들을 만나고 대하는 방법을 슬기롭게 다룰 줄 안다면, 감정에 좌우되는 삶에서 탈피할 수 있습니다.

감정은 상황에 따라 찾아오는 우리의 느낌이지 본래의 성격이나 모습이 아닙니다. 감정 그대로를 느끼고 순응하되 그것을 다른 사람에게 해소하려고 하지 마십시오. 감정까지도 온전히 주님께 맡기며 받아들이면서 감정에 휘둘리지 않는 신앙과 관계를 구축하십시오.

💙 주님! 감정의 변화 속에서도 주님을 굳건히 붙들게 하소서!
🎴 자신의 감정에 따라 상황을 수시로 통제하십시오.

절망의 씨앗

 ●살후 2:17 너희 마음을 위로하시고 모든 선한 일과 말에 굳건하게 하시기를 원하노라

아동심리학 박사 제임스 돕슨(James Dobson)은 아이들에 대해서 절대로 해서 안 되는 행동 중 하나는 '외모 평가'라고 말했습니다.

4,5살이 된 아이들도 외모에 대한 개념과 아름다움과 추함에 대한 개념이 생겨 있는 상태입니다. 하지만 어른과 달리 그것을 여과할 능력이 없기 때문에 이 때 평가받는 자신의 외모에 대한 콤플렉스를 가지고 평생을 갈 수도 있습니다.

실제로 5살 때 들었던 외모의 혹평 때문에 평생을 고통 받는 성인들도 있었습니다. 사람들은 아이들의 어린 시절의 중요성을 매우 간과하기 때문에 너무나도 쉽게 '예쁘다, 못생겼다'고 평가하고, 무시하거나 놀리기도 합니다. 물론 악의적으로 이런 행동을 하는 경우는 없겠지만 그래도 그 결과는 아이의 평생을 좌우할 수도 있습니다.

돕슨 박사는 아이들에게 외모와 학력과 같이 능력에 관한 이야기보다는 근면, 관용, 정직과 같은 미덕을 강조하는 것이 훨씬 값진 일이며, 또 좋은 때라고 조언했습니다.

모든 말에는 씨앗이 담겨 있습니다. 어린이들 뿐 아니라 모든 사람들에게 하는 말을 조심해야 합니다. 섣부른 평가는 하지 말고, 희망이 되는 씨앗을 심어주십시오.

♥ 주님! 선한 말로 위로하고, 영혼을 세우게 하소서!
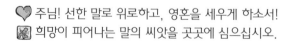 희망이 피어나는 말의 씨앗을 곳곳에 심으십시오.

비참해지는 방법

● 히 13:2 손님 대접하기를 잊지 말라 이로써 부지중에 천사들을 대접한 이들이 있었느니라

미국의 한 지역 신문 칼럼에 '비참하게 되는 방법'이라는 제목의 칼럼이 실렸습니다.

"언제나 당신 자신만을 생각하십시오. 어떤 사람을 만나든 신경 쓰지 말고 자신의 이야기만 하십시오. 모든 것을 '나'에게 초점을 맞추고 되도록 자주 '나'라는 말을 사용하십시오. 상대방의 의견을 들어도 자신의 이야기를 멈추지 마십시오. 그리고 남들이 자신을 인정해주기를 바라십시오. 다른 사람의 이야기가 어렵다면 의심을 품으십시오. 잘못한 사람에겐 욕을 하고, 나보다 잘난 사람이 있다면 시기하고 질투하십시오. 이것은 자연스러운 감정입니다. 누가 무슨 말을 해도 절대로 듣지 마십시오. '나'에게 도움이 되는 것은 오직 '나'만 알고 계십시오. 모든 일에 당신의 의견이 받아들여지게 하고 당신이 남에게 친절을 베풀었다면 당연히 그에 대한 보상을 받아야 하며, 감사를 받아야 한다고 생각하십시오. 하기 싫은 일은 하지 말고, 남에게 도움이 되는 일은 더욱 하지 마십시오."

신문을 읽은 독자들은 큰 충격을 받았습니다. 칼럼의 모습은 전혀 다른 사람이 아니라 바로 자신의 모습이었기 때문입니다. 누구나 크던 작든 자신만을 위한 삶을 살고 있었습니다.

이기적으로 사는 것이 자신을 위한 삶이라고 생각하는 사람들이 있습니다. 하지만 그것은 가장 빠르게 비참해지는 방법입니다. 남을 대접하는 행복의 기회를 놓치지 마십시오.

💜 주님! 진정한 행복은 서로 나눌 때 찾아옴을 알게 하소서!
🎇 나보다 남에게 조금 더 집중하는 하루를 사십시오.

받은 것의 가치

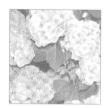 ● 고전 12:23 우리가 몸의 덜 귀히 여기는 그것들을
더욱 귀한 것들로 입혀 주며 우리의 아름답지 못한
지체는 더욱 아름다운 것을 얻느니라

19세기 미국 남부의 로이 맥클레인이라는 유명한 변호사가 있었습니다. 하루는 그 변호사가 저녁을 먹고 집으로 돌아가는 데 어떤 거지가 구걸을 했습니다. 변호사는 구걸하는 거지의 나이가 어린 것을 보고 어째서 구걸을 하고 있냐고 물었습니다.

"저는 날 때부터 버림을 받아서 구걸말고는 할 줄 아는 것이 없습니다."

거지의 사정이 딱하게 느껴진 변호사는 자신의 수표책을 꺼내 100만 원 정도의 금액을 적은 후 서명을 한 뒤 건네주었습니다.

"이 수표를 은행에 가서 바꾸게. 자네가 새 출발을 하는 데에는 충분한 돈이네."

다음날 거지는 수표를 들고 은행을 찾아갔습니다. 그런데 창문을 통해 비친 말끔한 은행원의 모습이 거지를 주눅 들게 만들었습니다. '나 같은 거지가 이런 수표를 들고 온다면 의심하지 않을까?', '경찰을 불러 날 조사할지도 몰라...', '수표를 위조했냐고 물으면 어쩌지? 수많은 생각에 망설이던 거지는 결국 환전하지 못하고 변호사를 다시 찾아가 은행은 자신의 수표를 받지 않을 것이라고 말했습니다. 변호사는 웃으며 말했습니다.

"은행원은 그 수표에 적힌 나의 서명을 보지 자네의 옷차림을 보지 않는다네. 어서 가서 현금으로 바꾸게나."

주님 앞에 나오기 위해 준비해야 할 것은 아무것도 없습니다. 주님을 바라는 진실한 마음만 있으면 됩니다. 구원을 위해, 사역을 위해 있는 모습 그대로 주님께 나오십시오.

♡ 주님! 우리의 연약함까지도 주님께 모두 맡기게 하소서!
🎴 우리의 부족함을 고백함으로 주님의 역사하심을 구하십시오.

실천의 믿음

●시 15:2 정직하게 행하며 공의를 실천하며 그의 마음에 진실을 말하며

　지미 카터 전 미국 대통령은 모태신앙으로 시작해 믿음생활을 시작했습니다. 평생을 신앙생활을 게을리 하지 않았고 대통령 선거 유세를 하면서도 주일은 꼭 교회를 찾아가 예배를 드렸습니다. 주일날 자신을 취재하러 온 기자들에게는 "다음 주에는 나를 취재하러 오지 말고 꼭 각자의 교회에 가서 예배를 드리십시오."라고 권유했습니다.

　카터 전 대통령은 현직에 있을 때부터 퇴임 이후까지 특히나 인권에 대해서 많은 관심을 가졌는데, 이것은 세상에서 소외된 사람들을 도와야 한다는 그의 신앙관에서부터 나온 것입니다. 카터는 현직 시절에도 중동의 평화와 세계의 인권을 위해 많은 일을 했지만, 경제를 발전시키지 못하고, 해외에서 터진 각종 테러들로 인해 실패한 대통령이라는 낙인이 찍혔습니다. 하지만 그는 그런 평가에도 아랑곳하지 않고 퇴임 이후에도 세계를 돌아다니며 소외된 사람들을 위한 활동을 펼쳤습니다. 어디든지 자신을 필요로 하는 곳이라면 아무 조건 없이 찾아가 자신이 할 수 있는 일을 다 했습니다. 그 모범적인 모습과 헌신에 미국인들은 다시 열렬한 지지를 보냈고, 세계도 그 공로를 인정해 2002년도 노벨 평화상을 수여했습니다. 카터 전 대통령은 자신을 향한 하나님의 계획은 대통령이 되기 위해서도 아니고, 사람들에게 인정받기 위해서도 아니며 '오직 세계를 섬기라는 것'이라고 말했습니다. 사람들은 이제 카터 전 대통령을 대통령이 아닌 '행동하는 신앙인'이라고 부릅니다.

　모든 의심과 비방을 불식시킬 수 있는 것은 실천하는 믿음뿐입니다. 말씀을 실천함으로 진리를 세상에 알리십시오.

🩷 주님! 어려움 속에서도 꿋꿋이 실천하는 신앙인이 되게 하소서!
▨ 성경이 진리임을 말이 아닌 행동으로 보여주십시오.

소용없는 재능

● 눅 12:20 하나님은 이르시되 어리석은 자여 오늘 밤에 네 영혼을 도로 찾으리니 그러면 네 준비한 것이 누구의 것이 되겠느냐 하셨으니

'큰 바위 얼굴', '주홍글씨', '낡은 저택의 이끼' 등을 쓴 나다니엘 호손은 18세기 미국을 대표하는 세계적인 작가입니다.

그는 대학시절부터 소설을 쓰며 작가로 데뷔했지만 문학적 재능을 인정받기 시작한 것은 30세 이후였고, 경제적인 여유를 얻게 된 것은 훨씬 나중이었습니다. 그러나 말년에는 미국에서 큰 인기를 끈 유명작가가 되었고, 따라서 그가 대학생 시절 때 쓴 작품들도 큰 가치를 가지게 되었습니다. 심지어는 호손이 죽은 뒤에도 출간되지 않은 그의 원고들이 발견되었습니다.

이것은 분명 문학적으로 큰 발견이었지만, 유감스럽게도 여전히 대부분 출간되지 못하고 있습니다. 호손이 글을 쓰던 시절에는 아직 타자기란 것이 없어서 모두 손으로 글을 썼는데 그는 지독한 악필이었기 때문입니다. 아무리 눈이 좋고 글씨를 잘 판독하는 전문가가 와도 호손의 원고가 무슨 내용인지 알아낼 수가 없어 결국 출간을 포기하게 된 것입니다.

아무리 작품이 좋아도, 글씨를 모르면 읽을 수가 없습니다. 또 읽지 못하는 작품은 의미가 없습니다. 이처럼 아무리 성공을 해도, 예수님을 알지 못하면 마찬가지로 의미가 없는 인생입니다. 또한 구원을 받았다고 고백하지만 변하지 않는 것도 역시 그렇습니다. 주님이 주신 것들을 주님을 위해 사용하십시오.

♡ 주님! 주님과 함께 할 때에만 모든 것이 의미 있는 일임을 알게 하소서!
🎴 일과 생활이 궁극적으로 하나님을 위한 헌신이 되게 하십시오.

자비의 전파

● 살후 3:1 끝으로 형제들아 너희는 우리를 위하여 기도하기를 주의 말씀이 너희 가운데서와 같이 퍼져 나가 영광스럽게 되고

1978년부터 운행되고 있는 '자비의 배(Mercy Ships)'라는 것이 있습니다. 초교파 국제 기독교단체에서 운영하는 이 병원선은 의료혜택을 받지 못하는 극빈층이 많은 나라를 찾아가, 10개월 정도 정박하며 각종 수술과 치료, 교육과 훈련을 시행합니다. 운행된 지 30년이 넘었지만 병원 내부에는 첨단 시설을 갖추고 있습니다. 6개의 수술실과 80여개의 의료용 침대를 갖췄으며, X선 뿐 아니라 CT 스캐너까지 갖추고 있습니다.

2010년부터 정박해 있는 토고에서는 약 1년 동안 30만 명이 '자비의 배'를 통해 치료와 교육을 받았습니다. 치료를 받아 새로운 인생을 살게 된 환자들의 이야기는 너무 많아서 다 할 수가 없을 정도입니다. 더욱 놀라운 것은 이 배의 모든 것이 자발적인 봉사로 이루어진다는 것입니다. 이 배에 있는 의사, 간호사, 선원, 기술인력 등은 모두 3주 이상의 봉사를 위해 자발적으로 모인 사람들입니다. 9개월 이상 장기 봉사를 하는 사람들도 상당수이며, 모든 비용도 자비 부담입니다. 이런 까다로운 조건에도 500명 이상의 사람들이 항상 승선해 있다고 합니다.

배 한척과 500명의 봉사자들로 인해 1년에만 30만 명이 넘는 사람이 혜택을 받았습니다. 사회 곳곳에서 활동하고 있는 모든 그리스도인들이 이런 마음으로 봉사를 한다면 틀림없이 더욱 놀라운 일이 일어날 것입니다. 세상에 하나님의 사랑과 자비를 전하는 메신저가 되십시오.

♥ 주님! 특별한 시간이 아닌 일상에서 주님을 나타내게 하소서!
▨ 하루에 최소 한 명 이상에게 필요한 도움을 주십시오.

분열을 치유하는 희망

● 엡 4:3 평안의 매는 줄로 성령이 하나되게 하신 것을 힘써 지키라

아프리카의 라이베리아에는 '외다리 축구 클럽' 있습니다.

기나긴 내전으로 인해 팔다리를 잃은 많은 상이용사들을 위한 클럽입니다. 이 클럽에서 최고의 선수로 인정받는 데니스 파커 씨도 내전에 참전했다가 사고로 다리를 잃었습니다. 14년 동안 치러진 라이베리아 내전에서 모든 남자들은 소년의 나이에도 두려움을 없어려는 목적으로 강제로 술과 약물이 먹여진 뒤 전장에 투입되었습니다.

2003년도에 내전은 끝났지만 파커 씨와 상이용사들의 처지는 더욱 비참해졌습니다. 모든 상이용사들에겐 팔, 다리를 잃은 것보다 살인과 약탈을 일삼았던 과거의 아픈 기억이 더욱 쓰라린 상처로 남아있었습니다.

죽음을 불사하고 자신들을 함부로 다룬 정부에게 투쟁하겠다는 이들을 찾아간 로버트 칼로 목사님은 '과거의 악을 정리하고 미래의 희망을 준비하자'며 설득했습니다. 정부를 찾아가서도 합당한 대우를 해줄 것을 요구해 보상금을 받게 만들었습니다. 그리고 이들을 위한 일을 생각하다가 '외다리 축구 클럽'이라는 단체를 만들어 리그를 열었는데 상이용사들은 이 클럽에서 활동하며 새로운 인생의 의미를 찾았습니다. 과거에 서로를 죽이려고 했던 사람들이 이제는 서로의 아픔을 공유하고 하나 된 희망을 위해 함께 공을 차며 잘못된 분열의 기억을 치유하고 있었습니다.

화해와 연합만이 분열의 상처를 치유할 수 있는 방법입니다. 모든 사람들을 위한 화해의 마음을 열어두고, 분열을 시대에 화합으로 세상을 치유하는 그리스도인이 되십시오.

💙 주님! 분노와 화를 죽이고 화평과 하나 됨을 구하게 하소서!
🔲 상처 입은 관계를 화해와 사랑으로 회복시키십시오.

깊은 교제가 필요한 이유

● 막 2:17 예수께서 들으시고 그들에게 이르시되 건강한 자에게는 의사가 쓸 데 없고 병든 자에게라야 쓸 데 있느니라 나는 의인을 부르러 온 것이 아니요 죄인을 부르러 왔노라 하시니라

찰스 스펄전 목사님이 주일날 깊은 교제에 대해서 설교를 한 적이 있습니다.

"우리는 서로의 진심을 나눌 필요가 있습니다. 이것은 하나님에게도, 사람에게도 반드시 필요한 일입니다. 그러므로 기도와 교제는 정말 전심으로 숨기는 것이 없이 모두 열린 마음으로 해야 합니다."

설교가 끝나고 한 성도가 찾아왔습니다.

"목사님, 저는 정말로 깊은 교제가 어렵습니다. 저의 치부를 보인다는 것은 사람이 아니라 하나님이라 하더라도 너무나 어려운 일입니다."

스펄전 목사님이 말했습니다.

"맞습니다. 그것은 정말 힘든 일입니다. 하지만 반드시 필요한 일입니다. 깊은 상처를 입은 환자가 상처를 치료하려면 어떻게 해야겠습니까? 자신의 상처 깊은 곳까지 의사에게 보여줘야 합니다. 깊은 상처를 정확히 보여줄수록 의사는 정확히 치료할 수 있습니다."

예수님은 우리의 모든 것을 고칠 수 있는 의사이십니다. 주님께 우리의 모든 죄를 맡기십시오. 모든 상처를 보여주십시오. 예수님이 반드시 우리의 모든 것을 치료해 주심을 믿으십시오.

💙 주님! 주님께 저의 무엇 하나 숨기는 것이 없게 하소서!
🖼 진실한 마음으로 모든 것을 주님께 아뢰십시오.

모든 이들을 위한 교회

●딤전 2:6 그가 모든 사람을 위하여 자기를 대속물로 주셨으니 기약이 이르러 주신 증거니라

미국 애틀랜타 주의 노스포인트 커뮤니티 교회는 개척한 지 15년 만에 3만명이나 되는 부흥을 이루었습니다.

총 5군데의 성전에서 매주 3만 명이 예배를 드리는 대형교회가 되었지만 아직도 부흥이 계속 되고 있습니다. 이렇게 많은 성도들이 이 교회로 모이게 된 이유는 무엇일까요?

노스포인트 교회는 신앙생활에 부담감을 느끼는 사람들이나, 기존 신앙에 의심을 품는 사람들이 성도의 대다수입니다. 노스포인트 교회는 이런 사람들을 최대한 편안한 분위기에서 모시며 대신 많은 수의 리더를 통해 효율적인 소그룹 교육으로 조금씩 진리를 전파하고 있습니다. 한 마디로 이 교회의 부흥은 기존신자간의 이동이 아닌, 최근에 기독교를 믿은 진짜 성도들로 채워진 부흥입니다.

또한 노스포인트 교회의 예배는 최신식 시설로 이루어진 첨단의 장비들을 사용해 드려집니다. 각종 멀티미디어와 음향 효과를 전폭적으로 사용해, 되도록 많은 사람들의 흥미를 끌고, 설교 메시지에 관심을 두게 하기 위해 적극적으로 노력하고 있습니다. 대중에게는 재미와 편안함을 중심으로 운영하고, 소그룹을 통해 깊은 교육을 실시하는 효율적인 방법을 사용하고 있습니다.

교회는 모든 사람들을 받아주어야 하는 곳이지만, 뚜렷한 흠이 있거나, 분위기가 다른 사람들을 환영하지 못할 때가 많이 있습니다. 그러나 복음은 모든 사람에게 필요 합니다. 어떤 사람이든 환영하고 반갑게 일원으로 받아들일 수 있는 교회가 되기 위해 애쓰십시오.

♡ 주님! 모든 사람을 편견 없이 바라보게 하소서!
▨ 교회에 찾아오는 새로운 이들을 전심으로 환영하십시오.

가시가 생긴 이유

●시 26:2 여호와여 나를 살피시고 시험하사 내 뜻과 내 양심을 단련하소서

식물학자 바아 뱅크 씨는 선인장을 조금 색다른 상황에서 키워보았습니다.

부드러운 햇살이 비추는 화단에 좋은 비료를 주었고 습기가 적절한 곳에서 기존 선인장보다 물을 더 많이 주었습니다. 그런데 이런 환경에서 자란 선인장들은 사막에서 자란 선인장들과 조금 달랐습니다. 선인장의 뾰족한 가시가 나지 않고 부드러운 털이 나왔고, 풍부한 물에 적응된 선인장은 이후 조금만 물을 주지 않아도 빨리 시들었습니다.

이 실험을 통해, 뱅크 씨는 중요한 사실을 알았습니다.

선인장의 날카로운 가시와 메마른 땅에 적응하는 능력은 사막에서의 생존을 위해 반드시 필요한 것이었습니다. 날카로운 가시는 식물들을 뜯어먹는 동물들로부터 선인장을 보호해 주었고, 메마른 땅에 적응하는 능력을 통해, 아주 적은 양의 수분으로도 시들지 않고 사막에서 생존할 수 있던 것입니다.

하나님은 우리에게 험난한 세상 속에서 살아가게 하기 위해 양심을 주셨습니다. 우리가 말씀과 위배되는 선택을 하려고 할 때 양심은 하루에도 몇 번씩 우리를 불편하게 합니다. 천국이라는 좋은 토양을 만들기 위해 양심을 지키며 살고 말씀을 지키며 사십시오.

💜 주님! 아주 작은 것이라도 주님의 뜻대로 따르게 하소서!
🏃 양심에 거리끼는 일은 즉각 피하십시오.

나라를 구한 꽃

●욥 36:24 그대는 하나님께서 하신 일을 기억하고 높이라 잊지 말지니라 인생이 그의 일을 찬송하였느니라

　13세기 때 덴마크와 스코틀랜드가 전쟁을 하였습니다.

　덴마크는 스코틀랜드 군을 제압하여 성안으로 후퇴시켰고, 바싹 성을 포위했습니다. 그러나 성은 생각보다 견고하여 쉽게 함락되지 않았습니다. 덴마크 군의 장군은 이대로라면 너무 많은 손실을 입을 것 같아서 밤에 몰래 성곽을 넘어 기습을 하기로 결정했습니다. 성곽 밖과 안에는 수로가 파여 있는 물웅덩이가 있었기에 덴마크 병사들은 모두 신발을 벗고 밤사이 몰래 성곽을 넘기 시작했습니다.

　그런데 성 주위에는 물웅덩이뿐만 아니라 엉겅퀴가 잔뜩 있었습니다. 엉겅퀴의 가시에 발을 찔린 덴마크 병사들은 여기저기서 비명을 질렀고, 그 소리에 스코틀랜드 군은 모두 잠에서 깨어 당황한 덴마크 군에게 총공격을 가했고, 이 한 번의 전투를 통해 스코틀랜드 군이 승리할 수 있었습니다. 이 전투를 통해 엉겅퀴는 '나라를 구한 꽃'으로 스코틀랜드 사람들에게 추앙받았고, 국가의 상징이 되었습니다.

　작은 엉겅퀴는 한 나라를 구하는데 쓰임을 받았기에 아직까지도 사람들에게 기억되고 있습니다. 그러나 많은 성도들은 구원받은 순간과 깨달은 말씀을 너무나 쉽게 잊어버립니다.

　하나님의 말씀과 구원의 기쁨은 우리의 삶을 변화시키는 힘이 있습니다. 하나님의 말씀의 힘을 깨닫고 소중히 여기십시오.

♥ 주님! 매일 보는 말씀과 성경의 소중함을 알게 하소서!
🖼 하루 한 절의 말씀을 적용하는 생활을 사십시오.

4월

하나님이 능히 모든 은혜를
너희에게 넘치게 하시나니
이는 너희로 모든 일에 항상
모든 것이 넉넉하여 모든 착한 일을
넘치게 하게 하려 하심이라

고후9:8

귀중한 시간

●엡 5:16 세월을 아끼라 때가 악하니라

　미국의 뉴욕에 있는 싱싱 교도소에서 복역 중인 사형수 벨과 제이콥 (William Bell & Jacob Rosenwasser)은 집행일을 며칠 앞두고 자신들의 방에 시계를 달아달라고 요구했습니다.

　며칠이면 사형이 집행될 텐데 왜 시계가 필요하냐는 간수의 질문에 죄수들이 말했습니다.

　"저희에게 남아있는 시간이 얼마인지 정확히 알고 싶습니다. 저흰 비록 사형수이지만 남아있는 시간을 조금도 낭비하고 싶지 않습니다."

　영국의 엘리자베스 여왕은 임종을 앞두고 이렇게 말했습니다.

　"한 순간이라도 더 살 수 있다면 내 모든 것을 바칠 텐데!"

　곧 죽을 사형수에게도, 모든 것을 가진 여왕에게도 시간은 똑같이 소중한 것이었으며, 어쩔 수 없는 것이었습니다.

　시간은 한번 지나면 다시는 돌아오지 않는 소중한 것입니다!

　그 시간을 어디에 사용하고 계십니까?

　인생을 서로 사랑하기에도 짧은 시간입니다. 하나님을 경외하며, 서로 사랑하는데 시간을 사용하십시오.

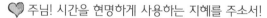

♥ 주님! 시간을 현명하게 사용하는 지혜를 주소서!

▨ 일주일의 일과를 분석해 시간을 주로 어떻게 사용하는지 알아보십시오.

매너리즘을 피하라

● 시 96:1 새 노래로 여호와께 노래하라 온 땅이여 여호와께 노래할지어다

도쿄대에서 서양 철학을 가르쳤던 러시아의 철학자 라파엘 본 케벨 (Raphael Von Koeber)에게는 나이가 많아서도 모시던 스승님이 한분 계셨습니다.

스승님은 나이가 많이 들어 거동이 불편하고 눈이 잘 보이지 않았는데도 매일 헬라어와 라틴어를 공부하며 책을 조금씩이라도 읽었습니다. 두꺼운 돋보기를 쓰고 매일 책을 보는 스승님이 안쓰러워 하루는 케벨이 말했습니다.

"스승님, 이미 많은 것을 공부하고 이루셨으니 쉬셔도 좋지 않겠습니까? 무엇 때문에 그렇게 아직도 책을 보며 애를 쓰십니까?"

"그건 뭘 몰라서 하는 말이라네. 기억력은 믿을 수 없는 것이라서 매일 중요한 것을 떠올리며 감시를 해줘야 하지. 그리고 몇 번을 읽었던 책인데도 매일 새로운 사실을 조금씩 깨닫게 된다네."

매주 반복되는 신앙생활, 매일 반복되는 큐티 생활속에서도 우리는 새로운 깨달음을 얻을 수 있습니다. 반복되는 경건생활은 우리를 더욱 성장시키는 좋은 훈련입니다. 항상 새로운 마음으로 신앙생활을 하십시오.

♡ 주님! 매일 더욱 새롭게 주님과 함께하게 하소서!

📓 반복되는 생활 속에 새로운 것들이 존재함을 기억하십시오.

평등의 투사

●히 12:14 모든 사람과 더불어 화평함과 거룩함을 따르라 이것이 없이는 아무도 주를 보지 못하리라

남아프리카공화국에선 한 때 인종분리정책이 시행되었습니다.

남아공 경제의 대부분을 독점하고 있던 백인들이, 거주지역의 안전을 문제로 흑인들과의 거주를 거부했기 때문입니다. 대부분 백인들이 권력을 쥐고 있던 남아공에서 이 분리정책은 '아파르트헤이트'라는 이름으로 시행되었습니다. 당연히 흑인과 백인과의 갈등이 매우 심화되었는데 이런 시기에 당당히 흑인 거주 지역으로 들어가 생활한 백인이 있었습니다.

니코 스미스 목사님이 그 주인공입니다. 스미스 목사님은 '주님께 찬양을 드리며 인종 분리를 생각하는 것'은 매우 어려운 일이라며 비록 정부의 정책과 반대되는 입장이더라도 성경을 따르겠다며 흑인 거주지에 들어가 살았습니다. 흑인 주민들은 스미스 목사님들에게 자신들의 목사가 되어달라고 요구했고, 이후 목사님은 2010년 별세하기 전까지 20여 년 동안 흑인들을 위해 그리고 백인과 흑인들의 화합을 위해 활동을 하셨습니다.

아프리카민족회의 기구는 공식 성명을 통해 '스미스 목사님은 자신의 안녕과 백인의 특권을 버리고 흑인들의 인권 수호와 평등을 위해 헌신한 투사였다'라고 발표한 뒤 정부차원의 장례식과 추도식을 열었습니다.

'정부와 반대되는 것을 성경에서 발견했을 때 나는 그것을 설교할 수 있는가?'라는 질문을 통해 스미스 목사님은 깨달음을 얻었다고 합니다. '세상에서 일어나는 일들과 반대되는 것을 성경에서 발견했을 때' 성경을 따를 용기를 가지십시오.

♥ 주님! 세상의 관습과 판단보다 말씀을 따르게 하소서!
🏔 세상의 법과 규칙보다도 성경을 따라 행동하십시오.

값진 인내

● 롬 12:12 소망 중에 즐거워하며 환난 중에 참으며
기도에 항상 힘쓰며

   미국의 유명 코미디언인 윌 로저스가 베리 요양소라는 곳으로 위문 공
연을 갔습니다.

   요양소는 소아마비 환자, 희귀병 환자와 같은 신체장애인과 심각한 수
준의 지체장애를 겪는 중증 장애인들이 모여 있었습니다. 그러나 윌 로저
스의 솜씨는 대단해서 그는 자리에 있는 거의 모든 환자들을 계속해서 웃
겼습니다.

   공연은 매우 성공적으로 이루어지고 있었는데 갑자기 윌이 땀을 닦고
오겠다며 자리를 비웠습니다. 공연 시간은 아직 남은 상태라 사회자가 올
라와 수습을 하고, 매니저가 음료와 땀을 닦을 수건을 건네주러 대기실을
찾아갔는데, 대기실에서 로저스는 흐느끼며 울고 있었습니다. 그 자리에
모인 환자들의 모습이 그의 가슴을 울린 것이었습니다. 매니저는 못 본
척 하며 대기실을 나왔고, 몇 분이 지난 뒤 윌은 다시 익살이 넘치는 표정
으로 등장해 환자들을 웃기며 공연을 성공적으로 마무리 했습니다. 매니
저는 훗날 이 때의 모습을 통해 진정한 프로정신이 무엇인지를 깨달았다
고 고백했습니다.

   감정이 복받치는 힘든 상황에서도 울음을 참아야만 했던 것은 관객을
웃기는 것이 그의 일이었기 때문입니다. 사명을 감당하는 데도 비슷한 일
들이 생기지만 그 끝에는 수고를 넘어서는 보람이 있습니다. 그러나 그것
이 확고한 사명이라면 꿋꿋이 인내하고 견뎌내십시오.

💟 주님! 사명에 따른 책임감을 갖게 하소서!

📇 맡은 직분과 사역을 최선을 다해 수행하십시오.

마르지 않는 샘

● 사 49:10 그들이 주리거나 목마르지 아니할 것이며 더위와 볕이 그들을 상하지 아니하리니 이는 그들을 긍휼히 여기는 이가 그들을 이끌되 샘물 근원으로 인도할 것임이라

미국 동부에 있는 케이프 코드라는 섬에는 신기한 샘이 있습니다.

'달샘'이라고 불리는 이 샘은 깊은 계곡 가운데 15미터의 깊이와 180미터의 폭을 가졌는데 평소에는 완전히 말라 있습니다.

하지만 만조가 일어나면 바닥의 분출구에서 물이 뿜어져 내려와 샘이 가득 찹니다.

달이 지면 다시 물이 빠지고 계곡이 마릅니다.

혹 가뭄이 들어서 다른 강이나 샘이 모두 말라도 이곳만큼은 만조 때 물이 가득 차오릅니다.

아무리 심한 가뭄에도 만조 때 물이 가득 차지 않은 적은 한번도 없었습니다.

이 샘의 근원은 바다이기 때문입니다. 바다는 결코 마르는 법이 없기 때문에 어떤 가뭄에도 상관없이 만조 때에 달샘은 차오릅니다.

우리 인생에 임하시는 하나님이 잠깐 보이지 않는다고 해도, 느껴지지 않는다고 해도 그것은 하나님이 안 계심을 뜻하는 것이 아닙니다. 바다와 같은 하나님의 사랑이 맘 속에 솟아나오길 간구하십시오.

💙 주님! 언제나 신실하게 주님을 바라보게 하소서!

🧩 어떤 상황에서도 절대로 하나님을 의심하지 마십시오.

7공주의 아빠

● 시 68:5 그의 거룩한 처소에 계신 하나님은 고아의
아버지시며 과부의 재판장이시라

충북 교육청의 김명철 장학사에게는 특이한 별명이 두 가지 있습니다.

하나는 '라디오 스타'인데 지역 라디오 방송에서 역사에 관한 방송을 맡았기 때문이고, 또 하나는 '7공주 아빠'입니다. 이 별명은 7명의 초등학교 여학생을 돌보기 때문에 붙여진 것인데, 사실 이 7명의 아이들은 모두 김씨의 친자식이 아닙니다.

부모가 없는 7명의 초등학생 여학생들을 위해 사회복지사들이 '참 좋은 집'이라는 시설을 마련해 보살피고 있었는데, 김 장학사가 이곳에서 아이들의 아빠 역할을 해주고 있는 것입니다.

처음에는 가벼운 봉사라고 생각하고, 가끔씩 들러 학습만을 지도해주었는데, 점점 아이들을 위해 해주고 싶은 마음이 들어 지금은 바쁜 시간에도 짬을 내어 아이들을 찾는다고 합니다. 아이들을 향한 사랑이 더욱 커가면서 단순한 학습지도에서 진솔한 대화와 소풍과 같은 역할까지 수행하면서 정말 아빠처럼 아이들을 돌보게 되었습니다.

아이들은 훗날 시집을 가게 되면, 함께 손을 잡고 예식장에 들어가는 것이 꿈이라는 김 장학사는 오늘도 아이들의 미래를 위해 열심히 도움의 손길을 건네고 있었습니다.

불우한 이웃을 돕는 가장 좋은 방법은 내가 돕는 것입니다. 주님은 오늘도 불우한 이웃들에게 우리가 도움을 주기를 바라십니다. 이웃을 돕는 데에 인색함을 버리고 조금 더 큰 용기를 내십시오.

💟 주님! 불우한 이들을 돕는 것이 주님의 뜻임을 알게 하소서!
🔲 구제에 대한 성령의 감동이 임할 때 즉각 순종하십시오.

하나님을 움직이는 힘

 ● 골 4:2 기도를 계속하고 기도의 감사함으로 깨어 있으라

위대한 선교사 허드슨 테일러는 기도에 대해서 이런 말을 남겼습니다.

"사람을 움직이는 것은 하나님을 통해서만 가능한 일입니다. 그렇다면 하나님은 어떻게 움직일 수 있을까요? 그것은 '오직 기도로만' 가능한 일입니다."

어떤 성도가 허드슨을 찾아와 도저히 기도할 힘이 없다고 말 했을때 허드슨이 대답했습니다.

"기도할 마음이 생기지 않을 때, 더욱 기도해야 합니다. 기도를 도저히 할 수 없다고 생각될 때, 더욱 기도하기 위해 노력해야 합니다. 기도에서 우리의 마음이 멀어질 때가 가장 기도가 필요한 순간입니다."

허드슨은 평소에도 자신이 선교사로써 하나님의 일을 감당할 수 있었던 것은 자신이 잘나서가 아니라 자신이 기도하는 사람이었기 때문이라고 말하곤 했습니다.

악한 세력은 우리를 기도하지 못하게 공격합니다. 그러나 기도로부터 우리의 마음이 멀어지는 순간 우리는 더욱 기도해야 합니다. 하나님과 항상 대화할 수 있는 좋은 기도의 습관을 들이십시오.

♥ 주님! 고난 중에 더욱 주님을 찾고 기도하게 하소서!

🖼 어려울 때엔 가장 먼저 기도에 우선 순위를 두십시오.

확실한 증표

● 롬 1:4 성결의 영으로는 죽은 자들 가운데서 부활하사 능력으로 하나님의 아들로 선포되셨으니 곧 우리 주 예수 그리스도시니라

한 사람이 신문사에 찾아와 편집장에게 다짜고짜 말했습니다.

"내가 하나님의 아들입니다. 다시 태어난 예수란 말이오. 어서 나를 광고에 내주시오."

그러나 편집장은 전혀 관심을 보이지 않고, 시끄러우니 나가라고 말했습니다.

찾아온 사람은 자존심이 상해 말했습니다.

"여보시오. 내가 진짜 메시아면 어쩌려고 나를 그렇게 대접한단 말이요. 아직 늦지 않았으니 어서 광고에 나를 내주시오."

"당신이 혹시, 큰 범죄를 저질렀다거나, 복권에 당첨되었다면 모를까, 하나님의 아들이라니! 우리는 그런 일에 전혀 관심이 없습니다."

그러나 남자는 막무가내로 자신을 광고에 실어달라고 떼를 썼습니다. 그러나 편집장이 한마디를 던지자 얌전히 신문사 밖으로 나갔습니다.

"좋소, 정 당신이 하나님의 아들이라면 여러 이야기 할 필요가 없겠군. 지금 내 앞에서 죽었다가 살아나시오. 그럼 온 신문을 당신 이야기로 가득 채우겠소."

자신이 메시아라고 주장하는 사람은 많지만 그 능력을 보여주는 사람은 아무도 없습니다. 예수님이 하나님의 아들이라는 가장 확실한 증거는 바로 부활입니다. 죽음을 이기고 부활하신 예수님을 믿으십시오.

💙 주님! 부활의 기쁨에 함께 참예하게 하소서!

🎴 그리스도의 부활에 대한 확고한 믿음을 가지십시오.

가장 비싼 점심

● 롬 12:1 그러므로 형제들아 내가 하나님의 모든 자비하심으로 너희를 권하노니 너희 몸을 하나님이 기뻐하시는 거룩한 산 제물로 드리라 이는 너희가 드릴 영적 예배니라

'투자의 귀재'로 불리는 워런 버핏은 매년 자신과 점심을 먹을 수 있는 기회를 경매에 내놓고 있습니다.

지난 2000년부터 시작되어 매년 한 번씩 온라인으로 거래되는 이 경매는 매년 값이 오르고 있습니다. 2000년도에 시작된 첫 경매에서는 초기 낙찰가가 약 3천만 원이었지만 2010년에는 28억 원이나 되었습니다. 버핏은 이 경매를 하는 이유는 기부를 하기 위해서입니다.

세계 최고의 부자 중 한 명인 버핏은 이미 전 재산의 85% 정도를 기부했지만 이 경매를 통해서 얻은 수익금 역시 매년 전액 기부하고 있습니다. 반면에 낙찰자들은 버핏에게 투자에 대한 조언을 듣기 위해 거액을 내놓습니다. 7명의 지인들과 함께 자리할 수 있는 식사시간을 통해 자리에 있는 사람들은 버핏의 투자 종목과 지금까지의 경험들에 대해서 모두 물어볼 수 있기 때문입니다.

투자에 대한 정보를 얻기 위해 몇 십 억을 아무렇지도 않게 내놓는 사람들이 있습니다. 그렇다면 돈보다도 더욱 귀한 생명을 구원해주신 주님께 우리도 기쁜 마음으로 헌신해야 합니다. 주님은 돈보다도, 찬양보다도 우리의 삶을 원하심을 잊지 마십시오.

💙 주님! 우리의 삶을 통해 주님께 향기로운 제사를 드리게 하소서!
🗡 주님을 위해서 하고 있는 일이 무엇이 있는지 뒤돌아보십시오.

하나님의 용서

● 히 8:12 내가 그들의 불의를 긍휼히 여기고 그들의
죄를 다시 기억하지 아니하리라 하셨느니라

윌리엄 맥도날드는 '거룩하라'라는 책에서 이런 이야기를 했습니다.

방탕한 생활을 하다가 주님을 믿고 돌아온 한 남자가 있었습니다.

그는 뜨겁게 회개했고, 주님이 자신의 회개를 받아주셨다는 분명한 느낌을 받았습니다. 그런데 신앙생활 도중 자신도 모르게 예전의 악한 습관에 빠져 다시 죄를 짓게 되었습니다. 그는 다시 뜨겁게 눈물을 흘리며 기도했습니다.

'주님, 죄송합니다. 제가 그 죄를 또 짓고 말았습니다. 다시 회개합니다.' 그런데 갑자기 하나님이 나타나 물으셨습니다.

'잘 알겠다. 그런데 죄를 또 지었다니? 무슨 죄가 또 있었니?'

우리가 죄를 주님께 고백할 때 주님은 그것을 받아 용서하시고 다시는 기억하지 않으십니다.

과거 죄에 대한 죄책감이나 자책감은 하나님과의 거리를 멀어지게 만드는 사탄의 전략입니다.

구원을 믿고 영생을 믿는다면 죄사함과 새로운 언약에 대한 말씀도 믿어야 합니다. 하나님은 우리의 자백을 기쁘게 받으시고 다시는 기억하지 않으십니다. 이미 용서받아 사라진 죄를 다시 꺼내지 마십시오.

💜 주님! 지은 죄를 자백하되 과거는 잊게 하소서!

🧩 하나님과 우리를 멀어지게 하는 자책감을 떨쳐버리십시오.

현명한 군중이 되는 법

● 요일 4:5 그들은 세상에 속한 고로 세상에 속한 말을 하매 세상이 그들의 말을 듣느니라

몇 년 전 미국 CBS의 한 다큐멘터리에서는 작고 발육이 덜된 갓난아기의 영상을 보여주며 세계의 많은 아이들이 영양실조로 죽어가고 있다는 멘트를 달았습니다.

그러나 사실 그 아기는 조산으로 작게 태어난 것이며, 영양이 부족하지도, 집이 가난하지도 않았습니다. 물론 좋은 의도로 편집된 영상이었지만 사람들은 그것이 사실이 아닌, 조작된 영상이라는 것을 알고는 큰 배신감을 느꼈습니다.

요즘 매스컴의 여러 프로그램들이 간혹 편집 조작 의혹을 받고 있습니다. 시청자들의 흥미를 자극하는 예능 프로 뿐 아니라, 공신력을 인정받아야 할 다큐멘터리, 뉴스 프로그램들까지 자신들이 원하는 방법으로 내용을 만들기 위해 인터뷰 내용이나, 각종 실험을 조작한 것으로 드러났습니다.

사실 대중 매체라는 것은 '있는 그대로의 모습'을 나타낸다고 착각하기 쉽지만, 촬영부터 편집, 방송에 이르기까지 수많은 사람들의 손을 거치고, 제작자의 생각을 거치면서 차츰 다른 의도가 개입되게 됩니다. 또한 이런 현상은 매스컴이 발달된 나라라면 모두 공통적으로 일어나는 현상입니다.

시간이 흐를수록 매스컴의 안 좋은 영향력이 점점 커지고 있습니다. 영육에 악영향을 미치는 것에 흥분하거나 시간을 빼앗기지 말고, 그것에 몰입하지 마십시오. 진실한 하늘나라의 일에 더욱 집중하십시오.

♡ 주님! 세상의 모든 것은 허망한 것임을 알게 하소서!
▨ 성경적 가치관으로 모든 일들을 분별하십시오.

순결한 꽃

● 약 4:8 하나님을 가까이 하라 그리하면 너희를 가까이 하시리라 죄인들아 손을 깨끗이 하라 두 마음을 품은 자들아 마음을 성결하게 하라

탄광촌에 새로 부임한 목사님이 있었습니다.

마을의 광부들은 대부분 신앙생활을 하고 있었기 때문에, 목사님은 성도들을 위해 탄광으로 심방을 자주 갔습니다. 그러던 중, 어느 날 광부들의 인도로 깊은 탄광 속 안을 구경하게 되었습니다. 탄광 속에는 먼지와 검댕이가 많기 때문에 목사님은 입고 온 옷을 벗고, 광부들의 작업복을 입고 굴속으로 들어갔습니다. 그렇게 한참을 들어가는 도중 목사님은 구석에 피어난 작은 꽃을 보았습니다. 그런데 특이하게도 하얀 꽃에는 조금의 먼지나 검댕이도 묻어 있지 않았습니다. 목사님은 광부들에게 물었습니다.

"저 꽃은 무엇입니까? 어떻게 이 탄광 안에서 저렇게 깨끗하게 자랄 수가 있습니까?"

"저희도 처음엔 저 꽃을 보고 매우 놀랐습니다. 하지만 꽃잎을 만져보신다면 목사님도 이유를 알게 되실 겁니다."

목사님은 광부의 말을 따라 꽃잎을 만져보았고 곧 이유를 알게 되었습니다. 꽃잎은 너무나도 결이 매끄럽고 탄력이 있어 위에 앉은 검댕과 먼지들은 붙어 있지를 못했습니다. 심지어 일부러 검댕을 뿌려도 그 모습 그대로였습니다.

탄광 속의 꽃과 같은 신앙인이 되어야 합니다. 진정한 그리스도인은 환경의 영향을 받지 않고 항상 승리의 삶을 살 수 있습니다. 마음의 깨끗함을 유지할 때 세상의 영향을 받지 않고 항상 하나님을 바라볼 수 있습니다. 마음과 행동을 순결하게 가꾸십시오.

💚 주님! 세상의 가치관으로 살지 않게 하소서!
🖼 환경에 휘둘리지 말고, 믿음의 중심을 지키십시오.

다니고 싶은 교회

● 골 3:11 거기에는 헬라인이나 유대인이나 할례파나 무 할례파나 야만인이나 스구디아인이 종이나 자유인이 차별이 있을 수 없나니 오직 그리스도는 만유시요 만유 안에 계시니라

여러 교파가 함께 연합하여 만든 개혁교회 네트워크에서는 2005년도부터 매년 한 차례씩 '이런 교회를 다니고 싶다'라는 세미나를 열고 있습니다. 세미나에는 지금까지 신앙생활을 하며 여러 가지 어려움을 겪었던 300여 명 정도의 성도들과 현직 목회자, 신학자들이 함께 자리합니다.

2011년도에는 다음의 총 4가지 주제에 대해서 다루었습니다.

① '차별을 넘어 차이를 인정하는 교회' / 교회의 직분은 위계와 질서를 나타내는 것이 아닌데도 불구하고, 은연 중에 차별이 일어나는 상황에 대해서 나누었습니다.

② '모이는 교회, 흩어지는 교회' / 과도하게 교회 일에만 집중을 시켜, 오히려 세상에 나갈 시간이 부족하고, 전도와 직장 일을 제대로 할 수 없는 상황에 대해서 다루었습니다.

③ '함께 세워가는 교회' / 담임 목사님의 특권을 인정하되, 기본적인 교회의 대소사는 모두가 합의하는 민주적인 방식으로 처리하는 일에 대해 나누었습니다.

④ '성도와 세상과 소통하는 교회' / 자신의 주장보다도 다른 사람들의 의견을 듣기 위해 교회가 어떤 노력을 해야 하는지에 대해서 토의가 이루어졌습니다.

성도가 모이는 곳이 교회이며, 하나님을 함께 섬기는 곳이 교회입니다. 주님이 뜻하신 대로의 역할을 수행하기 위해 우리 교회가 어떤 교회가 되어야 할지 생각해보십시오.

💙 주님! 하나님께 집중하고 성도에게도 집중하는 교회가 되게 하소서!
🥋 교회의 부족한 부분에 대해서 불만이 아닌 의견을 제시하십시오.

믿음의 중립기어

● 애 3:26 사람이 여호와의 구원을 바라고 잠잠히 기다림이 좋도다

　신학자 버나드는 인생의 어려움이 생길 때마다 주님께 이렇게 기도했습니다.

　"주님, 주님은 지금 어디에 계십니까? 제가 무엇을 잘못했는지 모르겠습니다.

　왜 저를 피해 숨으십니까? 이젠 기도하기에도 지쳤습니다. 응답이 없기 때문입니다.

　하지만 그럼에도 저는 계속 기도하며, 계속 기다릴 것입니다. 주님밖에는 달리 갈 곳이 없기 때문입니다."

　믿음이란 자동차의 기어를 넣는 것과 같습니다.

　기어를 넣었다고 해서, 당장 엑셀을 밟는 것이 아니듯이, 믿음이 있다고 해서 당장 언제나 응답이 오는 것이 아닙니다.

　응답이 오지 않을 때는 기어를 중립으로 다시 돌리십시오. 그리고 하나님의 신호를 기다려야 합니다. 하나님을 신뢰하는 사람은 하나님을 기다릴 수도 있습니다.

　하나님께 버림받았다고 생각이 들 때는 잠시 기다리십시오.

　모든 상황이 여의치 않아도 하나님을 의지하고 잠잠히 기다리십시오. 분명한 때에 확실하게 응답이 임할 것입니다. 말없이 조용히 기다리며 언제나 부름에 응답할 준비를 갖추십시오.

💜 주님! 언제나 어디에서나 제 마음 속에 찾아와 주소서!
🖼 언제나 주님을 신뢰할 수 있는 믿음을 키우십시오.

올바른 질문

● 엡 6:6 눈가림만 하여 사람을 기쁘게 하는 자처럼 하지 말고 그리스도의 종들처럼 마음으로 하나님의 뜻을 행하고

신학자 게인스 도빈스 교수는 하나님의 뜻을 아는 방법은 올바른 질문에서 시작된다고 말했습니다.

대부분의 사람들은 이렇게 질문합니다.

"내 인생을 향한 하나님의 뜻은 과연 무엇인가?"

그러나 이것은 '하나님의 뜻'이 아닌 '나의 인생'에 초점을 맞춘 질문입니다. 이런 질문에는 무의식적으로 자신의 인생을 우선으로 놓고, 하나님이 거기에 무언가를 이루어주기를 바라는 기대가 숨어있습니다.

질문을 조금 더 단순화시켜서 "하나님의 뜻은 무엇인가?"라고 물어보십시오.

하나님의 뜻에 초점을 맞추어 내가 할 일을 정하고 실행하십시오. 물론 하나님은 우리를 향한 뜻과 계획을 분명히 가지고 계십니다. 그러나 주님은 우리가 하나님의 계획에 스스로 뛰어들기를 바라십니다. 잘못된 질문을 하면 잘못된 답을 얻습니다. 하나님의 뜻이 무엇인지 물을 때, 하나님이 지금 어떤 일을 하고 계시며, 내가 그 일을 위해 무엇을 해야 하는지를 알 수 있게 됩니다.

하나님의 뜻을 알 때 우리의 삶을 주님께 맞출 수 있습니다. 하나님의 뜻과, 그 속에서 내가 할 일은 세상에서 일어나는 일들을 통해 알 수 있고, 성경을 통해 알 수 있습니다. 하나님의 뜻이 무엇인지 올바로 묻고 행동하십시오.

♡ 주님! 세상의 모든 일을 하나님의 마음을 가지고 하게 하소서!

▨ 매일 하루를 통해 하나님의 뜻을 발견하게 해달라고 기도하십시오.

가장 쉬운 일

●눅 14:34 소금이 좋은 것이나 소금도 만일 그 맛을
잃으면 무엇으로 짜게 하리요

영국 런던에 경찰이 꿈인 한 청년이 있었습니다.

열심히 준비를 한 끝에 그는 시험의 대부분을 통과했고, 마지막 필기시험만을 남겨 두고 있었습니다. 공부를 열심히 한 그에게 대부분의 문제는 매우 쉬운 것이었습니다. 그런데 이상한 문제가 하나 나왔습니다.

"당신은 지금 어두운 런던의 외곽지역을 순찰하고 있습니다. 그런데 갑자기 굉음이 터지며 근처에 주유소가 폭발했습니다. 주변 일대는 대 혼란에 빠져 누군가의 통제가 필요한 것으로 보입니다. 그 때 마침 당신 앞을 지나가던 한 남자가 있었는데, 자세히 보니 며칠 전에 현상 수배된 범죄자입니다. 그 순간 어디서 도와달라는 소리가 들립니다. 길 건너에 차 안에서 사고가 난 것 같습니다. 자세히 보니, 차 안에는 심각하게 부상을 당한 것으로 보이는 남녀가 타고 있었습니다. 자, 당신은 이런 상황에서 어떻게 행동하시겠습니까? 행동의 이유와 관련된 법조항을 근거로 쓰십시오."

남자는 시험이 끝날 때까지 고민을 하다 시험지에 이렇게 적었습니다.

"경찰복을 벗고, 차를 몰고 집으로 돌아간다."

때로는 군중 속에 섞이는 것이 가장 쉬운 일입니다. 그러나 어렵다고 해서 자신의 일을 포기하는 사람은 그 일을 맡을 자격이 없는 사람입니다. 그리스도인임을 나타내지 않고, 세상에 숨어 사는 것이 곧 정체성의 포기이며, 하나님의 자녀로서의 의무 상실임을 기억하십시오.

💜 주님! 언제나 주님이 원하는 길을 선택하게 하소서!
🎴 쉬운 일이 아닌 해야 될 일을 선택하십시오.

이율배반

●마 7:4 보라 네 눈 속에 들보가 있는데 어찌하여 형제에게 말하기를 나로 네 눈 속에 있는 티를 빼게 하라 하겠느냐

1900년대 중반에 미국사회는 급격한 범죄율 증가로 몸살을 앓았습니다. 많은 사회 범죄학 전문가들이 모여 현상을 분석한 결과 여러 가지 이유가 나왔는데, 가장 큰 설득력을 가진 이유 중의 하나는, 저소득 · 빈곤층의 대부분을 차지하고 있는 흑인들 때문이라는 것이었습니다.

이런 이야기가 퍼져 많은 미국인들은 흑인을 더욱 경계했고, 심지어 흑인들을 미국 땅에서 몰아내자는 운동까지 일어났었습니다.

당시 흑인의 한 인권 운동가는 말했습니다.

"우리가 왜 이 땅에 존재합니까? 아프리카에 살고 있던 우리들이 여기에 오게 된 것은 백인들의 탐욕과 불의 때문이 아닙니까? 우리는 이 땅에서 오랜 세월 노예로 고통 받았고, 아직도 가난과 빈곤 속에서 고통 받고 있습니다. 우리가 지금 이 땅에 있는 건 누구의 잘못입니까? 흑인입니까? 백인입니까?"

상대방의 행동에 상처를 받거나, 무언가가 마음에 들지 않을 때는, 먼저 나 자신을 돌아보십시오.

잠깐 억울함에 힘이 들 때도 있지만, 자신을 성찰함을 통해 주님을 닮아가고, 불필요한 실수를 방지할 수 있습니다. 상대방에 앞서 항상 나를 먼저 돌아보십시오,

♡ 주님! 내 눈과 마음의 들보를 먼저 생각하게 하소서!
🪙 최대한 상대방을 이해하려는 마음가짐과 태도를 가지십시오.

북한의 카타콤

● 요 17:14 내가 아버지의 말씀을 그들에게 주었사오 매 세상이 그들을 미워하였사오니 이는 내가 세상에 속하지 아니함 같이 그들도 세상에 속하지 아니함으로 인함이니이다

로마시대 잔혹한 정부의 기독교의 박해를 피해서 성도들은 지하로 도망쳐 도시를 만들었습니다. 카타콤이라 불리는 이 지하 묘지 도시는 피난처, 예배장소, 장례식장, 묘지 등으로 사용되었으며 성도들이 믿음을 계속 지켜나갈 수 있는 전진기지가 되었습니다.

지금도 기독교를 박해하는 북한의 성도들은 믿음을 지키기 위해 지하 교회에서 신앙생활을 하고 있습니다. 북한의 성도들은 북한의 감시를 피해 지하에서 20,30명 단위로 예배를 드리고, 정부의 감시를 피해 이불을 덮고 극동방송을 들으며 성경과 설교와 찬송을 받아 쓰고 있다고 합니다. 그러나 이런 목숨을 걸고 신앙생활을 하는 성도들에 대한 지원은 매우 열악해 대부분의 성도들이 성경책이나 복음을 들을 라디오 하나조차 갖고 있지 못하며, 신앙생활을 시작한지 20,30년 만에 성경책을 받아보는 경우도 있다고 합니다.

최근 미션라이프(missionlife.co.kr)사이트에서 공개된 영상에는, 북한의 주민들이 지하교회에서 세례를 받고, 78세의 할머니가 무너진 북한의 교회들을 위해 이불을 덮은 상태에서 기도하는 모습이 있어 많은 성도들의 가슴을 울렸습니다.

북한 뿐 아니라 아직도 신앙의 자유를 허락하지 않는 많은 나라가 있습니다. 그 나라의 성도들은 목숨을 걸고 믿음을 지켜나가고 있습니다. 우리가 그들을 위해 할 수 있는 일은 눈물의 기도와 성경과 복음을 전파할 도구를 전해주는 작은 일이지만 그 땅의 성도들에겐 소중한 하나님의 선물이 됩니다. 이들을 위해 기도하고, 또한 후원하십시오.

💛 주님! 고통 받고 있는 나라의 성도들을 위해 기도하게 하소서!
🔲 신앙생활이 자유롭지 못한 나라의 성도들을 위해 기도하고 후원하십시오.

비난은 열등감에서 나온다

● 약 4:2 너희는 욕심을 내어도 얻지 못하여 살인하며 시기하여도 능히 취하지 못하므로 다투고 싸우는도다 너희가 얻지 못함은 구하지 아니하기 때문이요

미국 뉴욕 5번 가에 있는 까르띠에 매장에 69캐럿짜리 명품 다이아몬드가 전시된 적이 있었습니다.

당시 까르띠에가 브랜드 가치를 높이기 위해 몇 십억의 거금을 투자해 구입한 것이었습니다. 다이아몬드가 전시되고 난 후, 많은 사람들이 그 다이아몬드를 구경하기 위해 모였습니다. 그 다이아몬드를 며칠 간 지키고 있던 경비원 '조(Joe W. Head)'는 다이아몬드를 구경하러 온 사람들에 대해 이렇게 말했습니다.

"그들은 말하던 다이아몬드에 대한 대부분의 이야기는 비난이었습니다. '쓸데없이 크기만 하잖아?'라고 말하는 부인도 있었고, 자신이 다이아몬드의 흠을 발견했다고 말하는 부인도 있었습니다. 또 우연히 지나가다 구경하러 온 것처럼 연기하는 사람도 있었습니다. 하지만 제가 정말로 우스웠던 것은 그들 대부분이 모조 다이아가 달린, 장신구나, 명품 액세서리를 착용하고 있었다는 사실입니다. 그것을 어떻게 아냐구요? 당연히 알 수 있습니다. 전 지금까지 수 십년간 보석관련 경비 업체에서 일을 해왔기 때문입니다."

사람들은 자신이 가질 수 없는 것을 가진 사람, 이룰 수 없는 것을 가진 사람들에 대해서 막연한 동경을 하거나 심한 비난을 합니다. 자신 역시, 하나님이 창조하신 최고의 작품이라는 사실을 모르기 때문입니다. 구하면 주시는 하나님을 믿음으로, '가질 수 없다'는 생각에서 나오는 모든 열등감에서 벗어나십시오.

💙 주님! 나의 진실한 가치를 주님을 통해 알게 하소서!
🖼 내가 어떤 상황에서 열등감을 자주 느끼는지 생각해보십시오.

목적지가 없는 배

● 엡 4:17 그러므로 내가 이것을 말하며 주 안에서 증거하노니 이제부터 너희는 이방인이 그 마음의 허망한 것으로 행함 같이 행하지 말라

천재물리학자 스티븐 호킹은 최근에 영국 일간지 가디언과의 인터뷰를 통해 '천국이나 사후세계가 기다린다는 믿음은 죽음을 두려워하는 이들이 꾸며낸 동화에 불과'하다는 말을 했습니다. 사람의 뇌가 멈추는 순간 그걸로 끝이며, '천국'이라는 꾸며낸 이야기는 그 순간 사라진다고도 말했습니다. 물론 이 인터뷰가 나온 후 세계 각계에서는 호킹 박사의 인터뷰에 대한 반박이 쏟아졌습니다. 하지만 정말 이상한 것은 그 인터뷰의 뒷부분이었습니다. 호킹 박사가 인터뷰 말미에 "사람은 현재 추구할 수 있는 최고의 가치를 추구하며 살아야 한다."고 말했기 때문입니다.

우연으로 시작된 삶에서 어떤 가치를 추구할 수 있겠습니까? '신의 부재'라는 명제에서 시작된 실존주의 철학자들도 이와 비슷한 주장을 합니다. '세상은 우연의 산물이다. 사람도 다르지 않다. 모든 기준과 법칙은 세상에 의해 만들어진 것뿐이다. 기대를 하지 말고 순응하며 살아라'라는 주장을 한 뒤 '하지만 열심히 살아라'라고 말합니다. 우리의 삶과 인생, 세상의 모든 가치와 기준이 정해진 것이 없는데 도대체 어떻게 열심히 살 수 있을까요?

목적지가 없는 배는 항해를 하는 것이 아니라 표류를 하는 것입니다. 물론 표류를 하더라도 열심히 배를 운행할 수는 있습니다. 열심히 노를 젓고, 폭풍우를 헤쳐 나갈 수도 있습니다. 그렇지만 도착할 지점이 없는 노력이야 말로 아무런 의미가 없습니다. 천국과 부활이라는 그리스도인들의 확실한 목적을 잊지 마십시오.

♡ 주님! 세상의 허망함을 쫓는 사람들을 구원하소서!
▨ 삶에는 분명한 의미와 목적이 있음을 기억하십시오.

네가지 결심

●행 3:26 하나님이 그 종을 세워 복 주시려고 너희에게 먼저 보내사 너희로 하여금 돌이켜 각각 그 악함을 버리게 하셨느니라

요한 웨슬리 목사님의 일기에는 다음과 같은 기록이 있습니다.
'1738년 2월 28일
나는 예전에 한 새로운 결심을 다시 되새기기 위해서 기록한다.
첫째, 만나는 모든 사람에게 격의없이 대하고, 가감없이 말할 것.
둘째, 사소한 일이라도 대충 처리하지 않고, 경솔한 일을 하거나, 경박하게 웃지 말 것.
셋째, 하나님의 영광을 드러내지 않는 말을 않고, 세속적인 대화를 하지 말 것.
넷째, 하나님의 영광을 드러내지 않는 기쁨은 피하고, 하나님께 감사할 수 있는 기쁨만을 수용할 것.
선한 결심은 몇 번이고 작심삼일이 되어도 괜찮습니다.
선한 결심을 하는 것은 하나님의 뜻입니다.
따라서 중간의 많은 실패도 우리를 성장시키고 다시 일어날 양분이 됩니다. 선한 결심은 우리를 세상에서 돌이켜 하나님께로 가까이 나아가게 돕습니다.
나의 인생에 필요한 결심은 무엇인지 생각해보십시오. 그런 부담감이 나타날 때 항상 순종하십시오.

♥ 주님! 선한 결심의 부담감을 이겨내게 하소서!
🎴 평소와 다를지라도 성령님이 주시는 부담에 순응하십시오.

체험과 반응

● 히 5:13 이는 젖을 먹는 자마다 어린 아이니 의의
말씀을 경험하지 못한 자요

길을 가다가 뱀을 발견한 세 사람이 있었습니다.

첫 번째 사람은 뱀을 보고 조금 놀랐지만 침착하게 대응했습니다.

뱀이 멀리 떨어져 있었고, 딱히 위협적으로 보이지 않았기 때문입니다.

두 번째 사람은 비명을 지르며 도망갔습니다.

그는 과거에 뱀에게 물려서 죽을 뻔 한 적이 있었습니다.

세 번째 사람은 오히려 뱀에게 더 다가갔습니다.

그는 땅꾼이었는데, 뱀의 종류가 무엇인지, 뱀이 어떤 상태인지 호기심
이 발동했기 때문입니다.

이처럼 뱀이 나타났다는 상황은 모두에게 같았지만 사람들이 나타내는
일련의 반응들은 모두 달랐습니다.

이에 대해 심리학자들은 모든 개인의 반응은 객관적이 아닌 주관적인
방식으로 이루어진다고 말합니다.

체험이 경험을 만들고, 경험이 모든 일의 반응을 만듭니다. 서로 다른
체험을 한 사람은 다른 삶을 살아갑니다. 체험을 하면 할수록 믿음과 신
앙도 깊어집니다. 하나님의 경험을 체험하기 위해 노력하십시오.

💜 주님! 체험함으로 자라나는 신앙이 되게 하소서!

🔲 말씀 속에서 행동하는 지혜를 배우십시오.

사랑을 연상시켜라

● 요일 2:29 너희가 그가 의로우신 줄을 알면 의를 행하는 자마다 그에게서 난 줄을 알리라

세계 최고의 권위를 자랑하는 옥스퍼드 영어사전은 지난 2011년 최신 개정판을 내면서 'Wag', 'Singledom'의 단어들을 새로 실었습니다.

시대가 바뀌면서 이전에는 존재하지 않았던 많은 신조어들이 생기고 있습니다.

'Wag'은 원래 축구선수의 아내나 여자 친구를 일컫는 말이었지만, 현재는 매력적인 아내나 여자 친구를 총체적으로 일컫는 뜻으로 사용되고 있습니다. 'singledom'은 독신생활을 뜻하는 단어로, 원래는 없는 단어이지만, 혼자서 생활하는 사람들이 많아짐에 따라 그들을 표현하는 대표어로 인정을 받은 케이스입니다. 그런데 이번 개정판에는 '♡'도 기호가 아닌 단어로 인정받아 실렸습니다. '기호♡'는 '사랑하다'라는 뜻으로 쓰였는데, 옥스퍼드 사전 역사상 기호가 단어로 인정받은 것은 처음 있는 일이었습니다. 편집자인 그레이엄은 기호를 사전에 싣게 된 이유로 "다른 기호들도 많이 쓰이지만 '♡'처럼 직접적으로 단어의 뜻을 연상시키는 기호는 없기 때문이라고 밝혔습니다."

기호가 문자로 인정받을 수 있는 이유는, 누구나 그것을 보고 사랑을 연상시키기 때문입니다. 사람들에게 예수님의 사랑을 보여주는 것도 마찬가지입니다. 우리가 예수님의 마음으로 일을 하고, 예수님의 마음으로 사람들을 섬길 때, 세상에 하나님을 나타내는 사람으로 쓰임 받게 됩니다. 사랑을 연상시키는, 하나님을 연상시키는 사람이 되십시오.

♡ 주님! 세상에 조금이라도 주님을 알리는 자로 쓰임 받게 하소서!

🎯 행함으로 주님의 사랑을 세상에 보여주십시오.

도로위의 기념비

● 고전 1:17 그리스도께서 나를 보내심은 세례를 베 풀게 하려 하심이 아니요 오직 복음을 전하게 하려 하심이로되 말의 지혜로 하지 아니함은 그리스도의 십자가가 헛되지 않게 하려 함이라

미국 버지니아 주의 한 고속도로에는 기념비가 하나 있습니다.

한 의사의 죽음을 기념하기 위해 세워진 기념비로, 운전에는 방해가 되지 않지만 그 길을 운전하는 사람은 모두 기념비를 쳐다보게 세워져 있습니다.

이름을 밝히지 않은 이 의사는 버지니아의 시골 지역에서 평생 동안 사람들을 위해 봉사했습니다. 사람들은 그의 인술에 감동을 받아서 그가 살아 있는 동안에 기념비를 세워 주려고 했습니다. 그러나 그럴 때마다 그는 겸손히 거부하며 말했습니다.

"마음은 감사하지만 그것은 제가 원하는 것이 아닙니다. 대신 다른 것을 부탁드리겠습니다. 제가 만약 죽게 된다면, 바로 죽은 그 장소에서 저를 묻어주십시오."

세월이 흘러 의사도 나이가 들어 죽게 되었는데 그 장소가 바로 그 도로 위였습니다. 그는 마지막까지 왕진을 가던 중이었습니다. 사람들은 그의 평소 바람대로 그를 도로 옆에 묻어주었고, 기념비를 세워주었습니다. 그리고 항상 그 도로를 지날 때마다 마지막까지 자신들을 위했던 사람을 생각하며 기념하고 있습니다.

우리를 위해 목숨까지 주셨던 예수님. 그분만큼 우리를 위하신 분은 세상에 없습니다. 우리 마음속에 예수 그리스도를 심고 항상 주님을 기념하십시오.

💜 주님! 십자가의 그 사랑을 결코 떠나지 않게 하소서!
🖼 모든 것을 주셨던 예수님의 사랑을 기억하십시오.

그 이상의 조건

●히 3:1 그러므로 함께 하늘의 부르심을 받은 거룩한 형제들아 우리가 믿는 도리의 사도이시며 대제사장이신 예수를 깊이 생각하라

사람들이 결혼을 할 때 가장 많이 보는 조건으로 'A, B, C, D, E'가 있다고 합니다.

나이(Age), 외모(Beauty), 건강(Condition), 학벌(Degree), 경제력(Economy), 사람마다 각 가치에 중요성을 매기는 것은 다르겠지만 그래도 대부분 이 5가지를 가지고 상대를 평가한다고 합니다.

결혼정보회사들도 이런 사람의 이런 조건을 보고 분석한 뒤 등급과 점수를 매겨 비슷한 상대방과 알선시켜 준다고 합니다.

그러나 이것은 세상 사람들의 사람을 보는 기준입니다. 그리스도인들은 이 'A, B, C, D, E'외에도 'F, G'가 더 있어야 합니다. 그리고 이 조건을 앞의 조건보다도 더 우위에 놓아야 합니다.

'F'와 'G', 바로 믿음(Faith)과 하나님(God)입니다.

그리스도인의 모든 가치관은 세상 사람과는 달라야 합니다. 세상 사람들이 땅의 일만 생각할 때 우리는 하늘의 일도 생각해야 합니다. 사람들이 조건으로 사람을 평가할 때 우리는 그들의 믿음도 봐야 합니다. 하나님을 위한, 하나님 중심의 가치관을 가지십시오.

♥ 주님! 하나님 중심으로 세상을 살아가게 하소서!
🎴 세상적인 기준에서 벗어나 성경적인 기준을 가지십시오.

미래를 바라보라

● 계 2:19 내가 네 사업과 사랑과 믿음과 섬김과 인내를 아노니 네 나중 행위가 처음 것보다 많도다

갑자기 기억상실증에 걸린 한 남자가 있었습니다.

사고로 머리를 부딪친 뒤로 그는 아무것도 기억을 하지 못했습니다. 자신의 집, 친한 사람들, 이름과 나이같은 모든 것을 기억하지 못했습니다. 지갑이나 신분증, 자신의 단서를 찾을만한 그 어떤 것도 발견할 수 없었습니다.

의사는 그 남자를 진찰한 뒤 말했습니다.

"뇌에 손상이 가서 생긴 기억상실증 같습니다. 수술을 한다면 기억을 다시 찾을 수도 있습니다. 하지만 자칫하면 시력을 잃게 될지도 모릅니다. 저는 당신의 과거에 대해서 아는바가 전혀 없습니다. 결정은 당신의 몫입니다. 어떻게 하시겠습니까?"

남자는 잠시 고민한 뒤 대답했습니다.

"수술을 받지 않겠습니다. 미래를 바라볼 시력을 잃느니 이미 살아온 과거를 버리겠습니다."

과거에서 벗어나지 못하는 것은 곧 미래를 볼 시야를 잃는 것입니다. 우리는 이미 지나온 경험으로부터 많은 것을 배울 수 있습니다. 그러나 과거에 일어났던 일들에 의해 미래를 위한 행동이 제약을 받아서는 안 됩니다. 모든 실패는 성공을 위한 과정이라는 사실을 잊지 마십시오.

💙 주님! 주님의 용서를 믿고, 새로운 삶을 살게 하소서!

🐾 이미 회개한 과거의 죄와 실수에 얽매이지 말고 미래를 위해 나아가십시오.

사소한 오해

 ●막 12:24 예수께서 이르시되 너희가 성경도 하나님의 능력도 알지 못하므로 오해함이 아니냐

미국의 디트로이트 시에서 실제로 있었던 일입니다.

폴이라는 기자는 취재를 위해 시 공무원들을 만난 자리에서 사소한 오해가 만들어낸 웃지 못 할 이야기에 대해서 듣게 되었습니다.

혼인 신고에 대한 업무를 처리하던 공무원은 자신이 지금까지 겪었던 일 중에 가장 어이없는 일에 대해서 말했습니다.

"혼인신고를 하기 위해서는 먼저 신청을 한 뒤 자료를 챙겨와 승인을 받아야 합니다. 그런데 저는 최근에 신청을 한 뒤 11년이 지나고서야 승인을 받은 한 남자를 만났습니다.

저는 처음에 제 눈을 의심했습니다. 11년 전에 혼인 신청을 했다는 것은 놀라운 일이 아니었습니다. 정말 놀라운 것은 11년이 지난 후에 승인을 받으러 왔다는 사실이었습니다. 저는 대체 왜 11년이나 지난 뒤 승인을 받으러 왔냐고 물었고, 그 남자는 실소를 지으며 대답했습니다. '그냥, 조금 사소한 오해가 있었거든요.' 어찌되었던 다시 승인을 받아서 다행이지만, 저는 정말로 놀랄 수밖에 없었습니다."

사소한 오해가 11년의 세월을 낭비하게 만들었습니다. 작은 오해로 인해 얼마든지 큰 문제가 생길 수 있습니다. 적극적인 소통을 중요하게 여기십시오.

♥ 주님! 하나님의 마음을, 사람들의 생각을 바르게 이해하게 하소서!
🏯 모든 오해를 적극적인 대화를 통해 해결하십시오.

목자와 양

● 요 10:3 문지기는 그를 위하여 문을 열고 양은 그의 음성을 듣나니 그가 자기 양의 이름을 각각 불러 인도하여 내느니라

목장을 찾은 한 방문객이 양치기가 양을 돌보는 모습을 보게 되었습니다. 양치기는 풀을 뜯는 양들의 이름을 모두 알고 있었고, 양치기가 양의 이름을 부르면 풀을 뜯던 양들이 고개를 들고 귀를 기울였습니다.

양의 이름을 모두 알고 있는 양치기와 그 부름에 대답하는 양들이 너무 신기했던 방문객이 비결을 물었습니다.

"양을 구분하는 방법은 간단합니다. 얼핏 보면 양들은 생김새가 비슷합니다. 하지만 모든 양들은 크고 작은 흠들을 가지고 있습니다. 각자의 흠을 살핌으로 양들을 서로 구분할 수 있게 됩니다.

또 양들은 자신들을 키우는 목자의 음성을 정확히 기억합니다. 아무리 제 흉내를 잘 내는 사람이 양들의 이름을 부른다고 해도 절대로 반응하지 않습니다."

방문객은 그 말이 사실인지 실험해 보았습니다. 그는 양치기의 옷을 빌려 입고, 최대한 비슷하게 양들의 이름을 불렀지만, 양들은 조금도 반응하지 않고 평온히 풀을 뜯고 있었습니다.

이처럼 목자와 양의 관계는 바로 온전한 신뢰입니다. 선한 목자는 양의 모든 것을 알고 있고, 선한 양은 그 부름에만 응답합니다. 나의 모든 것을 알고 계시는 주님을 참된 목자로 믿고 양처럼 따르십시오.

♡ 주님! 주님의 음성에만 기뻐하고 반응하게 하소서!

🖼 주님의 음성과 아닌 것을 구분하는 하루를 사십시오.

사랑과 속박

●시 146:7 억눌린 사람들을 위해 정의로 심판하시며 주린 자들에게 먹을 것을 주시는 이시로다 여호와께서는 갇힌 자들에게 자유를 주시는도다

앙드레 모아는 '행복한 결혼'이라는 책을 통해 이렇게 말했습니다.

"부부간의 대화란 자고로 매우 신중해야 합니다. 사랑만이 전부가 되어서도 안 되며, 너무 정직해서도 안 됩니다. 사랑에 치우치면 이성을 마비시키고, 너무 정직하면 사랑이 사라지게 됩니다. 뜨거운 사랑은 때론 질투로 쉽게 변하게 되고 이것은 결혼 생활을 더욱 어렵게 합니다. 과도한 정직은 상대방에게 상처를 주며 이것은 종종 결혼 생활을 끝나게 만들기도 합니다."

칼릴 지브란은 자신의 시집 '예언자'에 이런 시를 실었습니다.

'서로 사랑하십시오.

그러나 사랑을 속박하지는 마십시오.

서로의 잔을 채워주고, 서로의 빵을 드십시오.

그러나 너무 가까이 있지는 마십시오.

참나무와 삼나무는 서로의 그늘에서는 자라나지 못하니까요.'

사랑과 속박의 차이는 믿음의 존재에 따라 갈라집니다. 진정한 믿음이 없을 때 타인의 자유를 속박하게 됩니다. 사람과 사람과의 관계도 중요하지만 때로는 이것으로 인해 다른 개인과 하나님의 관계를 속박하게 될 수도 있습니다. 어떤 이유로든 상대방의 자유를 속박하지 마십시오.

♡ 주님! 주님이 주신 진정한 자유를 생활에 적용하며 살게 하소서!

🔲 뱀같이 지혜롭고 비둘기같이 순결하게 사는지 점검해 보십시오.

은밀히 보시는 주님

●마 6:3 너는 구제할 때에 오른손이 하는 것을 왼손이 모르게 하여

최근 80대의 한 할머니가 카이스트 대학교에 100억을 기부한 일이 있었습니다.

카이스트는 지난 4년간 많은 사람들에게 1000억이 넘는 돈을 기부 받았지만, 현금 100억을 기부 받은 경우는 처음이라고 발표했습니다. 그런데 이 100억의 기부보다 더욱 놀라운 것은 기부자가 '익명'을 요구했단 사실입니다. 80대의 여성이라는 것만 밝혀졌을 뿐, 누가 어떤 이유로 기부를 했는지에 대해서는 전혀 알려지지 않았습니다.

기부라는 것이 보통은 대학과 나라의 발전을 위해서 돈을 내는 것이기 때문에 보통 거액의 기부자들은 기부의 동기와, 자신의 바람을 전하는 것이 일반적이나 그런 모든 일례를 거부한 채 익명을 요구한 것입니다.

카이스트의 서남표 총장도 100억 원의 기부 소식을 학생들에게 전하면서, 공식적인 자리가 생기기 전에는 기부자의 요구에 따라 '익명'으로 처리하겠다고 덧붙였습니다.

받는 대상만을 100% 생각할 때 자신을 철저히 낮출 수가 있습니다. 하나님의 영광만을 드러내길 원할 때 진정한 겸손의 자세를 가질 수가 있습니다. 물론 선행의 사실이 알려져야 할 필요가 있을 때도 있지만, 항상 선행자체가 아닌 선행을 통한, 명예와 칭찬이 목적이 되지 않도록 조심해야 합니다. 세상에 드러나지 않아도 주님께서 은밀히 보심을 기억하십시오.

♡ 주님! 선한 행실의 목적을 잊지 않게 하소서!
🖼 교만이 하나님의 영광을 가리는 것임을 기억하십시오.

5월

나의 하나님이
그리스도 예수 안에서
영광 가운데 그 풍성한 대로
너희 모든 쓸 것을 채우시리라

빌4:19

젊음의 유지 방법

● 딤후 4:7 나는 선한 싸움을 싸우고 나의 달려갈 길을 마치고 믿음을 지켰으니

철학자 소크라테스는 70세에도 광장에 나가 사람들과 토론을 멈추지 않았고 새로운 악기를 배우기 시작했다고 알려져 있습니다.

미켈란젤로는 죽을 때까지 창작 활동을 멈추지 않았습니다.

그는 89세에도 앞으로 자신이 어떤 인생을 살 것인지를 계획했고, 90세가 넘어서도 교황청의 천정을 조각했습니다.

피카소는 90세가 넘어서까지 그림을 그리고 조각을 했습니다.

그가 남긴 모든 작품을 합치면 25만 점이 넘고, 아직까지도 그 작품들을 분류하는 작업이 이루어지고 있다고 합니다.

모세가 호렙산에서 하나님을 만났을 때의 나이는 80세입니다.

모세는 그후로 120세가 되기까지 많은 일을 감당했으나, 눈의 빛을 잃지 않고 몸이 쇠약해지지 않았습니다. 모세는 자신의 나이에 대해서 말하지 않았습니다. 하나님의 일을 하는데 나이를 문제 삼지 않은 것입니다.

오로지 사명에 초점을 맞추는 것이 중요합니다. 환경과 나이같은 세상의 잣대들로 자신이나 사람을 평가하지 마십시오. 자신의 상황을 생각하지 말고 자신이 해야 할 일을 찾아서 행하십시오.

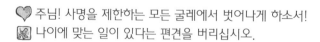

💜 주님! 사명을 제한하는 모든 굴레에서 벗어나게 하소서!
🔏 나이에 맞는 일이 있다는 편견을 버리십시오.

영혼을 지키는 방법

● 눅 8:12 길가에 있다는 것은 말씀을 들은 자니 이에 마귀가 가서 그들이 믿어 구원을 얻지 못하게 하려고 말씀을 그 마음에서 빼앗는 것이요

신학자 리처드 칼슨은 영혼을 지키는 두 가지 방법에 대해서 이렇게 말했습니다.

첫째, 사소한 것에 마음을 뺏기지 말라.

둘째, 세상의 모든 것은 사소한 것임을 알라.

세상에 영원한 것은 아무것도 없습니다. 세상에 반드시 필요한 중요한 일이라는 것도 없습니다. 사람이 만들어 내고 소비하고 있는 모든 가치들은 어느샌가 모두 사라질 허상일 뿐입니다.

그 사실을 깨달아야만 세상의 물질과 가치로 유혹하는 마귀의 꾀임을 이겨낼 수 있습니다.

어거스틴은 "비틀거리고 절뚝거리면서 바른 길을 가는 것이 꼿꼿이 서서 그릇된 길로 가는 것보다 낫다"고 말했습니다.

육체를 위해 영혼을 희생시키지 마십시오. 영혼은 육체보다 더욱 중요하고 고귀한 것입니다.

세상의 쾌락은 잠깐은 달콤하지만 그 사이 더욱 중요한 영혼을 잃게 됩니다. 세상에 영원한 것이 없다는 사실을 잊지 마십시오.

💜 주님! 세상의 유혹과 시험에 빠지지 않게 하소서!
🖼 몸의 상태만큼 영혼의 상태에 관심을 가지십시오.

웃음 예찬

● 시 126:2 그 때에 우리 입에는 웃음이 가득하고 우리 혀에는 찬양이 찼었도다 그 때에 뭇 나라 가운데에서 말하기를 여호와께서 그들을 위하여 큰 일을 행하셨다 하였도다

인간관계론과 성공학의 대가 데일 카네기가 쓴 '웃음 예찬'이라는 글입니다.

"웃음을 위해 소비해야 할 것은 없지만, 그로 인해 얻는 것은 많습니다.
웃음을 주는 사람에게는 해가 될 것이 없고,
받는 사람은 얻는 것이 많습니다.
웃음은 짧은 시간이지만 때로는 그 기억이 평생을 갑니다.
웃음이 없다면 진짜 부자가 아니며,
웃음을 가지고 있다면 가난한 사람이 아닙니다.
웃음은 가정에 행복을 더하며, 사업에 활력을 불어넣어 주며,
사람과의 관계를 더욱 가깝게 해줍니다.
또한 피곤한 자에게 휴식이 되며, 실망한 자에게는 소망이 되고,
우는 자에게는 위로가 됩니다.
모든 독을 제거하는 해독제가 바로 웃음입니다.
하지만 기억하십시오.
웃음은 돈으로 살수도 없고, 누구에게 빌릴 수도 없고,
남의 것을 도둑질할 수도 없는 것입니다."

그리스도의 소망이 있는 사람은 날마다 즐거워야합니다. 우리에게 행하실 주님의 놀라운 계획이 삶속에 있기 때문입니다. 그 사실을 기억하며 항상 웃으며 살아가십시오.

♥ 주님! 주님으로 인해 진정으로 만족하고 즐거워하게 하소서!
🐾 주님을 떠올리며 기분좋게 웃음으로 하루를 시작하십시오.

어둠을 비추는 빛

● 요 8:12 예수께서 또 말씀하여 이르시되 나는 세상의 빛이니 나를 따르는 자는 어둠에 다니지 아니하고 생명의 빛을 얻으리라

뉴욕 맨해튼에 위치한 타임스스퀘어 교회를 개척한 데이비드 윌커슨 목사님이 최근 교통사고로 세상을 떠나셨습니다.

타임스스퀘어 교회는 뉴욕의 3대 복음주의 교회로 꼽히는 곳이며, 목사님은 세속화되는 교회에 대한 경고와 신자들의 안이한 마음을 정확히 찌르는 설교로 유명했습니다.

윌커슨 목사님이 뉴욕이라는 번화가에 교회를 개척하게 된 동기는 거리 곳곳에 깔린 어둠 때문이었습니다.

1986년 맨해튼의 42번가 거리를 걸으며 목사님은 뉴욕 거리 곳곳에 있는 몸을 파는 직업여성들, 마약 중독자, 넘쳐나는 게이바 등을 보고는 탄식했고, 그곳에 빛을 비추라는 하나님의 음성을 듣고는 교회를 개척했습니다.

이후 뉴욕에 들어간 목사님은 실제 갱단들과 마약 중독자, 직업여성들을 찾아가 담대하게 복음을 전했습니다. 죽음을 두려워하지 않고 복음을 전하는 지금까지 많은 갱단의 두목과 단원들이 회개하고 주님 앞에 돌아왔습니다.

안타까운 사고로 목사님은 이제 세상을 떠났지만 세상의 어둠 속에 빛을 비추어야 하는 성도들의 사명은 아직 세상에 남아있습니다.

소외된 사람들에 대해 탄식하는 마음이 뉴욕의 세계적인 교회를 세웠습니다. 두려워하지 않고 하나님의 일을 할 때 하나님의 능력이 임합니다. 가는 곳곳 어디에서나 주님을 전하는 복음의 바람, 진리의 빛이 되십시오.

♡ 주님! 생명의 빛이 필요한 사람들을 찾아가는 삶이 되게 하소서!
▩ 잘못된 일을 하는 사람들을 위해 기도하는 마음을 가지십시오.

진정한 재산

●마 19:14 예수께서 이르시되 어린 아이들을 용납하고 내게 오는 것을 금하지 말라 천국이 이런 사람의 것이니라 하시고

아테네 광장에 있는 소크라테스에게 제자들이 찾아와 물었습니다.

"선생님, 지금의 그리스 사람들에게 가장 필요한 것이 무엇인지 말씀해주시겠습니까?"

"모든 아테네 사람들에게 반드시 필요한 말이 있네, 자네들도 나에게 들은 뒤에 만나는 사람마다 이 말을 전해주게."

"네, 선생님. 말씀해주십시오."

"그리스 사람들은 자신이 현명하다고 생각하면서도 오로지 재물을 모으는 일에만 관심이 있네, 그러나 현명한 사람은 재물보다는 더욱 귀한 것에 신경을 쓰지. 자네들은 내일부터 동네마다 돌아다니며 사람들에게 전하게. 재물을 모으는 일에 충실하지 말고, 어린이들에게 좀 더 많은 사랑과 정성으로 쏟으라고 말일세. 이 일은 재물을 모으는 것 보다 그리스에 훨씬 큰 도움이 될 걸세."

다음 세대가 건강해야 사회가 건강해지고 의식이 향상됩니다. 그 세대를 책임지는 것이 바로 우리 어린이들입니다. 어린이들에게 더 많은 관심과 사랑을 부어주십시오.

💟 주님! 아이들이 행복한 세상을 위해 기도하게 하소서!

🧩 아이들이 이 땅의 미래임을 기억하고, 언제나 사랑과 관심으로 대해주십시오.

다시 담을 수 없는 것

● 잠 15:4 온순한 혀는 곧 생명 나무이지만 패역한 혀
　는 마음을 상하게 하느니라

　세계적인 권위의 칸 영화제 참석을 위해 초청받았던 폰 트리에 감독이 작은 말 실수로 인해 쫓겨나는 일이 있었습니다.

　덴마크 출신의 폰 트리에 감독은 '어둠 속의 댄서'로 2000년도 황금종려상을 수상했던 거장입니다.

　폰 트리에 감독의 실수는 영화제 전날 한 기자와의 진행됐던 인터뷰에서 일어났습니다. 기자는 독일계 혈통을 가진 폰 트리에 감독에 대해서 질문을 했는데 그에 대해 "유대인이 될 걸 이라고 가끔 생각합니다. 하지만 그럴 때마다 사실 제가 나치라는 사실을 알게 됩니다. 저는 히틀러를 이해하고 조금은 공감하기도 합니다."라고 말했기 때문입니다.

　이 기사는 삽시간에 전 세계에 퍼졌고, 폰 트리에 감독은 칸 영화제 집행위원회로부터 모든 행사에 '입장 금지'와 '기피인물 지정'이라는 중징계를 내렸습니다. 논란이 커진 것을 보고 폰 트리에 감독은 자신이 '나치도 아니며, 반유대주의자는 더더욱 아니고, 단지 기자에게 농담을 던진 것뿐이다'라고 해명했지만 이미 사태는 걷잡을 수 없이 커졌고, 그동안 쌓아왔던 명성은 일순간에 무너지고 말았습니다.

　아무 생각 없이 농담삼아 말을 하다보면 무의식적으로 많은 실수를 하게 됩니다. 말을 잘하는 사람이 지혜로운 사람이 아니라 말을 아끼는 사람이 지혜로운 사람입니다. 남에게 상처를 주는 날카로운 말이 아닌, 남을 치유해주는 말을 하십시오,

♡ 주님! 불필요한 말을 참는 인내와 필요한 말을 하는 지혜를 주소서!
🔳 가벼운 농담이라도 남에게 상처가 되지 않게 조심하십시오.

침몰의 이유는 단순하다

●마 6:24 한 사람이 두 주인을 섬기지 못할 것이니 혹 이를 미워하고 저를 사랑하거나 혹 이를 중히 여기고 저를 경히 여김이라 너희가 하나님과 재물을 겸하여 섬기지 못하느니라

19세기 영국이 강력한 해군으로 전 세계의 바다에서 막강한 영향력을 발휘할 던 때에, 덩달아 많은 상선들이 전 세계를 누볐습니다.

그런데 활동하는 상선 중 많은 배들이 침몰하는 일이 일어났습니다.

영국 정부는 손실을 막기 위해 배가 침몰되는 이유에 대해서 대대적인 조사를 했는데 조사 결과 침몰은 매우 단순한 이유에서 비롯되었습니다.

상선들이 단순히 짐을 너무 많이 실었기 때문입니다.

조사를 진행했던 Samuel Plimsoll은 무리한 선적으로 인한 침몰을 방지하기 위해 배에 줄을 긋고 그 선이 잠길 때까지만 짐을 싣는 법안을 통과시켰습니다. Lord Line이라고 불리는 적재한계선을 지키는 것만으로 침몰 사고는 매우 크게 감소했습니다.

욕심은 몸과 마음을 병들게 합니다. 버릴 것은 버려야 합니다. 아무것도 포기하지 않으면 결국 침몰하게 됩니다. 주님을 향한 정직한 삶에 방해가 되는 것은 과감히 포기하십시오.

💙 주님! 욕심을 버리고 은혜에 만족하게 하소서!
🧩 무엇이든지 필요 이상으로 집착하지 마십시오.

외로운 부모님들

● 골 3:20 자녀들아 모든 일에 부모에게 순종하라 이는 주 안에서 기쁘게 하는 것이니라

　서울 은평 경찰서는 노인 분들을 대상으로 건강식품을 비싸게 판 혐의로 업자 10여명을 붙잡았습니다.

　주로 60, 70대의 외로운 노인 분들을 대상으로 업자들은 즐거운 공연과 지극한 정성을 미끼로 환심을 산 뒤 건강식품의 효능을 과장해 최대 7배까지 가격을 비싸게 속여 팔았습니다.

　그런데 더 가슴 아픈 사실은 사기를 당한 노인 분들이 경찰서를 찾아와 선처를 호소했다는 사실입니다. 오갈 데 없는 자신들을 위해 귀중한 시간과 관심을 보여줬다며 '자식보다 낫다'고 경찰서에 탄원했습니다.

　한 할머니는 사기를 당한 것을 알고도 "아들과 딸도 우리에게 그렇게는 안 대해줍니다. 물건은 둘째 치고 너무 정성을 다해 섬겨주기 때문에 용돈 준다고 생각하고 물건을 사는 거예요. 마음에 위안이 생기는 것에 비하면 돈은 별 문제가 안 됩니다."라고 말했습니다. 업자들을 검거한 은평 경찰서 박찬우 수사과장은 할머니들이 얼마나 정에 목이 말랐는지 단속을 할 때마다 같은 일이 생긴다며 부모님을 모시는 자녀들이 깊이 반성해야 한다는 생각이 든다고 말했습니다.

　부모님들에겐 자녀들의 따뜻한 말 한마디, 안부 인사 한번이 더욱 힘이 됩니다. 한없는 사랑을 부어주신 부모님의 사랑을 구차한 핑계로 외면하는 것은 옳은 일이 아닙니다. 부모님의 말씀에 순종하고 쓸쓸한 마음을 위로하고 기쁘게 해드리는 효자, 효녀가 되십시오.

💛 주님! 공손한 순종으로 주님께 기쁨을 드리게 하소서!
🖼 오늘뿐 아니라 수시로 부모님께 안부와 감사를 전하십시오.

다시 쓰시는 하나님

 ●막 11:25 서서 기도할 때에 아무에게나 혐의가 있
거든 용서하라 그리하여야 하늘에 계신 너희 아버지
께서도 너희 허물을 사하여 주시리라 하시니라

한 마을에 넘치는 사랑으로 유명한 목사님이 계셨습니다.

목사님은 어떤 사람에게도 화를 내지 않았습니다. 큰 실수를 한 사람이
라도 다독여주며 다시 주님께 돌아올 것을 종용했습니다. 그 모습을 마땅
찮게 여긴 한 농부가 하루는 목사님을 찾아와 말했습니다.

"목사님, 잘못한 사람에겐 혼을 내야 하는 것이 아닙니까? 또 마땅히 벌
을 받아야 하지 않겠습니까? 최근에 목사님이 만난 그 사람은 마을 사람
들에게 큰 피해를 입힌 악한입니다. 하나님도 그 사람은 용서해주시지 않
을 것입니다."

목사님은 이번에도 조용히 미소를 지으며 대답했습니다.

"형제님, 형제님의 마음은 이해합니다. 하지만 제가 한가지 묻겠습니
다. 찢어져 있는 수표가 한장 있다면 형제님을 그것을 어떻게 하시겠습니
까?"

"당연히 다시 붙여서 사용해야 되지 않겠습니까? 그냥 지폐도 아니고
수표인데요!"

"그렇습니다. 큰 가치가 있기에 다시 붙여 사용하는 것입니다. 그런데
하나님은 형제님이 수표를 생각하는 것보다 우리들을 더욱 생각하십니
다. 그분은 모든 회개를 기쁘게 받아주시고 우리가 새삶을 살기를 바라십
니다."

사람을 살리는 것은 사랑의 마음입니다. 용서가 없는 사랑은 존재할 수
가 없습니다. 하나님은 모든 사람들을 정말로 사랑하십니다. 하나님의 사
랑으로 이웃의 잘못을 용서하십시오.

♡ 주님! 나를 용서한 주님의 사랑으로 남을 용서하게 하소서!

▨ 모든 일에 먼저 용서하고, 먼저 사과하십시오.

돈으로 가치를 매길 수 없는 작품

● 벧후 1:2 하나님과 우리 주 예수를 앎으로 은혜와 평강이 너희에게 더욱 많을지어다

작가 박경란 씨는 지금까지 자신의 작품을 한 점도 돈을 받고 팔아본 적이 없습니다.

해마다 갤러리에 전시를 한 작품들은 필요한 사람들과 필요한 곳에 무료로 분양되었습니다. '예술은 공유되어야 한다'는 것이 그 이유입니다.

이런 박 작가의 정신은 남편인 고 박길웅 화백의 유지를 이어받은 것인데, 한 작품 당 수백억 원이 넘는 박 작가의 모든 작품들을 역시 무료로 국립현대미술관에 기증했습니다.

박 작가는 창작 활동을 하는 이유에 대해서 살아 있다는 것에 감사하는 마음으로 작품을 만드는 것이고, 그 창조의 과정에서 얻은 기쁨만으로 충분하기 때문에 돈을 받고 작품을 팔지 않는다고 말했습니다. 또한 이 과정을 통해 자신을 다시 비우고 새로운 작품을 시작할 수 있다고 고백했습니다. 박 작가는 때로는 갤러리를 구경 온 사람들에게 기념으로 작품을 한 점씩 나누어주고, 때로는 국내외 원조단체와 같이 도움이 필요한 곳에 작품을 분양합니다. 지금까지 1000여점이 넘는 작품이 여러 원조단체에 무료로 분양되었습니다. 오로지 작품 그 자체에만 의미를 둔 것이 수백억으로도 책정할 수 없는 더욱 높은 가치의 작품을 만들었습니다.

인생도 학벌, 재산, 외모와 같은 보이는 것들로 점수를 매길 수 없는 것입니다. 영혼을 구원하고 많은 이들에게 희망과 용기를 주는 것이 정말로 값진 인생을 사는 방법입니다. 값을 매길 수 없는 귀한 인생을 사십시오.

💜 주님! 많은 사람들에게 도움이 되는 삶을 살게 하소서!
🖼 무형의 가치를 더욱 중요시하는 인생을 사십시오.

받는 사람과 주는 사람

 ●딤전 6:18 선을 행하고 선한 사업을 많이 하고 나누어주기를 좋아하며 너그러운 자가 되게 하라

헤르만 헤세의 '한가지 소원'에 나오는 이야기입니다.

아이를 출산한지 얼마 안 된 여인에게 어떤 노인이 찾아와 물었습니다.

"아이가 어떤 아이로 자라나면 좋겠소?"

"모든 사람들에게 사랑만 받으며 자라나게 해주세요."

희한하게도 노인의 말처럼 모든 사람들이 아이를 사랑하기 시작했습니다.

아이의 어머니는 그 모습을 보고 매우 행복했습니다.

하지만 아이의 모습은 오히려 점점 나빠졌습니다.

모두가 자신을 사랑한다는 사실을 어느새 느낀 아이는 한 살, 두 살 나이를 먹어갈수록 점점 교만해져갔습니다.

일이 잘못되었다는 것을 깨달은 어머니는 예전의 만났던 그 노인을 열심히 찾아다녔고, 마침내 만나게 되었습니다.

"제발 부탁합니다. 우리 아이를 위한 예전의 제 소원을 취소해주세요. 그리고 사랑을 받는 사람이 아닌 사랑을 줄줄 아는 사람이 되게 해주세요."

사랑뿐만이 아니라 모든 감정과 물질, 기쁨은 나눌수록 커집니다.

한번도 남에게 베풀어 본 적이 없는 사람은 그 사실을 이해하지 못합니다. 가진 것을 나눔으로 커지는 기쁨을 체험하십시오.

♡ 주님! 가진 것에 감사하게 하시고, 나눌 줄도 알게 하소서!

🧑‍🤝‍🧑 물질 뿐 아니라, 좋은 마음과 감정도 함께 나누십시오.

싱거운 범죄

● 요일 3:4 죄를 짓는 자마다 불법을 행하나니 죄는 불법이라

미국이 독립한지 얼마 안 되던 때 전국적으로 은행 강도가 기승을 부렸습니다.

주로 말을 타고 떼를 지어 이동하던 도적들은 연방 정부의 열차를 털거나, 외지의 은행을 기습적으로 공격해 금고를 털어가는 식으로 범행을 저질렀습니다. 미국 정부는 이들 강도로 인해 피해액이 얼마나 되는지를 조사했고, 그 결과는 충격적이었습니다. 은행 강도가 범행으로 훔치는 돈은 한 명당 평균 2백만 원 정도였습니다. 그런데 범행을 시도한 강도들 중 85%가 검거됩니다. 검거된 은행 강도들은 평균 15년 이상을 교도소에서 보내게 됩니다. 만약 검거된 도둑이 훔친 돈을 이미 써버렸다면, 15년의 수감 기간으로 계산해보면 1년당 15만 원 정도의 금액을 벌기 위해 위험을 감수하는 것입니다. 물론 그 당시의 돈의 가치는 지금과는 많은 차이가 있지만 그래도 85%의 실패 확률과 15년의 감옥 생활을 담보로 하기에는 턱없이 낮은 금액입니다. 당시 은행 강도들은 이렇게 손해 보는 장사를 하는 줄도 모르고 점점 늘어만 갔습니다. 은행을 터는 것으로 큰 이득을 본다고 생각했기 때문입니다.

양심을 버리고, 지름길로 가기 위해 불법을 행하는 것은 절대로 큰 이득이 아닙니다. 또한 불법으로 인해 한 번 그르친 일들은 다시 바로 잡을 수가 없습니다. 바른길로 가는 것이 가장 빠른 길이라는 사실을 잊지 마십시오.

💜 주님! 양심을 져버리는 유혹들을 떨쳐내게 하소서!
🗝 불법으로 얻는 이득은 극히 적은 것임을 기억하십시오.

알 수 없는 재림

●마 24:36 그러나 그 날과 그 때는 아무도 모르나니 하늘의 천사들도, 아들도 모르고 오직 아버지만 아시느니라

2011년 5월 21일 유서 깊은 미국의 복음 방송인 '패밀리 라디오' 본사 앞에는 두 무리의 사람들이 모여 있었습니다. 한 무리는 '혼란스러워 마세요. 우리가 도와 드리겠습니다'라고 적힌 피켓을 들고 있었고, 다른 무리는 '과학이 승리했다. 바보들아!', '다음 휴거는 언제입니까?'라는 피켓을 들고 조롱하는 무리들이 있었습니다.

패밀리 라디오의 설립자 해롤드 캠핑이 5월 21일 예견한 휴거가 일어나지 않자 다시 10월 21일날 진정한 휴거가 일어날 것이라고 말을 바꾸었기 때문입니다. 해롤드 캠핑은 몇 년 전에도 휴거를 예언했고, 아무 일도 일어나지 않자, 자신의 실수를 인정했습니다. 그러나 이번에 또 휴거를 예언하며 이번엔 자신의 성경적 해석이 100% 맞는다고 확언한 뒤 또 다시 틀리자 날짜를 10월로 옮겼습니다. 그러나 세계의 권위있는 신학자들은 모두 '종말의 때를 시기적으로 언급하는 것은 잘못'이라는 데에 의견을 동의하고 있습니다. 또한 재림의 시기에 몰두하기 보다는 '오늘을 어떻게 살까'에 대해 생각하는 것이 성경적인 삶이라고 얘기했습니다.

예수님의 재림은 확실하지만, 그것이 언제 올지는 아무도 알 수가 없습니다. 성경이 바로 그것을 증거하고 있습니다. 주님의 재림을 기다리되 잘못된 종말론과 성경이론에 귀를 기울이지 말고, 오늘 역사하시는 하나님을 체험하는 삶을 사십시오.

💛 주님! 주님을 바라보는 삶에만 집중하며 살게 하소서!
🖼 잘못된 종말론에 대해서 일체의 관심을 가지지 마십시오.

갈매기의 죽음

● 잠 14:30 평온한 마음은 육신의 생명이나 시기는 뼈를 썩게 하느니라

　지중해 연안을 여행하던 관광객이 멋진 경관과 쾌청한 날씨를 즐기고 있었습니다.

　그런데 연안을 따라 걷다 보니 모래 사장위에 드문드문 죽어있는 갈매기들이 있었습니다.

　'이렇게 맑고 깨끗한 바다에서 도대체 왜 이렇게 많은 갈매기들이 죽어 있을까?'라는 의문을 품은 관광객은 잠시 뒤 갈매기 시체를 치우는 청소부를 만나 이유를 물었습니다.

　"갈매기들이 이렇게 죽는 것은 모두 관광객 때문입니다. 여기 오는 관광객들은 모두 갈매기를 신기하게 여겨 과자나 사탕같은 먹이들을 던져 줍니다. 한 두 번은 괜찮지만 그 맛에 길이 든 갈매기들은 더 이상 전에 먹던 먹이들을 먹지 않게 됩니다. 그러다 관광객들이 한동안 뜸하거나 먹이를 주지 않으면 결국 굶어 죽게 되는 것입니다. 바닷가에는 먹이들이 언제나 풍성한데도 말입니다."

　우리를 즐겁게 해주는 것들 중에는 정말로 해로운 것들이 있습니다. 그런 즐거움에 마음을 빼앗기게 되면 영혼이 갈급하게 되고, 점점 메마르게 됩니다. 영혼의 만족을 주지 못하는 즐거움들을 멀리 하십시오.

💜 주님! 몸보다 영혼에 더욱 좋은 즐거움을 구하게 하소서!

🖼 영혼을 좀먹는 나쁜 일들을 멈추십시오.

참된 스승의 노력

● 요 13:14 내가 주와 또는 선생이 되어 너희 발을 씻었으니 너희도 서로 발을 씻어 주는 것이 옳으니라

한국의 한 여고생이 일본으로 납치를 당한 적이 있었습니다.

집안 형편이 어려운 여학생은 길에서 만난 한 30대 남자의 꼬임에 넘어가 일본의 유흥업소에 팔려가게 되었습니다. 언니와 부모님은 수소문을 했지만 전혀 실마리를 찾을 수가 없었습니다.

그러던 중 마침내 언니가 일본의 동생으로부터 연락을 받았습니다. 자신은 지금 유흥업소에 잡혀 있는데 여권을 빼앗겨 한국으로 올 수가 없다는 내용이었습니다. 다급해진 언니는 여학생의 학교 선생님에게 도움을 구했습니다. 제자의 행방을 알게 된 선생님은 제자에게 무슨 수를 써서라도 공항으로 도망 나오라고 말한 뒤 직접 일본의 나리타공항으로 제자를 찾아갔습니다. 그러나 역시 여권이 없어서 바로 선생님만 출국을 해야 하는 상황이 됐습니다. 선생님은 곧 대사관에 전화를 걸어 제자를 안전히 보호해달라는 요청을 했고, 한국에 돌아와 마침내 문제를 해결했습니다.

제자가 김포공항에 도착했을 때 뒤늦게 이 사실을 안 많은 신문사와 기자들이 취재를 하러 찾아왔습니다. 그러나 선생님은 제자가 상처를 입을 수 있다면 신상 정보나 어떤 인터뷰와 사진촬영을 허락하지 않았습니다. 그 자리에 있던 기자들은 이 사연을 알게 된 뒤 비록 특종감은 놓쳤지만 선생님에게서 '참 스승의 모습'을 발견하고는 발걸음을 돌렸습니다.

참된 스승은 제자를 이처럼 사랑합니다. 예수님은 우리의 스승이기도 합니다. 인생의 소중한 은사님에게 주님의 이름으로 존경의 마음을 표현하십시오.

♥ 주님! 참된 스승이신 주님의 사랑을 본받게 하소서!
🎴 기억나는 은사님이 있다면 오랜만이라도 연락을 드리십시오.

성실이 우선이다

● 잠 28:10 정직한 자를 악한 길로 유인하는 자는 스스로 자기 함정에 빠져도 성실한 자는 복을 받느니라

최근 대학교들이 각 학교의 특성에 맞는 잠재력과 소질을 갖춘 학생들을 선발하기 위해 실시하는 입학사정관제라는 제도가 생겼습니다.

입학사정관제는 단순히 학업성적으로 학생을 평가하지 않고, 학생의 학교생활과 여러 가지 이력 등을 참고해, 리더십, 성실성, 잠재력 등을 종합적으로 평가해 학생들을 선별합니다.

따라서 입학사정관제를 실시하는 각 학교마다 학생들의 선별기준이 다를 수밖에 없는데 최근 서울대에서는 '화려한 이력보다는 성실성을 보겠다'고 발표했습니다.

물론 가장 중요한 평가요소는 학업능력이 되겠지만 그만큼 '학교생활을 어떻게 하였는가?'에도 큰 비중을 두어서 평가하겠다는 뜻이었습니다. 예를 들어, 3년 동안 많은 봉사활동과 수상 경력, 높은 직책을 수행했다 하더라도, 마땅한 이유가 없다면 단순히 '이력 관리'를 했다고 평가받게 됩니다. 오히려 뚜렷이 보이는 이력은 없더라도 3년간 성실히 학생의 신분에 맞는 생활을 했음을 보여주는 것이 훨씬 도움이 됩니다. 이력의 크기보다도 그 일을 하게 된 배경이 학생들을 더욱 잘 나타내기 때문입니다.

믿음의 큰 업적을 쌓아 화려한 신앙생활을 하는 것보다도 꾸준하고 성실한 신앙생활이 중요합니다. 믿음의 크기는 업적으로 평가받지 않음을 기억하고 꾸준히 신앙생활을 하십시오.

♡ 주님! 꾸준히 주님께 나아가게 하소서!

🖼 남에게 보여주기 위한 것이 아닌 오직 진실함으로 믿음 생활을 하십시오.

바보 같은 소리

● 고전 1:18 십자가의 도가 멸망하는 자들에게는 미련한 것이요 구원을 받는 우리에게는 하나님의 능력이라

두 친구가 로키 산맥을 등반하고 있었습니다.

산맥의 중간엔 밴프라는 지역이 있었는데 그곳의 경치를 본 한 친구가 말했습니다.

"우와, 이건 정말 장관이군. 살면서 다시는 이런 걸 보지 못할 거야. 이 경치를 사람들에게 팔 수만 있다면 정말 큰돈을 벌 텐데 말이야."

옆에 있던 친구가 코웃음을 치며 말했습니다.

"바보 같은 소리 하지 말게. 좋은 경치인 건 틀림없지만, 팔 수 있는 방법이 없네."

"글쎄, 경치가 이동할 수 없다면, 사람들을 움직여야지."

윌리엄이라는 친구는 이후 밴프 지역에 거대한 '스프링스 호텔'을 지었습니다.

총 14층 규모에 방이 250개나 되는 그 호텔에는 1년에만 20만 명의 투숙객이 이용을 합니다. 최소 3개월 전에 연락을 주지 않으면 예약조차 할 수 없을 정도의 명소입니다. '바보 같은 소리'를 하는 사람들이 새로운 세상을 만듭니다.

사람들이 이해하지 못하는 일들이 세상을 변화시킵니다. 하나님의 아들이 우리를 위해 십자가에 달리셨다는 사실은 얼마나 놀라운 일입니까? 죽기까지 우리를 사랑하신 그 사랑에 감사와 찬양을 드리십시오.

♥ 주님! 세상이 이해하지 못한 그 사랑을 알게 하소서!

▨ 주님의 뜻이라면, 성경이 말하고 있는 것이라면 무엇이든 따르십시오!

아무도 풀 수 없는 문제

● 히 10:39 우리는 뒤로 물러가 멸망할 자가 아니요
오직 영혼을 구원함에 이르는 믿음을 가진 자니라

실존주의 철학자 하이데거는 '사람의 세 가지 고민'에 대해서 이렇게 말했습니다.

첫째는 물질에 대한 것입니다.

대부분의 사람들이 가장 중요하게 고민하는 것이기도 하고, 크던 작던 모두들 물질에 대한 고민을 가지고 있습니다. 누구나 돈을 벌려고 합니다.

둘째는 사람에 대한 것입니다.

물질에 대한 고민에서 벗어난 사람들은 사람들에 대해서 고민하기 시작합니다. 돈이 있는 사람들이 권력에 욕심을 내는 것이 그 이유입니다.

셋째는 자신에 대한 것입니다.

인생의 어떤 중요한 순간이나, 특정한 경험을 통해 사람은 자신의 존재와 이해에 대한 고민을 하게 됩니다.

하이데거는 "첫 번째 고민을 푸는 사람은 종종 있다. 두 번째 고민을 푸는 사람도 드물지만 존재한다. 그러나 세 번째 고민을 푸는 사람은 아무도 없을 것이다."라고도 말했습니다. 그는 존재 자체와 존재하는 것에 대해서 평생을 고민했지만 결국 밝혀내지 못하고 세상을 떠났습니다.

하나님을 인정하지 않을 때 자기 자신에 대한 문제를 아무도 풀지 못합니다. 우리의 창조주인 하나님과 구원자인 하나님을 인정할 때에만 풀 수 있는 문제이기 때문입니다. 인생의 모든 문제를 하나님을 통해 해결하십시오.

💟 주님! 저의 존재에 대한 한계를 인정하고 주님을 인정하게 하소서!
🧎 예수님을 믿고 따름으로 인생의 마지막 문제를 해결하십시오.

가정의 가치

●딛 1:11 그들의 입을 막을 것이라 이런 자들이 더러운 이득을 취하려고 마땅하지 아니한 것을 가르쳐 가정들을 온통 무너뜨리는도다

주식회사 대교의 대표이사였던 강학중 씨는 나이 마흔에 이미 건실한 기업의 최고경영자 자리에 오른 성공의 아이콘이었습니다.

주위에선 그를 '경영의 귀재'라고 부르며 앞으로의 활약에 더욱 주목해야 할 것이라고 추켜세웠습니다. 그러나 그는 마흔이 되던 해에 홀연히 대표이사 자리에서 물러났습니다. 사람들이 그를 말리며 물었습니다.

"아니, 도대체 이렇게 잘나가던 사업을 왜 포기하십니까?"

"지금까지 제 인생의 최우선은 일이었습니다. 그러나 이제는 가정에 충실하고 싶습니다. 그리고 가정은 그만한 투자를 할 가치가 충분히 있는 곳입니다."

성공 가도의 끝에서 가정의 소중함을 배운 강 씨는 일을 그만둔 후 가족들과 함께 도보여행을 떠난 뒤 돌아와 가정연구소를 만들어 활동하고 있습니다.

애플의 스티브 잡스도 이 세상을 떠나기 전, 가정과 아이들에게 충실하지 못한 것을 아쉬워 했습니다.

가정은 밭과 같습니다. 가족들이 어떤 씨앗을 심느냐에 따라 모두 다른 결과가 나타납니다. 가정은 물질이 없어서 불행해지는 것이 아니라 사랑이 없어서 불행해지는 것입니다. 사랑의 씨앗을 심음으로 행복한 가정을 만들기 위해 열심히 투자하십시오.

♥ 주님! 행복한 가정은 천국과도 같은 행복임을 알게 하소서!

🖼 다른 가족들과 함께 행복한 가정에 대한 의견을 공유하십시오.

꿈을 심는 기업

● 약 3:18 화평하게 하는 자들은 화평으로 심어 의의
열매를 거두느니라

지금 300개가 넘는 체인점을 전국에 운영하며 1억이 넘는 연봉을 받고 있는 사람이 있습니다.

그러나 처음엔 허름한 옷을 입고 으슥한 곳에서 토스트를 파는 단순한 노점상이었습니다. 노점에서 토스트를 팔 때 그에겐 '꿈'이란 게 없었습니다. 오히려 늦은 나이에 거리에서 토스트를 파는 자신의 모습이 너무나 한심해서 아무렇게나 옷을 입고, 모자를 푹 눌러쓰고 토스트를 팔았습니다. 그러다 하루는 '한번 뿐인 인생 멋지게 디자인해보자'라는 생각이 들었다고 합니다. 곧, 최고의 토스트를 만들어야겠다는 목표가 생겼습니다.

허름한 옷 대신 호텔 주방장의 옷을 입고, 토스트를 굽는 몇 만 원짜리 주석 판 대신 녹이 묻어 나지 않는 백만 원짜리 스테인리스 판을 구입했습니다. 토스트의 모든 재료도 가장 신선한 것만 사용했습니다. 그렇게 성공하기 시작한 사업이 물론 계속 순탄하기만 한 것만은 아니었습니다. 그러나 그때마다 어려서부터 믿어왔던 하나님께 의지했고, 그 속에서 참된 평안을 얻음으로 다시 시작할 수 있었습니다. 지금은 연봉이 1억 원이 넘지만 그는 아직도 월세방을 산다고 합니다. 삭막한 세상에서 꿈을 잃어가는 아이들을 위해, 아직 평안의 복음을 알지 못하는 사람들을 위해 벌고 있는 수입의 대부분을 사용하고 있기 때문입니다.

하나님과의 깊은 교제 속에서 꿈이 생기고, 평안이 생깁니다. 하나님과 함께 하는 꿈을 가지십시오. 또 그 꿈을 남들에게도 전하는 사람이 되십시오.

💗 주님! 주님가 함께 믿음의 열매를 거두고, 또 씨앗을 심게 하소서!
🧩 세상 곳곳에 진정한 꿈을 심는 사람이 되십시오.

부부의 날

●마 19:6 그런즉 이제 둘이 아니요 한 몸이니 그러므로 하나님이 짝지어 주신 것을 사람이 나누지 못할지니라 하시니

아파치 인디언들은 결혼을 할 때 다음과 같은 축시를 읽어 준다고 합니다.
'이제 두 사람은 비를 맞지 않으리라.
서로가 서로에게 지붕이 되어 줄 테니까.
이제 두 사람은 춥지 않으리라.
서로가 서로에게 온기를 더해 줄 테니까.
이제 두 사람은 더 이상 외롭지 않으리라.
서로가 언제나 함께하는 동행이 될 테니까.
두 사람의 앞에는 오직
하나의 인생만이 있으리라.
이제 그대들의 집으로 들어가라.
함께 있는 날들 속으로 들어가라.
이 대지 위에서 그대들은 오랫동안 행복하리라.'
부부가 하나가 되는 것이 곧 결혼입니다.
결혼은 하나님의 우리에게 주신 소중한 선물이자 축복입니다.
하나님의 원리를 따를때에 결혼 생활의 참된 행복을 누릴 수 있습니다.
서로의 생각과 방식은 내려 놓고 하나님의 원리를 따르십시오.
서로 사랑하고 존중하는 아름다운 부부생활을 위해 노력하십시오.

♡ 주님! 부부가 온전히 사랑함이 하나님의 뜻임을 알게 하소서!

▨ 하나님의 뜻에 합한 부부생활을 위해 서로 노력하십시오.

믿음이 이끄는 삶

● 눅 12:28 오늘 있다가 내일 아궁이에 던져지는 들 풀도 하나님이 이렇게 입히시거든 하물며 너희일까 보냐 믿음이 작은 자들아

한 목사님이 교회 성도에게 심방을 갔습니다.

구두수선공으로 일을 하던 성도는 비록 좁은 공간이지만 목사님을 모시고, 함께 예배를 드렸습니다.

예배를 마치고 일상적인 대화를 나누는 도중에 목사님은 구두수선공의 수입이 많지 않음을 알게 되었습니다. 그러나 구두수선공에게는 5명이나 되는 자녀가 있었기에 목사님은 걱정이 되어 무의식적으로 말했습니다.

"저런, 7명의 식구가 살기에는 수입이 너무 적지 않을까요?"

"저는 그런 것은 생각하지 않습니다. 하나님이 주셨으니 하나님이 책임져 주실 것입니다. 저는 그저 제가 맡은 일을 열심히 하며 구두를 수선할 뿐입니다. 그리고 정말로 다행인 것은 그 많은 식구가 살아가기에 필요한 만큼 지금까지 항상 채워주셨다는 사실입니다."

목사님은 이 대답을 듣고 자신의 질문이 어리석은 것임을 깨달았습니다. 그리고 '믿음'이라는 것에 대해서 다시 한번 생각하게 되었습니다.

믿음을 따르는 삶에는 걱정이란 것이 있을 수가 없습니다. 어떤 상황에서도 하나님이 모든 것을 채워주실 것이기 때문에 주어진 현실에 최선을 다하기만 하면 됩니다. 우리의 모든 필요를 아시는 주님을 진심으로 신뢰하십시오.

♡ 주님! 어려움 속에 순간순간 약해지는 마음을 붙잡아 주소서!

📖 모든 문제를 주님께 맡기십시오.

사람을 이어주는 사람

 ●행 15:36 며칠 후에 바울이 바나바더러 말하되 우리가 주의 말씀을 전한 각 성으로 다시 가서 형제들이 어떠한가 방문하자 하고

'토크쇼의 제왕' 래리 킹이 한국을 방문했습니다.

서울 디지털포럼에 강의를 하기 위해 방문한 자리에 앞서 그는 많은 기자들과 인터뷰하는 시간을 가졌습니다.

1957년부터 53년 동안 방송 일을 하며 그가 직접 만나 인터뷰를 한 인물은 5만 명이 넘습니다. CNN에서 진행한 시사대담 프로그램 '래리 킹 라이브쇼'는 25년간 큰 인기를 끌며 그에게 토크쇼의 제왕이라는 별명을 주기도 했습니다. 수많은 사람을 만나본 그에게 기자들이 최근 스마트폰의 발달과 급증하는 소셜 네트워크 서비스에 대해서 어떻게 생각하느냐고 묻자 그는 '관계'만큼 중요한 것은 없다고 말했습니다.

"사람과 사람 사이의 연결은 절대로 없어지지 않을 것입니다. 그것만큼 중요한 것이 없기 때문입니다. 첨단기술이 아무리 발달해도 마찬가지입니다. 온라인의 만남보다 오프라인의 만남을 더욱 중요시 하십시오. 만남을 두려워하지 말고 끊임없이 서로를 만나고 연결해주는 사람이 앞으로 성공할 것입니다."

또한 그는 자신에게 가장 큰 영향을 끼친 사람으로 마틴 루터 킹 목사와 넬슨 만델라 전 남아프리카 대통령을 꼽았습니다. 두 사람 다 인종과 차별을 넘어 서로를 연결해준 위대한 인물들입니다.

관계는 성공을 위해서도 중요하지만 전도와 삶의 만족을 위해서도 매우 중요합니다. 관계를 유지하고, 발전시켜 나가는 데 큰 관심과 노력을 쏟으십시오.

♡ 주님! 많은 사람과 화평하고 화목하게 하소서!
🧩 만남을 위한 노력을 수고로이 여기지 마십시오.

동기의 중요성

● 딤전 4:15 이 모든 일에 전심 전력하여 너의 성숙함
을 모든 사람에게 나타나게 하라

　미국 워싱턴에서 전국의 심리학자들이 모인 심리학 세미나가 열렸습니다.

　수많은 학자들이 그동안 자신들이 연구한 주제에 대해서 발표를 하고 토의를 했는데 그 중 모두의 관심을 끌었던 연구가 하나 있었습니다. 연구 주제는 '맞벌이를 하는 가정의 자녀와 전업 주부가 있는 가정의 자녀의 학업 성취도 비교'였습니다.

　일반인들 뿐 아니라 학자들도 대부분 집안에 어머니가 있는 자녀의 학업이 더 높을 것으로 생각했습니다.

　그런데 연구 결과는 오히려 맞벌이 집안의 아이가 I.Q.도 더 높고, 성적도 뛰어났습니다. 그 이유는 아이들의 자율성이 생각보다 높았기 때문입니다.

　대부분의 사람들이 아이들은 스스로 자기의 일을 찾아서 하지 못한다고 생각합니다. 그러나 자신의 자율성이 확보된 아이들은 오히려 자신이 해야 할 일을 자발적으로 찾아서 했으며, 공부 역시 마찬가지였습니다.

　반대로 부모님이 모든 일에 간섭하는 아이들은 오히려 자립심과 동기가 부족했으며, 반발심이 작용하는 경우 역효과를 내기도 했습니다.

　동기는 아이들 뿐 아니라 성인들에게도 중요한 역할을 합니다. 인내심을 갖고, 주변 사람들을 기다려주십시오. 능력을 발휘할 동기를 끌어내는 사람이 되십시오.

💜 주님! 거룩한 일을 위한 선한 동기를 갖게 하소서!
🖼 주님이 내 인생의 충분한 동기가 되고 있는지 살펴보십시오.

인생은 결정이다

● 벧전 4:2 그 후로는 다시 사람의 정욕을 따르지 않고 하나님의 뜻을 따라 육체의 남은 때를 살게 하려 함이라

미국 대통령 중 가장 뛰어난 엘리트로 평가받는 케네디 대통령은 당선된 지 얼마 안 되어 아이젠하워 전 대통령을 찾아갔습니다.

대통령직을 수행하는 것은 뛰어난 정치경력의 그에게도 매우 어려운 일이었기 때문에 조언을 구하기 위해서였습니다.

정책 하나에 온 국민의 운명이 걸려 있다는 중압감은 상상을 초월할 정도였습니다. 그러나 아이젠하워는 찾아온 케네디에게 딱 한마디를 해주었습니다.

"대통령의 임무는 결단하는 것입니다. 그것을 두려워하지 마십시오."

대통령뿐 아니라 우리의 인생은 모두 결단으로 이루어져 있습니다.

좋든 싫든 결단을 내려야만 하는 것이 인생입니다. 하나님의 말씀을 나침반으로 삼을 때 실패에 대한 두려움 없이 담대히 결단을 내릴 수 있게 됩니다.

수많은 상황에서 올바른 선택을 하는 것이 중요합니다. 그러나 실수를 두려워함으로 선택 자체를 회피하지는 마십시오. 올바른 선택은 우리에게 기쁨을 주며 잘못된 선택이라 할지라도 교훈을 주기 때문입니다. 그러나 하나님께 더 가까이 나아가는 선택을 하기 위해 노력하십시오.

💟 주님! 선한 결단을 두려워하지 않게 하소서!

🧎 최선의 선택을 하되, 내린 결정에 대해서 후회하지 마십시오.

'작은 것'의 위력

● 전 4:12 한 사람이면 패하겠거니와 두 사람이면 맞설 수 있나니 세 겹 줄은 쉽게 끊어지지 아니하느니라

서울 성북구에 소재한 42개의 사립 유치원생들은 1년 동안 열심히 동전을 모았습니다.

지역 프로그램의 일환으로 진행된 불우이웃돕기에 참여하기 위해서였습니다.

'불우이웃돕기'라는 글씨가 적혀 있는 돼지저금통에 유치원생 아이들은 차곡차곡 동전을 넣었습니다. 이 일을 시작한 선생님들도 '아이들이 모아 봤자 얼마나 모았을까?'라는 생각을 했지만 1년이 지나 정산을 해보니 천만 원이나 되는 큰돈이 되었습니다.

아이들은 자신들이 모은 돈이 적은 돈이라는 사실도, 자신들이 남을 돕기에 아직 어리다는 사실도 생각하지 않고 그저 착실히 불우이웃을 위해 동전을 모았습니다.

아이들이 모은 천만 원의 사랑은 사회복지재단에 전달되어 성북구 내에 있는 저소득 가구를 돕는데 귀하게 쓰였습니다.

작은 아이들이, 작은 돈을 모아서 남을 돕는 큰 힘이 되었습니다. 어쩌면 우리는 남을 돕는 일에 너무 많은 핑계를 대고 있을지도 모릅니다.

작은 봉사와 노력도 꾸준하기만 하다면 남을 돕는 큰 힘이 됩니다. 세상을 따뜻하게 하는 작은 실천을 지금 시작하십시오.

♡ 주님! 구제와 봉사에 더욱 큰 관심을 갖게 하소서!

기부와 선행을 막는 모든 부정적인 생각을 버리고 지금 시작하십시오.

함께하는 리더십

● 롬 12:10 형제를 사랑하며 서로 우애하고 존경하기를 서로 먼저 하며

　프로축구 K리그의 '맏형 리더십' 열풍이 불고 있습니다.

　주로 소속팀에서 활약하다 은퇴한 선수들이 감독을 맡을 때 '맏형'이라고 부르는데, 이런 맏형들이 맡은 팀들의 성적이 눈에 띄게 좋기 때문입니다.

　전문가들은 경력이 많은 노련한 감독들 사이에서 초짜인 감독들이 돌풍을 일으키고 있는 이유를 '맏형'같은 리더십 때문이라고 평가했습니다.

　선수 출신이었고, 같은 팀에 몸을 담았었기에 선수들과 더 끈끈한 유대관계를 갖게 되고, 그 관계를 통해 선수들을 더 잘 이해하고, 소외되는 선수들 없이 골고루 기용하기 때문입니다.

　감독이 자신에게 관심을 갖고 있다고 느낀 선수들은 그라운드에서 더 최선을 다합니다.

　그 다음은 솔직한 감정의 표현입니다. 최용수 감독 대행은 선수들이 골을 넣으면 선수보다 더욱 기뻐하며 세리머니로 분위기를 띄웁니다. 이런 요소들이 좋은 효과를 이끌어내 화려한 성적을 만들어내고 있습니다.

　리더십의 가장 중요한 요소는 '함께 하는 것'입니다. 깊은 유대관계를 통해 다른 사람의 능력을 이끌어 낼 줄 아는 사람이 이 시대에는 더욱 필요합니다. 고민이 있는 사람과 함께 울어주고, 기뻐하는 사람과 함께 웃어주는 사람들의 멘토가 되십시오.

♥ 주님! 타인의 감정에 공감할 줄 아는 사람이 되게 하소서!

▨ 말보다 행동을, 지시보다 함께하는 리더가 되십시오.

가까운 하나님

● 약 4:8 하나님을 가까이 하라 그리하면 너희를 가까이 하시리라 죄인들아 손을 깨끗이 하라 두 마음을 품은 자들아 마음을 성결하게 하라

평생 동안 복음을 전파하며 살았던 선다 싱은 처음에는 인도의 정통종교인 시크교를 믿었습니다.

이후 기독교에 대한 교육을 받았으나 심한 반감을 갖고 오히려 기독교를 공격하기 시작했습니다.

그러다 개인적인 체험을 통해 예수님을 영접하게 됐고, 그 이후로 평생을 순례하며, 십자가의 복음을 전하는 삶을 살았습니다.

훗날 그는 자신이 개종한 이유에 대해서 이렇게 말했습니다.

"제가 다른 종교를 믿었을 때 저는 신에게 다가가기 위해서 제단을 쌓고 계단을 오르내렸습니다. 그러나 수만 번을 오르내려도 신은 너무나 멀리 있었습니다.

그러나 예수 그리스도는 너무나 가까운 곳에 계셨습니다. 아니, 이미 내 안에 계셨습니다. 저는 그분을 통해 매일 하나님을 체험합니다. 그것이 내가 개종한 이유입니다."

하나님은 먼 곳에 계시지 않습니다. 항상 우리와 함께 계십니다. 예수님을 통해 우리는 그분을 매일 느끼고 체험할 수 있습니다. 우리와 함께 하시는 하나님을 매일 경험하십시오.

♡ 주님! 진리는 먼 곳에 있지 않음을 알게 하소서!

언제나 함께 하시는 하나님을 발견하십시오.

흐르는 물

●고후 4:16 그러므로 우리가 낙심하지 아니하노니 우리의 겉사람은 낡아지나 우리의 속사람은 날로 새로워지도다

  미국의 하워드 헨드릭스라박사는 항상 공부를 하는 것으로 유명했습니다.

  그는 이미 뛰어난 학자로 명성이 높았지만 언제나 공부를 쉬는 법이 없었습니다. 하루는 그에게 배우는 학생들이 물었습니다.

  "교수님, 무엇 때문에 그렇게 공부를 하시는 겁니까?"

  학생들은 아마도 무언가 업적을 발견하기 위해서나, 혹은 새로운 이론을 정립하기 위해서 공부를 할 것이라고 생각했습니다.

  "바로 자네들 때문이네, 나는 내 수업을 듣는 학생들에게 고인 웅덩이가 아닌 흐르는 시냇물을 마시게 해주고 싶네. 또 하루 지난 빵이 아닌 갓 구운 빵을 먹이고 싶네."

  학생들은 하워드 박사의 대답을 듣고 더욱 존경하게 되었습니다.

  뿐만 아니라 훌륭한 업적을 세운 많은 제자들도 나왔습니다.

  과거의 경험, 과거의 감동으로 살아가는 것은 고인 웅덩이입니다. 날마다 새로워지는 흐르는 냇물같은 신앙의 삶을 사십시오.

💛 주님! 매일 새로운 깨달음과 기쁨을 얻게 하소서!
🎴 묵상과 기도, 예배생활을 통해 영혼을 새롭게 하십시오.

사랑이 담긴 호떡

● 딤전 2:10　오직 선행으로 하기를 원하노라 이것이
　하나님을 경외한다 하는 자들에게 마땅한 것이니라

　강원도 강릉에 사는 김영욱, 김용자 씨 부부는 '사랑의 호떡부부'로 불립니다.

　2000년도부터 매일 500개 이상의 호떡을 어려운 이웃들에게 나누어주고 있기 때문입니다. 원래는 호떡 장사를 하다가 우연히 경로당에 계시는 어르신들에게 호떡을 대접하게 되었다고 합니다. 그런데 작은 호떡 하나에 너무나 기뻐하시는 어르신들의 모습이 큰 감동이 되어 그날부터 매일 어려운 이웃들에게 호떡을 나누어주는 일을 시작했습니다.

　2009년부터는 아예 차량을 개조해 '이동 호떡집'을 만들어 전국 각지의 군부대, 사회복지시설, 무료 급식소 등을 찾아다니며 봉사를 하고 있습니다. 나이가 많은 김 씨 부부 밑에는 독립한 세 자녀가 있고, 매달 용돈도 잘 챙겨드립니다. 하지만 이 돈까지도 모두 봉사를 위해 사용하며 자신들은 여전히 쪽방에서 지내고 있습니다. 이런 노력이 인정받아, 코오롱그룹의 '우정선행상'으로 3천만 원의 상금까지 받게 되었지만 부부는 그마저도 모두 전국의 사회복지시설에 기증했습니다. '참된 행복은 작은 것이라도 나눌 때 찾아온다'고 김 씨 부부는 말했습니다.

　남들이 보기엔 한없이 바보같은 삶일지도 모르지만 김 씨 부부에게는 더없이 기쁨이 넘치는 삶입니다. 사랑을 전하는 기쁨을 아는 사람의 인생은 행복한 인생이고 또 성공한 인생입니다. 주변의 이웃들에게 사랑의 손길을 주십시오.

💗 주님! 작은 선행 하나라도 사랑을 담아서 실천하게 하소서!
🖼 감사한 마음으로 봉사의 기회를 잡으십시오.

대화의 중요성

● 벧전 3:10 그러므로 생명을 사랑하고 좋은 날 보기를 원하는 자는 혀를 금하여 악한 말을 그치며 그 입술로 거짓을 말하지 말고

제인 아담스는 평생을 가난한 사람들과 함께 살았습니다.

그는 미국 시카고의 빈민들을 위한 복지시설 헐 하우스(Hull House)를 건립했고, 또 자신도 그들과 함께 생활하며 친구가 되어 주었습니다.

제인은 단순히 빈민들의 먹고 사는 문제뿐 아니라 행복을 위해서도 많은 관심과 노력을 기울였고, 이런 공로를 인정받아 그녀는 1931년 노벨평화상까지 받았습니다.

제인이 발견한 행복의 조건은 바로 대화였습니다. 그녀는 빈민들이 부유층에 비해 삶의 여유가 없고, 그것이 대화의 부족으로 이어지면서 더더욱 상황을 벗어나기 힘들게 만든다고 말했습니다. 그녀는 자신이 거주하던 시카고에서 빈민들을 만날 때마다 말했습니다.

"여러분의 자녀가 대화를 원한다면 바로 응하십시오. 주방에서 음식이 타고 있어도 자녀와의 대화가 더욱 중요합니다. 출근시간이 이미 지났을지라도 자녀가 대화를 원하면 응하십시오. 회사에 늦지 않는 것보다 자녀와의 대화가 더욱 중요합니다. 여러분의 자녀와, 배우자와, 이웃과 대화를 하십시오. 대화를 통해 우리는 희망과 행복이라는 씨앗을 마음과 정신에 심을 수가 있습니다."

대화를 통해 우리는 정신적인 만족과 행복을 경험할 수 있습니다. 다른 사람과 대화하는 시간을 소중히 생각하고 주님과 가지는 대화의 시간도 중요하게 생각하십시오.

♥ 주님! 물질보다 관계에 더욱 많은 것을 투자하게 하소서!

▣ 사람과의. 하나님과의 대화 시간을 소중히 여기십시오.

너희는 이 세대를 본받지 말고
오직 마음을 새롭게 함으로
변화를 받아 하나님의 선하시고 기뻐하시고
온전하신 뜻이 무엇인지 분별하도록 하라
롬12:2

BEST FRIEND

 ● 요 15:14 너희는 내가 명하는 대로 행하면 곧 나의 친구라

가장 친한 친구를 뜻하는 'BEST FRIEND(베스트 프랜드)'에는 이런 뜻이 있답니다.

B - Believe 믿음: 항상 믿어주는 사람.

E - Enjoy 기쁨: 기쁨을 함께 나눌 수 있는 사람.

S - Smile 미소: 함께 있으면 미소가 저절로 나오는 사람.

T - Thank 감사: 작은 것에도 감사하는 사람.

F - Feel 느낌: 눈빛만으로도 느낌이 통하는 사람.

R - Respect 존중: 격의가 없지만 또한 존중해주는 사람.

I - Idea 생각: 떨어져 있어도 생각나는 사람,

E - Excuse 양해: 잘못은 확실히 인정하는 사람.

N - Need 필요: 필요로 할 때 있어주는 사람.

D - Develop 발전: 나의 발전에 도움을 주는 사람.

친한 친구는 삶에서 든든한 버팀목이 되기도 합니다.

모든 조건을 만족시켜주는 친구가 있으십니까?

없어도 걱정할 것이 없습니다. 주님이 나의 가장 진실한 좋은 친구가 되어주시기 때문입니다. 주님을 친구 이상으로 가까이 생각 하십시오.

💜 주님! 저를 친구삼아 주신 은혜를 감사하게 하소서!

🎨 주님이 우리의 친구 되신다는 사실을 언제나 잊지 마십시오.

몸의 양식, 영의 양식

● 요 4:34 예수께서 이르시되 나의 양식은 나를 보내
신 이의 뜻을 행하며 그의 일을 온전히 이루는 이것
이니라

한 구역모임에서 성도들이 서로 교제를 하다가, 지난 신앙생활에 대한 이야기가 나왔습니다.

모임에는 신앙생활을 20,30년 씩 오래한 성도들이 대부분이었습니다.

"사실 이상한 것은 지난 30년간 들었던 설교 중에서 기억나는 것이 별로 없다는 점입니다. 1년에 100번이 넘는 설교를 들었는데, 어떻게 이런 일이 일어날 수 있을까요?"

그 말을 듣고 다른 성도도 대답했습니다.

"저도 그렇습니다. 아무리 노력을 해도, 1,2주도 기억하기 버겁습니다. 사실 요새는 이런 신앙생활에 대한 회의가 듭니다."

그런 이야기들을 묵묵히 듣고 있던 한 성도가 말했습니다.

"여러분들은 중요한 사실을 잊고 계십니다. 저는 태어날 때부터 지금까지 먹었던 음식을 하나도 기억하지 못합니다. 어쩔 땐 바로 전날 먹었던 메뉴도 기억하지 못합니다. 그러나 기억은 못해도 그 음식들이 있었기에 제가 살아있는 것 아니겠습니까? 우리의 영혼이 지금 건강한 것은 무엇 때문이겠습니까?"

말씀은 영의 양식입니다. 우리가 비록 모든 말씀을 기억하지 못한다고 하더라도 이미 들었던 말씀들은 모두 우리가 영혼이 성장하는 데 큰 도움을 주었습니다. 말씀마다 최선을 다해 듣고 실천을 하는데 집중하십시오.

💙 주님! 말씀을 들음으로 깨달음이 생기고 믿음이 성장하게 하소서!
📓 말씀과 큐티를 통해 느낀 점을 노트에 기록하십시오.

목숨을 살린 배려

 ●약 3:13 너희 중에 지혜와 총명이 있는 자가 누구냐 그는 선행으로 말미암아 지혜의 온유함으로 그 행함을 보일지니라

탈무드에 나오는 이야기입니다.

바닷가에 별장과 작은 배를 가진 남자가 있었습니다.

그는 여름마다 별장에 가서 작은 배를 타고 난 뒤에 손질을 해두었습니다. 하루는 그 배를 손질하던 도중 배에 작은 구멍이 나있다는 것을 알았습니다. 바로 수리를 해야 했지만, '어차피 1년 있다 사용할 건데 뭐'라는 생각으로 그냥 방치해 두었습니다. 하지만 도색은 필요할 것 같아 사람을 불러 칠을 시킨 뒤 창고에 잘 보관해두었습니다.

일 년이 지난 뒤 남자는 사랑하는 가족들과 함께 별장을 찾았습니다.

아이들은 배를 타고 놀게 해달라고 했고 남자는 별 생각없이 허락했습니다. 아이들이 떠난 지 한 시간이 돼서야 보트에 구멍이 났다는 사실이 떠올랐고 황급히 아이들을 찾아 나섰는데, 저 멀리서 무사히 아이들이 돌아오고 있었습니다. 배를 보니 그 구멍이 깔끔하게 수리되어 있었습니다. 배에 칠을 하던 남자가 구멍을 보고는 수리를 해준 것입니다. 남자는 큰 선물을 준비한 뒤 칠을 해준 사람을 찾아가 말했습니다.

"당신의 배려에 정말로 감사드립니다! 당신에겐 작은 선행이었지만 그 선행이 나의 두 자녀를 구했습니다!"

작은 선행, 작은 노력이 어떤 결과를 가져다줄지는 아무도 모릅니다. 그러므로 힘이 닿는 한, 기회가 생기는 한 작은 배려와 노력을 아끼지 마십시오.

♡ 주님! 이웃을 돕고 사랑함이 주님의 뜻임을 알게 하소서!

🖼 작은 선행과 배려의 기회라도 놓치지 마십시오.

5가지 실수

● 골 3:21 아비들아 너희 자녀를 노엽게 하지 말지니 낙심할까 함이라

기독교 교육 전문가인 신언혁 교수는 자녀를 키우기 위해 가장 중요한 것은 '하나님의 심정으로 품고 가르치는 것'이라고 말했습니다.

또 부모들이 자녀들에게 하는 가장 많은 실수 5가지에 대한 체크리스트와 처방에 대해 알려주었습니다.

① 아이의 모든 사생활에 일일이 간섭한다.(잠언28:25)

지나친 욕심은 화를 부릅니다. 아이의 모든 것에 간섭을 하기 보다는 동기를 부여해주고, 지켜봐 주는 것이 좋습니다.

② 아이에게 너무 완벽함을 바란다.(잠언20:11)

'쟤는 누구를 닮아서 저럴까?'와 같은 말은 하지 말아야 합니다. 사람에겐 누구나 죄성이 있고, 기질이나 성격도 다릅니다.

③ 아이에게 지시형 명령을 자주한다.(잠언16:24)

단정적이고 거친 말은 인격에 상처를 줍니다. 지시보다는 명령을, 비판보다는 격려와 용기를 주십시오.

④ 남들보다 뒤쳐질까봐 걱정한다.(잠언14:12)

세상보다 하나님의 기준을 따라야 합니다. 내가 보기에 아이를 위한 것이 아니라 하나님이 보실 때 아이를 위한 것을 생각하십시오.

⑤ 아이가 편애나 차별을 받는다고 느낀다.(잠언21:3)

아이들은 편애에 매우 민감합니다. 부모의 사랑은 물론 같겠지만 그래도 상황과 환경에 따라 공정하게 대해주는 것이 좋습니다.

위의 체크리스트는 모든 교육자에게도 해당하는 사항입니다. 잘못된 점을 보완하며 자녀와 학생들을 가르치십시오.

🖤 주님! 모든 것이 성경에서 벗어나지 않게 하소서!

🖼 교육과 육아도 말씀에서 예외 되지 않음을 인정하십시오.

우리가 주지 않아서

 ● 신 15:8 반드시 네 손을 그에게 펴서 그에게 필요한 대로 쓸 것을 넉넉히 꾸어주라

마더 테레사의 시입니다.

'가난한 사람들이 굶어 죽는 것은 하나님 탓이 아닙니다.

당신과 내가 그들에게 먹을 것을 주지 않았기 때문입니다.

당신과 내가 빵과 옷을 주지 않았기 때문입니다.

주님께서 불쌍한 이들의 모습으로

다시 오신 것을 알지 못했기 때문입니다.

하나님께서는 굶주린 사람, 헐벗은 사람,

갈 곳 없는 사람의 모습으로 오십니다.

우리가 주어야 할 것은 옷과 빵만이 아닙니다.

친절과 사랑, 관심과 배려도 베풀어야 합니다.

그들이 가지지 못한 것은 우리가 주지 않았기 때문입니다.'

세상의 모든 어려운 일들은 돈과 기술의 부족이 아니라 사랑의 부족으로 일어납니다. 세상의 어려움과 부조리를 탓하기 보다는 그 일을 위해 할 수 있는 일을 찾아야 합니다.

주님은 우리가 먼저 다가가기를 원하십니다. 도움이 필요한 이들에게 먼저 다가가 도움을 베풀기 원하시고, 복음을 모르는 사람들에게 먼저 다가가 복음을 전하기 원하십니다. 부족한 사람들에게 먼저 다가가 베푸는 그리스도인이 되십시오.

♥ 주님! 어려운 사람에게 베푸는 것이 주님을 섬기는 것임을 알게 하소서!

🥢 주님을 섬기는 마음으로 어려운 이들을 섬기십시오.

목표 이상의 목표

● 딤후 1:3 내가 밤낮 간구하는 가운데 쉬지 않고 너를 생각하여 청결한 양심으로 조상적부터 섬겨 오는 하나님께 감사하고

피겨의 전설로 불리는 미셸 콴이 한국을 찾았습니다.

김연아 선수가 가장 존경하는 선수인 미셸은 1995년부터 10년 동안 세계 피겨 스케이팅 챔피언 자리를 지켰으며 이 기간 동안 43차례나 우승했습니다.

피겨 선수를 은퇴한 뒤에는 대학에 진학해 국제 관계에 대해서 공부를 하며 실력을 인정받아 미 국무부의 공공외교사절로 임명되었습니다. 공공외교사절이란 전 세계를 돌아다니며 사회와 교육 등을 주제로 청년들과 대화를 나누는 역할로 한국을 방문한 것도 그 일 때문이었습니다.

미셸은 방문을 맞아 진행된 인터뷰에서 오랫동안 피겨에서 좋은 성적을 낸 비결과 은퇴 이후의 성공적인 인생의 비결에 대해서 말했습니다.

"열정과 사랑이 저를 움직이게 했습니다. 한 가지 목표를 이룰 때마다 더 높은 목표를 세웠습니다. 챔피언이 된 다음에는 챔피언 자리를 지키는 것을 목표로 세웠고, 1년을 지키면 2년을 목표로 삼았습니다. 항상 더 높은 목표를 세운 것으로 인해 새로운 도전을 향해 나갈 수 있었습니다."

멈춤이 없는 목표설정 그리고 열정과 도전정신이 전설의 비결이었습니다.

늘 새로운 목표로 뜨거운 열정의 방향을 잡아주십시오. 그러나 어떠한 목표든지 결국은 주님을 위한, 주님을 향한 것이어야 함을 기억하십시오.

💟 주님! 이 땅을 향한 주님의 계획을 위해 멈추지 않게 하소서!

📖 목표를 단계별로 설정해, 끊임없이 도전하십시오,

화단을 망치는 세 가지 방법

● 요 15:6 사람이 내 안에 거하지 아니하면 가지처럼 밖에 버려져 마르나니 사람들이 그것을 모아다가 불에 던져 사르느니라

● 화단을 망치는 세 가지 방법'이란 글을 봤습니다.
첫째, 꽃밭에 불을 지른다.
둘째, 꽃이 썩어버리도록 물을 넘치도록 준다.
셋째, 그냥 가만히 둔다. 조금 지나면 잡초가 무성해지고, 무성해진 잡초로 아름다운 꽃은 영양분이 뺏기고 모습이 가려질 것이다.

● 인생을 망치는 세 가지 방법'이란 글도 봤습니다.
첫째, 성경과 반대되는 삶을 산다.
둘째, 사람들을 배려하지 않고 나만 생각하며 산다.
셋째, 그냥 가만히 둔다. 먹고 사는 것 외에는 어떤 관심도 두지 않고, 그냥 흘러가는 세월에 몸을 맡기며 산다. 시간이 흐르면서 하나님이 원하시는 모습은 점점 사라져갈 것이다.

아무것도 하지 않는 것도 인생을 망치고 있는 것입니다. 하나님으로부터 멀어지고, 남에게 피해를 주는 삶만큼 아무것도 하지 않는 인생도 망가진 인생입니다.

인생을 능동적으로 사십시오. 더 나은 인생을 위해 필요한 일들을 기획하고 실행하십시오. 더 나은 신앙생활을 위한 일들을 실천하십시오. 기계를 가만히 두면 녹이 슬듯이, 인생도 마찬가지라는 사실을 깨달으십시오.

♡ 주님! 비전을 바라보고 발전을 위한 삶을 살게 하소서!
▨ 현실에 안주하지 말고, 더 높은 목표를 위해 정진하십시오.

인도하는 분

● 고전 6:19 너희 몸은 너희가 하나님께로부터 받은
  바 너희 가운데 계신 성령의 전인 줄을 알지 못하느
  냐 너희는 너희 자신의 것이 아니라

　19세기 미국에 스타인메츠라는 전기기술자가 있었습니다.

　비록 난장이에 얼굴도 못생겼지만 전기에 관해서만큼은 최고였습니다.
다른 전문가들도 고치지 못하는 결함을 그는 쉽게 찾아내어 고치곤 했습
니다. 하루는 늦은 밤에 헨리 포드로부터 연락이 왔습니다. 미시간 주에
있는 자동차 공장이 갑자기 전력이 끊겨 일에 차질이 생겼다는 연락이었
습니다. 포드는 자신이 아는 최고의 전문가들을 불렀으나 일이 해결되지
않았고 최후의 방법으로 스타인메츠를 불렀습니다.

　스타인메츠는 미시간 주 공장에 도착해서 자세한 설명을 듣고는 몇 시
간 만에 전력을 복구하는 데 성공했습니다. 포드는 스타인메츠에게 고맙
다고 말한 뒤 수리비를 편지로 청구하라고 말했습니다. 스타인메츠로부
터 편지를 받은 포드는 깜짝 놀랐습니다. 스타인메츠가 천만 원을 청구한
것입니다. 포드는 납득할 수 없어 답장을 보냈습니다.

　'몇 시간 일을 한 것 치고는 너무 비싼 것 아닌가? - 포드'

　며칠 뒤 스타인메츠로부터 답장이 왔습니다.

　'몇 시간 동안 수리를 한 대가: 10만원, 다른 사람은 고치지 못한 곳을
알아낸 대가: 990만원 : 스타인메츠'

　포드는 군말 없이 스타인메츠에게 천만 원을 보내주었습니다.

　우리가 누리는 모든 것은 하나님의 은혜입니다. 자신의 성공과 재물을
자신의 노력으로 인한 것으로 생각하지 말고, 또한 마땅히 하나님께 드려
야 할 것을 아까워하지 마십시오.

♡ 주님! 삶의 모든 것이 주님의 큰 은혜임을 알게 하소서!
🖼 우리의 모든 것이 잠시 맡은 것뿐임을 기억하십시오.

비판의 조건

●롬 14:10 네가 어찌하여 네 형제를 비판하느냐 어찌하여 네 형제를 업신여기느냐 우리가 다 하나님의 심판대 앞에 서리라

비판에 관한 몇 가지 격언을 소개하겠습니다.

성경학자 벵겔은 "비판에 필요한 3가지 조건이 있다. 첫째는 명확한 지식, 둘째는 사랑, 셋째는 필요성이다. 이 중 한 가지라도 모자란다면 무엇이든지 비판하지 마라."고 말했습니다.

신학자 힐렐은 "그 사람의 입장에 처해본 적이 없다면 아무도 그를 비판할 수 없습니다."라고 말했습니다.

일본의 신학자이자 사상가 우찌무라 간조오는 "그 사람에 대한 전부를 알고, 인류의 역사를 다 알아야 누군가를 비판할 수 있다."고 말했습니다.

아무 생각없는 비판은 누구나 할 수 있는 쉬운 일이지만 대상에게 도움이 되고 사람을 살리는 역할로써의 비판은 아무나 할 수 없는 어려운 일입니다. 비판에 신중해야 할 이유가 여기에 있습니다.

불필요한 말은 아끼는 것이 좋습니다. 비판이 도움이 되는 상황보다 그렇지 않은 상황이 훨씬 더 많습니다. 게다가 비판하지 않는 일이 비판하는 것보다 더욱 쉬운 일입니다. 진정으로 판단하실 분은 하나님밖에 없다는 사실을 기억하십시오.

💜 주님! 상처주는 비판보다 감싸는 사랑의 마음을 갖게 하소서!

🎴 남을 비판하는 일에 대해서는 입을 열지 마십시오.

구하면 주시는 하나님

● 약 1:5 너희 중에 누구든지 지혜가 부족하거든 모든
사람에게 후히 주시고 꾸짖지 아니하시는 하나님께
구하라 그리하면 주시리라

　세계적인 유제품 제조 가공업체 '크래프트'사를 설립한 제임스 크래프트(James L. Kraft)는 처음엔 시카고에서 작은 도매업으로 사업을 시작했습니다.

　말이 도매업이지 처음에는 마차에 치즈를 싣고 다니면서 업자들에게 납품을 하는 영세업자에 불과했습니다.

　이런 크래프트에게는 한 가지 특이한 습관이 있었습니다.

　아침에 일을 하러 나오기 전에 항상 기도를 드리고 나가는 습관이었는데 하루도 빼먹지 않고 실행했습니다.

　크래프트사는 급격히 번창하기 시작해 이제는 총자산이 54조나 되는 대기업으로 성장했는데 이런 경이로운 성장에 대한 비결에 대해서 크래프트는 기도라고 말했습니다.

　"저는 어릴 때부터 일을 나가기 전에 하나님께 기도를 드렸습니다. '하나님 사업이 잘되고 번창할 수 있는 지혜를 주세요' 이렇게 기도를 드리고 나면 신기하게도 지혜가 생겼고, 그대로 실천했을 뿐입니다."

　받지 못하는 것은 구하지 않기 때문입니다. 하나님은 우리 인생의 모든 답을 알고 계십니다. 우리가 선한 마음으로 하나님께 구하면 하나님은 어떤 것이든 우리에게 후히 주십니다. 삶에 필요한 지혜를 구하십시오.

💗 주님! 없음을 불평하지 않고 주님께 더욱 구하게 하소서!

🔖 하루를 시작하며 그날에 필요한 지혜를 기도로 구하십시오.

다섯 가지 방법

● 히 7:19 이에 더 좋은 소망이 생기니 이것으로 우리가 하나님께 가까이 가느니라

"보람 있고 생산적인 삶을 살게 해주는 5가지 방법" 이란 글이 있습니다.

① 하루에 성경을 한 절 이상 암송하라.

성경을 암송할 때 진리의 말씀이 나의 인생, 인격, 미래의 일부가 됩니다. 최소 한절이라도 말씀을 암송하십시오.

② 자신의 목표와 소원을 잊지 말아라.

바라는 것들을 분명히 글로 적고 아침, 저녁에 읽으십시오. 바라는 것을 제대로 알고 있어야 노력할 수 있고, 기도할 수 있습니다.

③ 기도와 묵상하는 시간을 가져라.

하나님께 조용히 나아갈 때, 우리 마음속의 두려움과 의심, 모든 염려들이 사라집니다. 최소 10분 이상은 조용히 기도하며 묵상하십시오.

④ 나의 약점을 생각하지 말라.

하나님은 이미 모든 필요에 맞게 우리를 지으셨습니다. 하나님의 완벽함을 믿고, 나의 약점보다는 강점에 집중하십시오.

⑤ 항상 장점과 긍정같이 좋은 쪽에 시선을 두어라.

나 자신 뿐 아니라 다른 사람들에게서도 좋은 것만 보려고 노력하십시오. 다른 사람의 장점, 아름다운 관계, 가능성에 초점을 맞출 때 다른 사람의 놀라운 장점을 발견하고 함께 계발할 수 있게 됩니다. 그리고 다른 사람들도 나의 좋은 점을 바라보기 시작할 것입니다.

매일 노력하는 삶이 주님께 충성하는 삶입니다. 언제나 주님과 동행하는 삶을 위해 하루에 일정한 시간을 내십시오.

♥ 주님! 주님이 원하시는 대로 저의 삶을 이끌어 주소서!

🖼 위의 다섯 가지 방법을 실천해 보십시오.

어느 멋진 기도

● 살후 1:12 우리 하나님과 주 예수 그리스도의 은혜 대로 우리 주 예수의 이름이 너희 가운데서 영광을 받으시고 너희도 그 안에서 영광을 받게 하려 함이 라

세계적인 외과의사 하워드는 대학을 졸업하고 본격적으로 의사를 향한 발걸음을 내딛는 날 밤에 자신의 일기에 이런 기도를 적었습니다.

'주님, 제 자신과 시간과, 능력, 그리고 열정까지도...

이 모든 것을 주님께 드립니다.

저는 주님의 도구로 쓰임받기를 원하오니 저를 받아주옵소서.

저를 정결케 하시고, 주님께 가까이 가는 것에 방해하는 것이라면

세상에서의 어떠한 성공이라도 제게 허락하지 마옵소서'

다른 친구들은 성공의 꿈에 부풀어 있었는데.... 의사가 되는 날 밤에 이런 기도를 드릴 수 있다는 것은 그의 목적이 성공이 아닌 진정한 비전에 있었기 때문입니다.

훗날 어느 신학자는 하워드의 이 기도를 '어느 멋진 기도'라고 표현하며 학생들에게 가르쳤습니다.

주님을 내 뜻에 맞추는 것이 아닌, 주님의 뜻에 나를 맞추는 기도, 그것이 정말로 멋진 기도입니다. 어떤 성공과 물질에도 동요되지 말고 주님께 자신을 드리는 기도를 드리십시오.

💜 주님! 주님을 향한 저의 마음이 흔들리지 않게 지켜주소서!

🖼 주님께 나를 드리는 멋진 기도를 드리십시오.

상대를 인정하는 법

● 고후 10:18 옳다 인정함을 받는 자는 자기를 칭찬하는 자가 아니요 오직 주께서 칭찬하시는 자니라

영국의 엘리자베스 여왕은 아직 즉위하기 전 한 파티에 참석했다가 필립이라는 해군 장교에게 첫눈에 반했습니다.

결혼식을 올린 두 사람은 엘리자베스 여왕이 즉위한 뒤에도, 변함없는 사랑을 유지하고 있습니다.

사실 여왕을 보좌하는 필립 공의 자리는 남자로써 행복한 위치는 아닙니다. 여러 가지 업무와 연설이 많은 여왕을 항상 따라 다녀야 하며, 많은 사람을 만나야 합니다. 하지만 그러면서도 전면에 드러나지는 못합니다. 그러나 필립 공은 여왕으로써의 아내의 지위를 인정하면서, 특유의 유머 감각과 겸손함으로 자신의 역할을 잘 감당하며 아름다운 사랑의 결실을 맺고 있습니다. 필립 공의 이런 성격은 축구황제 펠레와의 만남을 통해서도 드러났는데, 축구를 좋아하는 필립공이 펠레를 만나러 경기장을 찾아오자, 펠레는 당황하여 서둘러 귀빈석으로 올라가고 있었습니다. 그러나 필립 공은 오히려 경기장으로 내려오며, 펠레에게 자신이 갈 테니 기다리라고 말한 뒤 악수를 청하며 말했습니다.

"그라운드에서는 당신이 황제고, 나는 그냥 관중일 뿐입니다."

60년간 변함없는 사랑을 유지할 수 있던 비결은 상대방을 인정하고 때에 맞게 갖추는 예의였습니다.

성과 직위, 직분을 넘어서, 우리 모두는 주님 안의 한 가족입니다. 나'를 조금 낮출 때 상대방과 함께 할 수 있게 됩니다. 자존심과, 인정받고 싶어하는 마음을 잠깐 내려놓고 상대방을 먼저 인정함으로 함께하는 즐거움을 누리십시오.

♡ 주님! 모든 가식과 허위를 벗어버리고 사랑만 남아있게 하소서!

🧎 언제나 상대방을 인정하고 예의를 먼저 갖추십시오.

축복이 된 고난

● 고후 1:5 그리스도의 고난이 우리에게 넘친 것 같이 우리가 받는 위로도 그리스도로 말미암아 넘치는도다

성경만화 작가 고즈미 시노자와 씨는 기독교 인구가 1%도 되지 않는 일본에서 만화를 통해 하나님을 전하고 있습니다. 고즈미 씨는 어려서부터 많은 상처를 받으며 자랐습니다. 어린 시절의 부모님은 신흥종교에 빠져 집안을 등한시했고, 첫 번째 결혼은 파경을 맞았습니다. 만화가로 데뷔한 뒤도 일이 잘 풀리지 않았습니다.

그러다 뉴욕으로 유학을 갔는데 거기서 룸메이트를 통해 예수님을 영접했고, 만화를 통한 선교라는 비전을 찾았지만, 갓 낳은 아이가 돌연사하는 시련이 다시 찾아왔습니다. 말로 형언할 수 없는 슬픔이 찾아왔지만, 고즈미 씨의 믿음은 흔들리지 않았습니다. 오히려 천국에 있을 아이를 생각하며, 사명을 위해 더욱 힘을 내 일본 내 뿐 아니라 미국에서도 베스트셀러가 된 '메시야'를 펴낼 수 있었습니다.

재미교포인 작곡가인 김정호 씨는 살날이 얼마 남지 않은 중환자입니다. 일흔이 넘은 나이에 폐에는 종양까지 발견됐고, 당뇨에 합병증까지 앓고 있습니다. 그러나 이런 고난 속에서도 김 씨는 밤낮 없이 하나님께 드릴 성가를 작곡하고 있습니다. 서울대 음대에 합격하며 주님께 서원했던 것인데, 바쁜 생활로 30년이나 미루고 있었기 때문입니다. 밤에는 잠도 이루지 못할 만큼 고통이 극심하지만, 김 씨는 오히려 지금까지 인도해준 하나님께 감사하며, 마지막까지 성가를 작곡하다 하나님의 부르심을 따라 가겠다고 고백했습니다.

하나님의 크신 사랑을 진실로 깨달았을 때, 어떤 상황에서도 중심을 잃지 않고 감사의 삶을 고백할 수 있습니다.

♡ 주님! 어떤 상황에서도 주님께 감사와 영광을 돌리게 하소서!

🎞 하나님의 사랑을 언제나 신뢰할 수 있는지 신앙을 점검하십시오.

변함없는 생활

● 엡 6:24 우리 주 예수 그리스도를 변함없이 사랑하는 모든 자에게 은혜가 있을지어다

　국회의원인 조윤선 씨가 변호사를 하던 시절 미국에 연수를 갈 기회가 있었답니다. 미국에 가서도 법을 계속 공부하며, 사회 곳곳의 면면을 체험하던 조 씨에게 가장 충격적인 것은 미국인의 시민의식이었습니다.

　조 씨가 미국에 머물던 2001년도 9월 11일에는 세계무역센터가 폭파되는 테러사건이 일어났습니다. 조 씨도 그 소식을 듣고는 놀래서 바로 집으로 돌아왔습니다. 은행에서 비상금을 뽑아 학교에서 아이들과 옆집 아이들까지 황급히 챙겨서 집으로 돌아온 뒤 근처 마트에 가서 생필품을 넉넉히 사두었습니다. 그런데 그렇게 큰 테러사건이 발생한 뒤에도 미국 사회는 혼란에 빠지지 않았습니다. 맡아 두었던 아이를 찾으러 옆집의 부모가 온 것은 저녁 10시가 넘어서였습니다. 회사 일을 끝내고 미용실을 갔다 와서 늦었다는 것이 이유였답니다. 또한 편의점과 마트에서 사재기를 하는 사람이 없었습니다. 저렇게 큰 테러가 일어났는데 불안하지 않느냐는 질문에 옆집의 부부가 대답했습니다.

　"테러를 이기는 가장 빠른 길은 일상을 유지하는 게 아닐까요? 우리가 두려워하면 그건 테러에 굴복하는 거니까요."

　조 의원은 이 때 미국사회의 힘이 어디서 나오는지 깨달았다고 합니다.

　어떤 고난에도 끄떡하지 않는 굳건한 믿음이 마귀를 물리치는 최고의 방법입니다. 마귀는 오늘도 하나님으로부터 사람들을 멀어지게 하기 위해 수단과 방법을 가리지 않습니다. 그러나 변함없는 믿음, 변함없는 신앙으로 마귀를 물리치십시오.

💟 주님! 마귀의 간계에 빠지지 않도록 항상 지켜 주소서!

🕸 마귀에게 흔들리지 말고, 언제나 주님을 찬양하는 삶을 사십시오.

어쩔 수 없는 상황

● 고후 1:9 우리는 우리 자신이 사형 선고를 받은 줄 알았으니 이는 우리로 자기를 의지하지 말고 오직 죽은 자를 다시 살리시는 하나님만 의지하게 하심이라

　미국의 유명한 여자 비행사였던 아멜리아 에어하트는 스스로 비행기를 조종해 대서양을 횡단한 최초의 여성입니다.

　그녀는 미국의 다양한 항로를 개척하고, 적도 비행, 대서양 횡단과 같은 많은 업적에 도전을 했는데 대서양을 건너던 도중에는 엔진 고장이 일어났습니다.

　바다 한 가운데서 일어난 고장이라 당황할 수도 있었지만 아멜리아는 슬기롭게 대처해 엔진을 재정비한 뒤 무사히 대양을 횡단할 수 있었습니다. 횡단이 끝난 뒤 기자단이 몰려와 물었습니다.

　"엔진이 고장 난 위기의 순간을 어떻게 견딜 수가 있었습니까?"

　"제가 바다 위 한복판에 있었기 때문입니다. 이미 돌아갈 방법은 없었습니다. 가만히 있다간 바다에 빠질 테니 어떻게든 해볼 수밖에 없었습니다. 그래서 무조건 앞으로 가는 것만 생각했습니다."

　어쩔 수 없는 상황에서도 할 수 있는 일이 있습니다. 그것은 하나님을 의지하는 것입니다.

　모든 길이 막힌 것 같은 순간에도 전적으로 하나님만을 의지하고 체험하기를 바라십시오.

💜 주님! 주님이 모든 문제에 해결자임을 잊지 않게 하소서!
🧩 어려울 때일수록 더욱 주님께 매달리고 간절히 기도하십시오.

행복한 삶

●신 10:13 내가 오늘 네 행복을 위하여 네게 명하는 여호와의 명령과 규례를 지킬 것이 아니냐

'라즈니쉬의 행복론'이라는 책에 나오는 예화입니다.

법조계에서 크게 성공한 한 사람의 은퇴를 기념하는 파티가 있었습니다.

많은 사람들이 파티장에 모였고, 모두가 그의 성공과 멋진 업적들을 기리며 은퇴 후에도 멋진 삶을 살기를 기원하고 있었습니다.

그런데 정작 주인공인 그의 얼굴이 영 편치 않았습니다. 그의 절친한 친구는 이상한 낌새를 눈치 채고, 조용히 다가가 안색이 안 좋은 이유를 물었습니다,

"세상의 기준으로 나는 분명 성공한 사람이 맞지만 사실 나는 실패한 사람이네. 나의 어렸을 때 꿈은 무용수가 되는 것이었지만, 결국 꿈을 좇기보다는 현실에 타협을 하고 말았네. 나는 하고 싶은 일이 아닌, 살아가기 위한 일에 인생을 모두 소비했고, 이제는 다시 돌아갈 수가 없네. 그것도 나 스스로의 선택으로 말이지. 내 앞에는 우유와 물이 모두 있었는데, 세상 사람들이 우유가 좋다고 하는 바람에 물 컵을 눈앞에 두고도 우유만 마셨단 말일세."

자신이 하고 싶은 일을 하는 것이 행복한 삶입니다. 진정한 행복은 주님이 우리에게 주신 비전을 위해 살아갈 때에만 느낄 수가 있습니다. 이다음에 후회하지 않는 일을 지금 당장 하십시오.

💜 주님! 세상이 아닌 하나님의 마음을 따라 살게 하소서!
🎴 오늘 하루를 후회하지 않는 삶으로 만들기 위해 최선을 다하십시오.

공허감의 문제

● 사 41:29 보라 그들은 다 헛되며 그들의 행사는 허무하며 그들이 부어 만든 우상들은 바람이요 공허한 것뿐이니라

한 심리학자는 우리 시대의 가장 중요한 문제는 '사람들이 느끼는 공허감'이라고 말했습니다.

굳이 심리학자의 말이 아니더라도 우리는 사람들이 얼마나 삶에 공허감을 느끼고, 또 잘못된 곳에서 즐거움을 찾는지 쉽게 알 수 있습니다.

그런데 이런 공허감의 문제는 어제 오늘 이야기가 아닙니다. 산업시대, 중세시대 때에도 많은 사람들이 공허감을 느꼈고, 불행한 인생을 살았습니다.

파스칼은 공허감의 원인에 대해서 "사람의 마음 속에는 하나님만이 채울 수 있는 공백이 있다."라고 말했습니다. 그 공백에 하나님이 아닌 다른 것을 채우려다 보니 공허감이 생긴다는 것입니다.

어거스틴은 마음이 힘들 때마다 "오, 주님 우리 마음이 당신 안에서 쉬기까지는 우리에겐 휴식이 없나이다. 나를 받아주소서."라고 기도했습니다. 사람들의 공허감은 바로 마음 속의 하나님의 자리를 다른 것으로 채우려고 하기 때문입니다.

마음 속에 공허감이 느껴질 때는 하나님께 기도 하십시오. 마음 속의 공허로 괴로워하는 사람을 만날 땐 하나님을 전하십시오. 하나님을 믿음으로 마음 속의 공허에 채워지는 기쁨과 사랑을 체험하십시오.

♡ 주님! 마음속의 빈 곳에 주님을 모심으로 만족하게 하소서!

🖼 세상의 공허가 아닌 주님의 기쁨과 사랑을 마음 속에 채우십시오.

질투의 차이

● 막 7:22 간음과 탐욕과 악독과 속임과 음탕과 질투
와 비방과 교만과 우매함이니

천재 음악가 모차르트와 같은 시대를 살았던 살리에르는 열등감에 시
달렸습니다.

그는 모차르트를 시기했고 질투했습니다. 질투와 시기심으로 인해 그
는 모차르트에게 안 좋은 일을 많이 했고, 자신의 실력도 제대로 꽃피우
지 못했습니다. 사람들은 살리에르를 음악가가 아닌 모차르트를 질투했
던 이인자로만 기억합니다.

그러나 모차르트는 뛰어난 음악가인 베토벤을 발견하고는 질투하지 않
고 응원하고 격려했습니다. "이 사람은 장차 음악사에 남을 놀라울 인물
이 될 것이다."라고까지 이야기 했습니다. 그 결과 베토벤은 자신의 재능
을 훌륭히 꽃피울 수 있었고, 사람들은 '악성 베토벤'과 '천재 모차르트'를
모두 훌륭한 음악가로 기억하고 있습니다.

독일의 유명한 작곡가 슈만도 브람스의 탁월한 재능을 알아보고 그의
음악을 위해 많은 후원과 지원을 아끼지 않았습니다. 심지어는 데뷔까지
책임져주었습니다. 훗날 슈만이 정신병으로 인해 고생하고 있었을 때는
브람스가 찾아와 슈만의 임종 때까지 보살펴 주었습니다. 이 둘의 관계는
단순히 음악적인 관계를 넘어선 아름다운 우정에까지 이르렀습니다.

질투는 사람을 병들게 합니다. 달란트의 차이를 깨닫지 못했을 때 열등
감이 생기고 남을 미워하게 됩니다. 서로의 능력을 제한하는 사람이 되지
말고 서로의 능력을 위해 격려하고 칭찬하고 도와주는 사람이 되십시오.

💙 주님! 남을 미워하지 않고 주님의 마음으로 사랑하게 하소서!
🧶 우리 모두가 주님의 자녀임을 정말로 잊지 말고 서로 아끼십시오.

용서할 수 있는 이유

● 골 3:13 누가 누구에게 불만이 있거든 서로 용납하여 피차 용서하되 주께서 너희를 용서하신 것 같이 너희도 그리하고

북아일랜드의 한 지역에서 폭탄 테러가 일어났었습니다.

폭탄 테러가 일어난 근처에는 나라의 평화를 기원하는 기도회가 열리고 있었는데, 이 테러로 많은 사람들이 사망했고, 수십 명의 사람들이 부상을 당했습니다. 고든은 이 테러로 인해 사랑하는 딸을 잃은 피해자였습니다. 그러나 그는 테러단체를 찾아내 보복해야 한다는 시민 여론에 반대를 했고 오히려 용서해야 한다고 주장했습니다. 영국의 국영방송 BBC에서는 그런 고든을 찾아와 용서를 주장하는 이유에 대해 물었습니다.

"저에게는 이런 말을 할 수 있는 충분한 이유가 있습니다. 저는 이 테러로 인해 하나뿐인 제 딸, 사랑하는 메리를 잃었기 때문입니다. 저는 그 애를 많이 사랑했고, 지금도 매우 그리워하고 있습니다. 그러나 잔인한 보복을 가한다고 해도 제 딸이 살아 돌아오지는 않습니다. 저는 이런 비극에도 하나님의 계획이 있다고 믿고 있고, 또 나중에 다시 제 딸을 만날 수 있게 될 것을 믿습니다. 때문에 저는 진심으로 그들을 용서할 수 있습니다."

하나님의 계획에 대한 확신과 하늘나라에 대한 소망이 딸을 잃게 만든 사람들에 대한 용서의 마음을 품게 만들었습니다.

용서의 마음을 품는 사람에게 하나님은 자신의 계획과 성품을 보이십니다. 용서는 쉬운 일이 아니지만 불가능한 일은 더더욱 아닙니다. 큰 상처를 준 사람들을 용서하는 크나큰 결심을 하십시오.

💜 주님! 누구든 용서할 수 있는 용기를 주소서!
🔲 나에게 잘못한 상대방일지라도 먼저 용서하십시오.

비전의 변화

● 살전 2:6 또한 우리는 너희에게서든지 다른 이에게서든지 사람에게서는 영광을 구하지 아니하였노라

스위스에 장 앙리 뒤낭이라는 사람이 있었습니다.

어려서부터 성공을 위해서 노력했던 뒤낭은 스위스 은행의 은행장 자리를 맡다가 더 큰 돈을 벌기 위해서 무역회사를 차렸습니다. 그러나 여러 가지 규제와 관료들의 행패로 사업을 제대로 할 수가 없었고, 뒤낭은 결국 나폴레옹 황제에게 어려움을 직접 탄원하기 위해 찾아갔습니다. 당시 나폴레옹이 있던 솔페리노에서는 큰 전쟁이 벌어지고 있었습니다. 뒤낭은 이 지역을 지나며 전쟁으로 인해 고통받는 수많은 병사들을 보았습니다. 그리고 뒤낭은 구호물자와 치료해줄 사람이 없어 신음하며 죽어가는 수많은 병사들을 보고 큰 충격을 받았습니다.

나폴레옹 황제를 만나기 일보 직전이었지만 뒤낭은 바로 발걸음을 돌려 다시 고향으로 돌아갔습니다. 그리고 이 전의 사업을 거의 다 정리하고 곧 국제 구호기구인 '적십자'를 설립했습니다. 그는 전 유럽과 세계를 돌아다니며 초국가적인 구호 단체의 설립을 위해 지난 일생을 받쳤습니다. 말년에 수많은 위기가 뒤낭에게 닥쳤지만 그는 끝까지 박애활동을 멈추지 않았고, 결국 제 1회 노벨평화상을 수상하게 되면서 세계적인 인도주의자로 사람들의 가슴 속에 기억되었습니다.

앙리의 꿈을 변화시킨 것은 어렸을 때부터 품었던 신앙심이었습니다. 전쟁터의 참상이 그의 신앙을 삶의 실제 비전으로 움직여 주었습니다. 그리스도인으로서 세상 사람과는 다른 비전을 품으십시오.

♡ 주님! 주님의 뜻을 행하는 삶을 살게 하소서!
▦ 나의 비전의 방향이 하나님의 뜻을 향하고 있는지 확인하십시오.

세계 최고 부자의 유산

● 고전 12:25 몸 가운데서 분쟁이 없고 오직 여러 지체가 서로 같이 돌보게 하셨느니라

　빌 게이츠는 워런 버핏과 함께 세계에서 가장 많은 재산을 가진 사람이며, 또한 가장 많은 기부를 한 사람입니다.

　빌 게이츠의 2011년까지의 기부액은 280억 달러이며, 그럼에도 560억 달러의 재산이 남아 있다고 합니다. 이 금액은 한화로 약 60조원에 해당하는 엄청난 금액입니다. 그래서인지 지금까지 세간에서는 빌 게이츠가 자신의 세 자녀들에게 얼마의 유산을 남겨줄 것인지에 대해서 많은 이야기들이 있었습니다. 2011년 빌 게이츠는 영국의 일간지 데일리메일과의 인터뷰를 통해 이에 대해 언급해 눈길을 끌었습니다.

　"자녀들은 저의 재산에 대해서 아주 적은 규모만을 받게 될 것입니다. 자녀들은 스스로 길을 찾아야 합니다. 저는 많은 재산을 주는 것이 자녀들에게 좋은 영향을 미친다고 생각하지 않습니다. 저는 지금껏 모은 재산을 자녀들을 위해 사용하기보다 기부를 통해 사회에 환원할 것입니다."

　지금껏 빌이 자녀들에게 약 천만 달러의 금액만을 남겨줄 것이라는 소문이 많이 있었지만 이렇게 직접 자신의 말로 언급한 것은 이번이 처음이었습니다. 사실 천만 달러도 100억에 해당하는 돈으로 결코 적은 돈이 아니지만 이는 빌의 전 재산에 0.018%밖에 되지 않는 비율입니다.

　'모든 삶은 동등한 가치를 가진다'는 것이 빌 게이츠와 그의 자선재단의 모토입니다. 돈을 많이 가진 사람이 아닌, 사람의 가치를 아는 사람이 남을 위해 돈을 올바로 사용할 수 있습니다. 주님의 마음으로 다른 영혼들을 살피고 도우십시오.

♡ 주님! 주님께 받은 모든 것들을 지혜롭게 사용하게 하소서!
▦ 재산의 사용 방법에 대해서 계획을 세우십시오.

자신을 지킨 사람

●딤전 5:22 아무에게나 경솔히 안수하지 말고 다른 사람의 죄에 간섭하지 말며 네 자신을 지켜 정결하게 하라

　어떤 마을에 지독한 술주정뱅이가 있었습니다.

　그는 하루라도 멀쩡한 정신으로 집에 들어온 적이 없었고, 매일 같이 집안 가족들을 괴롭게 했습니다.

　그런 그에게는 두 아들이 있었습니다. 어렸을 때부터 아버지의 안 좋은 모습을 보고 자란 두 형제는 성인이 되자 전혀 다른 모습이 되었습니다. 아버지와 같이 술주정뱅이가 된 큰형은 틈만 나면 이렇게 말했습니다.

　"어려서부터 보고 배운 것이 술주정밖에 없습니다. 그런데 도대체 내가 뭐가 될 수 있겠습니까? 이렇게 된 것은 다 어쩔 수 없는 일입니다."

　그러나 동생은 착실한 사람으로 성장해 안정적인 가정을 꾸리고 행복한 삶을 살았습니다. 그는 자신의 어린 시절에 대해서 이렇게 말했습니다.

　"저는 어려서부터 아버지의 술주정을 많이 봐왔습니다. 제가 그 모습을 보고 어떤 생각을 했을 것 같습니까? 저는 아버지의 모습을 볼 때마다 결코 술을 입에 대지 않겠다고 결심했고, 더욱 착실히 살기 위해 노력했습니다. 그러니 이렇게 된 것이 당연한 일입니다."

　어떤 상황에서도 자신을 지키는 사람이 현명한 사람입니다. 몸과 마음을 항상 정결히 지키기 위해 노력하십시오. 하나님이 바라는 사람으로 사십시오.

♡ 주님! 말씀에 비추어 자신을 정결히 지키게 하소서!
▧ 과거의 안 좋은 추억을 답습하지 마십시오.

사랑의 참뜻

● 롬 8:27 마음을 살피시는 이가 성령의 생각을 아시나니 이는 성령이 하나님의 뜻대로 성도를 위하여 간구하심이니라

개그우먼 출신 방송인인 이성미 집사님은 어려서부터 받은 마음의 상처와 허무함을 다른 사람들에게 상처를 주며 풀었다고 합니다.

2003년 아버지가 돌아가신 후, 마지막 버팀목이 무너졌고, 모든 방송 일을 정리하고 캐나다로 떠났습니다. 당시에도 하나님을 믿고는 있었으나 심한 자기 연민에 빠져 올바로 서지 못했답니다. 오히려 가까운 아들에게 심한 욕을 하며, 게임에 중독되어 비어있는 마음을 채우려고 했답니다. 언제나처럼 아들에게 심한 욕을 하고 크게 싸운 어느날 갑자기 이 집사님에게 '네 아들을 정말로 그렇게 만들어줄까?'라는 음성이 들렸답니다. 순간 자신의 욕처럼 아들이 성장하는 모습을 상상하자 너무나 싫었고 이후로 다시는 아들에게 욕을 하지 않았답니다.

이후 새벽기도에 참석하며 성경을 읽어가기 시작했습니다. 그리고 하나님의 사랑의 참뜻을 알게 되었고, 이 집사님이 지금까지 겪었던 고통의 이유도 깨닫게 되었답니다. 이후 아들과의 갈등도 잘 해결되었고, 이 집사님은 이후 방송에 복귀한 후 10년간 연예인 복음화를 위해 헌신한 뒤 북한 선교에 매진할 것이라고 말했습니다. 이제는 믿음의 동역자가 된 아들도 프로 골퍼의 꿈을 접고 목회자의 꿈을 위해 준비하고 있답니다.

하나님의 사랑의 참뜻을 알게 되면 인생의 모든 문제가 해결됩니다. 어려운 문제가 닥칠수록 더욱 주님께 나아가십시오.

🧡 주님! 인생을 변화시키는 주님의 사랑을 알게 하소서!

🖼 인생을 변화시키는 하나님의 사랑을 깨달으십시오.

12살 로건이 만난 하나님

●롬 8:32 자기 아들을 아끼지 아니하시고 우리 모든 사람을 위하여 내주신 이가 어찌 그 아들과 함께 모든 것을 우리에게 주시지 아니하겠느냐

휴스턴의 크리스천 라디오 방송국의 한 프로에서 있었던 일입니다.

네브래스카 주의 목장에서 산다고 자신을 소개한 12살 로건이 전화를 걸어 "저에게는 정말로 아끼던 송아지가 있었어요. 저에게 특별한 존재였지요. 그런데 그 송아지가 너무 늙은 어미에게서 태어나서 건강히 자라지 못하고 죽어버렸어요." 라며 계속해서 훌쩍거렸습니다.

"그리고 오늘 아침 송아지를 땅에다 묻으면서 하나님께 물어봤어요. '하나님 왜 송아지를 데려가셨어요? 정말로 저에게는 소중했는데요...' 그러자 하나님께서 말씀하셨어요. '로건, 내 아들 역시 나에게 소중했단다, 하지만 사람들을 구하기 위해서 죽어야 했어' 그 말을 듣고 하나님의 심정을 이해할 수 있었어요."

로건은 눈물로 말을 잇지 못했고, 진행자 마이크는 로건을 위로했습니다. 잠시 뒤 로건은 정말로 중요한 할 얘기가 있다며 말을 이었습니다.

"만약 여러분이 사랑하는 사람이나 동물을 떠나 보냈을 때, 하나님 역시 소중한 아들을 떠나 보내셨다는 사실을 기억하세요. 그리고 하나님은 정말로 우리의 심정을 이해하십니다. 하나님은 항상 이해해주세요. 우리는 그냥 하나님께로 나아가기만 하면 되요. 저는 단지 이 말을 하고 싶었어요."

로건의 사연은 녹음되어 인터넷에도 올라왔고, 많은 사람들은 로건의 이야기를 통해 큰 감동과 깨달음을 얻었습니다.

하나님은 진실로 우리의 모든 것을 이해하십니다. 괴로울 땐 주저 말고 주님께로 가십시오.

♡ 주님! 우리의 모든 것을 헤아리시는 주님의 심정을 알게 하소서!
🔲 어떤 상황에서도 하나님께 나아가는 것 이 한가지 만은 잊지 마십시오.

행복을 주는 한마디

● 잠 16:24 선한 말은 꿀송이 같아서 마음에 달고 뼈에 양약이 되느니라

한 여론조사 업체에서 부부를 대상으로 '행복감을 느끼는 말'에 대해서 조사를 했습니다.

● 먼저 아내들이 남편에게 들었을 때 행복감을 느끼는 말입니다.

① 여보, 사랑해. ② 여보, 고마워. ③ 그동안 고생했지? ④ 나한텐 당신이 제일이야! ⑤ 당신 오늘 예쁜데...?

● 그 다음은 남편들의 경우입니다.

① 여보, 사랑해 ② 저는 당신만 믿어요. ③ 당신이랑 결혼하길 참 잘한 거 같아요. ④ 당신 정말 남자다워요. ⑤ 우리 애가 당신 닮아 똑똑하고 대견해요.

위의 말을 상대방에게 들을 때 부부는 진정한 행복감을 느끼고 상대방을 사랑스럽게 느껴진다고 응답했습니다.

연구원들은 이 조사를 마치고 2가지 사실에서 중요한 교훈을 느꼈다고 합니다.

첫째는, 생각보다 작은 말에 부부가 행복감을 느낀다는 점과 둘째는 그럼에도 불구하고 이런 말들을 거의 하지 않는 다는 점이었습니다.

행복을 주는 한마디는 결코 거창한 것이 아닙니다. 사랑하는 사이에도 이런 말을 하지 못한다면 다른 사람들에게는 아무런 친절도 베풀 수가 없습니다. 상대방을 진실로 사랑하는 마음으로 따뜻한 한마디를 전하십시오.

💗 주님! 사랑을 말로 더욱 자주 표현하게 하소서!

🖼 사랑하는 배우자, 가족에게 사랑이 느껴지는 말을 전하십시오.

기도의 필요

● 약 5:16 그러므로 너희 죄를 서로 고백하며 병 낫기를 위하여 서로 기도하라 의인의 간구는 역사하는 힘이 큼이니라

4선을 역임했던 루즈벨트 대통령이 급서하는 사태가 벌어졌고 이에 부통령이었던 트루먼이 대통령 자리에 올랐습니다.

당시 국제적으로 미국의 위치와 향방은 매우 중요한 때였습니다.

트루먼이 대통령 자리에 오른 뒤 많은 기자들이 취임식에 찾아와서 소감과 향후 정책에 대해서 물었습니다.

트루먼은 많은 기자들 앞에서 다음과 같이 부탁했습니다.

"신앙을 가지고 있거나, 지금까지 기도를 단 한번이라도 해본 적이 있으신 분들에게 부탁합니다. 지금 저를 위해 기도해주십시오."

이 말을 마치고 트루먼 대통령은 자리를 빠져 나갔습니다.

급박한 정세 속에서 올바른 길로 헤쳐 나갈 지혜를 구하기 위해선 기도가 필요하단 사실을 알고 있었던 것입니다.

기도는 한 나라의 대통령 뿐 아니라 우리 모두에게 필요한 것입니다. 서로 연합할 때 기도의 힘은 더욱 더 강해집니다. 서로의 기도제목을 나누고 함께 기도 하십시오.

💙 주님! 기도의 중요성을 알고 기도를 쉬지 않게 하소서!

🏵 주변사람들의 일에 관심을 갖고 그들을 위해 기도하십시오.

가장 조심해야할 것

● 약 3:5 이와 같이 혀도 작은 지체로되 큰 것을 자랑하도다 보라 얼마나 작은 불이 얼마나 많은 나무를 태우는가

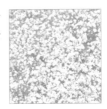

송현이라는 분이 쓴 '어느 쥐의 유언'이라는 글에 나온 이야기입니다.

쥐 마을에 가장 오래 살고 현명했던 쥐가 죽기 전에 다른 쥐들을 모아 놓고 자신의 유언을 남겼습니다.

"그동안 내가 깨달은 것을 전해줄 테니 귀를 기울이거라.

우리 쥐들에게 많은 무서운 것이 있지만 사실 드러나 있는 무서움은 별 것이 아니다.

보통 우리에게 무서운 것은 고양이나 쥐덫이라고 생각하지만 고양이와 쥐덫은 언제나 그대로 있다.

고양이는 조심하면 피할 수 있고, 쥐덫은 슬기로운 쥐들에게는 아무것도 아니다.

사실 우리가 가장 조심해야 할 것은 쥐약이다. 쥐약은 고양이와 쥐덫과는 달라서 때로는 쥐약을 먹으면서도 그것이 쥐약인지를 모를 때가 있다.

쥐약의 두려움을 알게 될 때는 이미 돌이킬 수 없는 죽음을 맛보고 나서이기 때문이다."

성도들이 믿음과 신앙을 지키기 위해 필요한 것도, 흉악한 범죄보다 죄라고 느껴지지 않을 수도 있는 작은 일들입니다. 가장 조심해야 할 것은 바로 일상의 말과 행동입니다. 좋지 않은 말과 행동의 습관을 버리십시오.

♡ 주님! 남에게 상처를 주는 모든 것이 죄임을 알게 하소서!

▨ 작은 행동을 더욱 조심하고 신경쓰십시오.

희생정신

● 엡 5:2 그리스도께서 너희를 사랑하신 것 같이 너희도 사랑 가운데서 행하라 그는 우리를 위하여 자신을 버리사 향기로운 제물과 희생제물로 하나님께 드리셨느니라

중국의 광시성에서 관광용 열기구가 폭발하는 사고가 일어났습니다.

당시 열기구에는 4명의 네덜란드 관광객과 승무원들이 타고 있었습니다. 승무원들은 열기구에 이상이 생겼다는 것을 느끼자, 열기구의 고도를 최대한 낮춘 후, 아무런 말도 없이 자신들만 뛰어내렸습니다.

관광객들은 영문을 몰라서 가만히 있었고, 그 사이 탈출한 승무원들로 인해 가벼워진 열기구는 하늘로 올라가다 폭발해, 4명의 관광객이 모두 숨졌습니다. 반면에 탈출한 승무원들은 모두 목숨을 건졌습니다.

그런가 하면 독일의 헷센주에서 승객 3명을 태우고 돌아오던 비행선이 있었습니다. 그런데 비행 도중 이상한 느낌을 받은 조종사 마이클 네런잭은 승객들에게 상황을 설명한 뒤 비행선을 최대한 육지와 닿게 낮춘 뒤 3명의 승객을 모두 탈출시켰습니다. 승객이 무사한 걸 확인한 뒤 자신도 탈출하려 했으나, 너무 가벼워진 비행선은 급격하게 하늘로 상승했고, 결국 폭발해 조종사는 목숨을 잃고 말았습니다.

이 기사를 접한 네티즌들은 남을 위해 자신의 목숨을 버린 아름다운 조종사에 대한 경의를 표했습니다. 아무리 조종사라 하더라도 타인을 위해 자신의 목숨을 버리기까지는 쉬운 일이 아니기 때문입니다.

온 인류를 위한 예수님의 희생은 세상에서 가장 고귀한 것입니다. 주님은 우리를 위해 목숨까지 아끼지 않으신 선한 목자이십니다. 그 사랑을 잊지 말고 항상 감사하십시오. 날마다 주님의 음성을 따르십시오.

💙 주님! 주님의 희생을 항상 기억하게 하소서!

🎴 주님의 희생의 의미를 다시 한번 되새기십시오.

한 가지 공통점

● 시 141:2 나의 기도가 주의 앞에 분향함과 같이 되
며 나의 손 드는 것이 저녁 제사 같이 되게 하소서

2천 년이 넘은 교회의 역사 속에서 하나님은 수많은 다양한 사람들을 들어서 사용하셨습니다.

항상 새벽 4시에 일어나 새벽기도를 드리며 90살 까지 장수했던 요한 웨슬리 같이 건강한 사람도 있었고, 몸이 병약해, 때로는 한 편의 설교도 무사히 마치기까지 매우 힘이 들었던 데이빗 브레이너 같은 사람들도 있었습니다.

19살이란 어린 나이에 예일 대학의 교수로 임용된 조나단 에드워드 같은 천재도 있었고, 드와이트 무디 같이 제대로 정규교육을 받지 못한 사람들도 있었습니다.

때로는 유명한 목회자를 들어 많은 사람들을 변화시켰고, 때로는 이름도 없는 성도를 통해 더욱 많은 사람들을 변화시키셨습니다.

지금까지 하나님께 쓰임 받았던 사람들은 저마다 다양한 특색이 있었습니다. 그러나 한 가지 절대로 변하지 않는 공통점이 있습니다.

모두 한결 같은 기도의 사람이었다는 것입니다.

세상을 변화시킨 사람, 수많은 영혼을 구한 사람들은 모두 기도에 목숨을 걸었던 사람들입니다.

루터는 하루에 2시간 씩 기도를 했고, 바빠서 기도하기 힘들다고 생각될 때 더욱 기도했습니다. 기도로 하나님의 능력을 받아 하나님께 쓰임 받는 그리스도인이 되십시오.

🩶 주님! 때마다 일마다 바쁠 때도 더욱 기도하게 하소서!
🧎 주님과의 대화를 인생의 우선순위에 놓으십시오

7월

내가 하나님을 기다리고 기다렸더니
귀를 기울이사 나의 부르짖음을 들으셨도다
시40:1

상대방을 보는 수준

●잠 21:10 악인의 마음은 남의 재앙을 원하나니 그 이웃도 그 앞에서 은혜를 입지 못하느니라

C. S. 루이스가 '고양이의 시야'라는 예화를 쓴 적이 있습니다.

영국의 한 시골에 살던 고양이가 런던으로 여행을 갔다 왔습니다.

고양이는 런던에 가서 관광 명소인 타워 브리지도 보고, 버킹엄 궁전에 가서 여왕도 보고 왔습니다.

런던 구석구석을 누비며, 평소에 볼 수 없었던 도시의 정취를 마음껏 느꼈습니다.

여행을 마치고 다시 시골로 돌아온 고양이에게 루이스가 물었습니다.

"런던을 여행하면서 가장 기억에 남았던 것이 무엇이니?"

"저는 런던에서 정말 많은 것을 보았습니다. 그러나 그 중 가장 기억에 남는 것은 여왕님의 의자 밑에서 보았던 생쥐였습니다."

고양이가 런던에 가서 생쥐밖에 기억하지 못하듯, 불평과 불만이 일상인 사람은 사람의 단점과 안 좋은 것밖에 보지 못합니다.

비판의 노예가 되지 말고, 편협한 시각을 버리십시오.

세상의 잘못된 시각에 자신을 가두지 말고, 하나님의 사랑과 시야를 통해 세상을 바라보십시오.

♡ 주님! 사랑을 전하는 그리스도인에 걸맞은 시야를 갖게 하소서!

🎴 항상 가능성과 장점을 세워주는 사람이 되십시오.

최고의 선물

● 잠 21:14 은밀한 선물은 노를 쉬게 하고 품안의 뇌물은 맹렬한 분을 그치게 하느니라

영국의 존경받는 정치인이자 유명한 작가였던 벨푸어는 '가장 좋은 선물'이라는 다음의 글을 썼습니다.

"그대의 원수에게는 용서를 주는 것이, 그대를 반대하는 사람에게는 관용을 보이는 것이, 그대의 친구에게는 자신의 모든 마음을 알리는 것이 가장 좋은 선물이다.

그대의 아버지에게는 섬기는 마음을, 그대의 어머니에게는 자신의 잘한 일을 알리는 것, 그대 자신에게는 존경과 애정을 주는 것이 가장 좋은 선물이다.

모든 사람에게는 자비와 인자함을 보이는 것, 그것이 모두에게 줄 수 있는 가장 좋은 선물이다."

그리고 우리가 주님에게 드릴 수 있는 가장 좋은 선물은 바로 우리의 마음을 드리는 것 입니다.

복수보다도 용서를, 비난보다도 사랑을 주는 사람이 되십시오. 그것이 주님이 우리에게 바라는 것입니다. 주님을 향한 정결한 마음을 주님께 드리십시오.

♡ 주님! 티 없이 정결한 마음을 주님께 드리게 하소서!

▦ 하나님과 사람을 최선을 다해 섬기십시오.

사랑으로 연 마음의 문

 ●고전 16:14 너희 모든 일을 사랑으로 행하라

　여의도 순복음 교회에서 4년 연속 전도 왕을 차지한 권영희 권사님은 MBC의 김주하 앵커의 어머니로서, 전도왕을 몇 년씩이나 했습니다.

　최근 국민일보와의 인터뷰를 통해 권사님의 전도 비법과 체험에 대해서 들을 수가 있었습니다.

　권 권사님이 전도를 시작한 것은 2008년도부터 인데, 지금까지 200세대가 넘는 가정을 전도했습니다. 등록한 신자 수의 90%가 교회에 정착해서 계속 신앙생활을 하고 있다고 합니다. 전도를 시작한 첫 해부터 100세대가 넘는 가정을 전도했는데, 그 비결을 묻자 '하나님의 사랑으로 대하는 것'이라고 대답했습니다.

　"전도 대상자와의 만남을 위해 아낌없이 베풀고, 자영업을 하는 경우에는 물건도 많이 구입을 합니다. 때로는 잠깐을 만나기 위해 반나절 이상 기다린 경우도 있습니다. 그러나 기도로 성령님의 인도하심을 구하는 것이 가장 중요합니다."

　이렇게 권사님이 열심히 전도를 하는 것은 하나님의 살아계심을 직접 체험했기 때문입니다. 실직한 남편을 위해 기도를 하자 새 직장을 구하게 되었고, 두 자녀를 위해 기도를 하자, 한 명은 앵커로, 한 명은 교사로 세워주셨습니다. 어렵던 가정형편도 넉넉하게 되었습니다. 그러나 이 모든 것보다도 더욱 값진 것은 영적인 부자가 된 것이라고 말했습니다. 하나님의 사랑에 감사할 때 전도하게 됩니다. 그 사랑을 전함으로 전도 대상자의 마음의 문을 여십시오.

💜 주님! 모든 벽을 허무는 것은 사랑뿐임을 알게 하소서!

🖼 사랑을 통해, 기도를 통해 전도 대상자들의 닫힌 마음의 문을 여십시오.

구원의 유일한 길

● 요 14:6 예수께서 이르시되 내가 곧 길이요 진리요 생명이니 나로 말미암지 않고는 아버지께로 올 자가 없느니라

　고대 그리스의 수학을 모두 모아 집대성한 '유클리드 기하학'은 편찬된 지 2300년이 지났지만 아직도 현대 수학에서 연구하고, 공부하는 매우 수준 높은 책입니다.

　이 책을 지은 유클리드는 생전에 이집트의 왕자 중 한명인 소타라는 제자를 두었습니다. 소타는 수학 뿐 아니라 여러 가지 다양한 학문을 배우고 익혔는데, 그 중 수학을 가장 어려워했습니다.

　하루는 수학의 난해함을 도저히 참지 못하고 유클리드에게 말했습니다.

　"수학은 정말로 어렵습니다. 수학을 쉽게 공부할 수 있는 방법을 알려주면 안 되겠습니까?"

　이 말을 들은 유클리드는 유명한 명언을 남겼습니다.

　"왕자님, 배움에는 왕도가 없습니다."

　직접 익히고 깨닫는 것 외에는 왕도가 없습니다.

　신앙생활도 마찬가지입니다. 경험하지 않고 기독교가 진리인 것을 아는 방법은 없습니다. 말씀을 믿고, 주님을 영접하는 체험을 통해 그것을 알게 됩니다. 구원의 유일한 방법인 예수님을 믿고 따르십시오.

💚 주님! 유일한 구세주이신 예수님을 믿고 섬기게 하소서!
📖 우리 주 예수님만이 유일한 구원의 길임을 기억하십시오.

고통에 맞서라

 ● 요 16:33 이것을 너희에게 이르는 것은 너희로 내 안에서 평안을 누리게 하려 함이라 세상에서는 너희 가 환난을 당하나 담대하라 내가 세상을 이기었노라

훌륭한 심리학자이자 상담가이며, 정신과 의사인 모건 스콧은 '끝나지 않은 길'이라는 책에서 사람들의 삶을 어렵게 만드는 요인에 대해서 지적 했습니다.

모건은 오늘날 사람들의 삶을 점점 어렵게 만드는 한 가지 요인은 현실 의 문제를 피하려는 경향 때문이라고 말했습니다. 문제를 해결하기 위해 서는 문제를 똑바로 볼 수 있어야 하며, 그 과정에서 고통이라는 문제가 생길 수밖에 없습니다. 그러나 그 고통을 통해서만 문제를 바라보고 해결 할 수 있습니다. 그 문제에서 도망치는 길을 선택하면, 고통은 당장 경험 하지 않게 되지만 마찬가지로 문제를 해결할 방법도 잃게 됩니다. 끝끝내 고통을 외면하고 문제를 회피하다 절망에 빠지는 것이 현대인의 잘못된 모습이라고 모건 박사는 지적했습니다. 더 큰 문제는 이런 문제가 점점 커지면 극단적인 신경쇠약으로까지 이어질 수 있기 때문입니다.

정신분석학자 칼 융은 "정신분열이나 정신쇠약, 혹은 어떤 종류의 신경 쇠약이든지, 그것은 정당한 고통을 회피한 대가이다."라고 말했습니다. 문제를 해결하는 유일한 방법, 그것은 고통을 감내하며 문제를 직시하는 것입니다.

성경을 통해 우리는 고통의 문제를 해결할 수 있습니다. 또한 그 과정에 서 하나님의 능력을 체험하는 기쁨을 누릴 수 있습니다. 하나님께서 모든 문제를 해결할 능력을 주심을 믿고 고통에 당당하게 맞서십시오.

♡ 주님! 담대함으로 세상을 이기게 하소서!
🖼 모든 문제를 해결할 능력을 주님께서 주심을 믿으십시오.

영광스런 죽음

● 엡 3:13 그러므로 너희에게 구하노니 너희를 위한 나의 여러 환난에 대하여 낙심하지 말라 이는 너희의 영광이니라

이란의 메흐디 디바즈 씨는 엄격한 무슬림 집안에서 태어나 자랐습니다.

그러나 청년 때에 예수님을 만나 영접하게 되었고, 당당히 기독교로 개종을 선언한 뒤 무슬림 지역에서 예수님을 전파하기 시작했습니다.

이슬람 사회에서는 다른 종교를 믿는 사람을 '배교자'로 낙인 찍고, 포교를 금하기 때문에 곧 메흐디 씨는 1평 남짓한 독방에 갇히게 되었고, 독한 고문을 받으며, 믿음을 버릴 것을 강요받았습니다. 그러나 독한 고문과 독방의 외로움 속에서도 메흐디 씨는 주님을 부인하지 않았습니다. 결국 법원은 1993년 12월 메흐디 씨에게 사형을 언도했습니다.

그러나 이 소식을 접한, 전 세계의 여론이 이란을 공격했고, 셀 수 없이 많은 사람들이 탄원서를 제출해 결국 이란 정부는 메흐디 씨를 석방했으나, 얼마 되지 않아 이슬람 과격주의자들에게 피살을 당해 목숨을 잃었습니다. 그러나 메흐디 씨는 죽는 그 순간까지 절대로 주님을 부인하지 않았고, 오히려 자신이 당하는 고난을 영광스럽게 생각했습니다.

법원으로부터 사형판결을 받은 뒤 '이런 고난에도 주님을 따를 수 있다는 것이 얼마나 영광스러운가...'라고 말한 메흐디 씨를 통해 우리는 진실한 믿음에 대해서 다시 생각해 볼 수 있습니다.

메흐디 씨는 감옥에서의 고난을 '믿음의 시험'으로 생각했습니다. 역경을 통해 믿음을 확증할 수 있고, 믿음을 통해 위로를 받을 수 있습니다. 그리스도인의 삶에 항상 역경이 있음을, 그 역경을 통해 하나님을 발견할 수 있음을 감사하십시오.

♥ 주님! 역경 속에서도 의연한 믿음을 갖게 하소서!
▨ 하나님을 자유로이 믿고 따를 수 있음을 통해 감사하십시오.

숨겨진 감동

● 고전 10:31 그런즉 너희가 먹든지 마시든지 무엇을 하든지 다 하나님의 영광을 위하여 하라

MBC의 '나는 가수다'에 출연했던 임재범 씨는 짧은 기간의 방송 출연에도 불구하고 많은 국민들의 사랑과 관심을 받았습니다.

오랜 세월 방송에 나서지 않았던 임재범 씨가 방송에 나오게 된 것은 가족 때문이었습니다. 방송을 오래 쉬어 적은 저작권료만으로 생활해야 했던 어려움 중에서도 묵묵히 버텨준 아내와, 아빠가 가요계에서 어느 정도인지 잘 모르는 딸을 위해 오랜 은둔 생활을 깨고 방송에 나오기로 결심을 했다고 합니다. 이런 아름다운 이야기와, 멋진 노래 실력으로 인해 임재범 씨는 자신의 노래를 듣는 많은 사람들에게 큰 용기를 주었습니다.

그리고 여기에 한 가지 이야기가 더 더해졌습니다. '여러분'을 불렀을 때 무대를 빛내주었던 '헤리티지'는 원래 가스펠 그룹입니다. 하나님을 찬양하는 이들은 대중에게 더욱 가까이 가기 위해서 가스펠 앨범과 대중음악 앨범을 번갈아 내고 있는데, 임재범 씨의 코러스를 맡으면서 더욱 많은 사람들이 관심을 가지고 문의를 했다고 합니다. 세상에 하나님을 전하기 위해 누구보다도 노력하는 헤리티지의 이야기는 많은 그리스도인들에게 감동을 더해 주었습니다.

'헤리티지'가 최고의 가수와 함께 할 수 있었던 것은 뛰어난 실력 때문입니다. 하나님을 위해 행동할 때 그들이 부르는 노래가 가스펠은 아니더라도 그것은 이미 찬양입니다. 그들의 노래하는 마음이 하나님을 전하고, 감동을 주었기 때문입니다. 모든 삶의 행동을 통해 하나님을 전하십시오.

♥ 주님! 모든 삶으로 주님의 영광이 되게 하소서!

▩ 모든 일의 최선을 다함으로 하나님께 아름다운 찬양을 드리십시오.

낙관이 없는 이유

● 마 11:29 나는 마음이 온유하고 겸손하니 나의 멍에를 메고 내게 배우라 그리하면 너희 마음이 쉼을 얻으리니

'자비를 베푸소서'라는 뜻의 '피에타'상은 미켈란젤로의 3대 조각 중 하나입니다.

미켈란젤로가 25살 때 조각한 이 작품은, 예수님의 어머니인 마리아가 죽으신 예수님을 안고 있는 모습을 담은 작품인데, 이 조각을 완성한 뒤 미켈란젤로 자신도 작품에 너무 감명을 받아 완성된 조각에다 "부오나로띠"라는 낙관을 남겼다고 합니다.

그렇게 조각을 완성한 미켈란젤로는 심신의 피로를 풀기 위해 찾은 휴양지에서 아름답고 장엄한 자연을 본 뒤, 문득 자신이 조각한 '피에타'상을 떠올렸습니다.

'이처럼 엄청난 자연의 작품 앞에 나의 조각은 얼마나 초라한 것인가, 그러나 주님은 이 자연 어디에도 자신의 낙관을 남기지 않으셨다. 아! 나는 너무 교만했구나'

이 날 깨달음을 얻은 이후 미켈란젤로는 자신의 작품에 다시는 낙관을 남기지 않았습니다. 하나님의 크나큰 능력 앞에 자신의 한계를 느끼고, 겸손을 배웠던 것입니다.

전지전능하신 주님은 또한 겸손의 왕이시기도 합니다. 사람들 앞에 나를 드러내고, 인정받고 싶어질 때는 언제나 인간의 모습으로 오신 예수님을 생각하십시오.

♡ 주님! 주님을 생각하며 항상 겸손하게 하소서!

▩ 온전히 하나님만을 나타내신 주님의 겸손함을 배우십시오.

달콤한 고통

● 딤전 4:7 망령되고 허탄한 신화를 버리고 경건에 이르도록 네 자신을 연단하라

국내의 한 양봉업자가 필리핀에 여행을 갔습니다.

그런데 필리핀에서 얼마간을 지내보니, 날씨도 사시사철 따뜻하고, 수목이 우거진 것이 너무나 좋았습니다. 문득 '이 좋은 환경에서 양봉장을 하면 꿀이 많이 나지 않을까?'라는 생각이 들었습니다. 이후 양봉업자는 자신의 양봉장에서 시범적으로 벌통 몇 개를 가지고 필리핀으로 날아가 직접 실험을 해보았습니다. 벌들은 꿀을 금새 모아왔고, 양봉업자는 자신의 생각 맞았다고 생각했습니다. 그래서 시범적으로 필리핀에 작은 양봉장을 하나 차렸습니다.

그런데 1년 정도 꿀을 수확하다보니 채취되는 꿀의 양이 급격히 줄고 있었습니다. 사정을 알고 보니 겨울이 없어 언제든지 꿀을 딸 수 있다는 사실을 본능적으로 알게 된 벌들이 점점 열심히 일을 하지 않고 꿀을 모으지 않았기 때문입니다. 양봉업자는 이 사실을 깨닫고 곧장 한국으로 돌아갔습니다. 실제로 필리핀에도 양봉장이 있기는 하지만, 좋은 기후와는 다르게 벌들이 약하고, 일을 열심히 하지 않아, 기껏해야 두 달에 3번 정도 꿀을 따게 된다고 합니다.

꿀벌들이 겨울이 있기에 일을 열심히 하고 더 건강해지듯이, 어려움을 통해 우리도 성장하게 됩니다. 그러나 삶의 고통이 때로는 너무나 많고 우리를 괴롭게 해 이런 사실을 자주 잊곤 합니다. 세상에서의 고된 삶이지만 이를 통해 주님께 기까이 갈 수 있음을 감사하십시오.

💜 주님! 연단을 통해 더욱 성장하게 해주심을 감사하게 하소서!
🎋 이 땅에서 비록 고난과 연단이 있을지라도 항상 감사하십시오.

계속 성장하는 비결

● 엡 6:10 끝으로 너희가 주 안에서와 그 힘의 능력으로 강건하여지고

스탠리 존스 선교사는 노년에 들어서까지 아무런 무리 없이 오지에 가서 선교활동을 할 수 있었습니다.

스탠리 선교사는 자신이 직접 체험하며 터득한 '계속해서 성장하는 7가지 비결'에 대해서 다음과 같이 말했습니다.

① 나이와 상관없이 언제든지 자신이 하고 싶은 일을 시작하라.

② 아무리 사소한 것이라도 하루에 한 가지는 꼭 배워라.

③ 남에게 친절을 베푸는 습관을 들여라.

④ 어떤 일이든 간에 적극적인 태도를 보여라.

⑤ 무엇이든지 감사할 조건을 찾아라.

⑥ 나이가 든다고 육체적 활동을 줄이지 마라.

⑦ 영적 활동의 중요성을 잊지 말아라.

세상의 위대한 업적의 35%는 60,70대들을 통해 이루어졌고, 8%는 80대들에 의해서 이루어졌다고 합니다. 자신의 한계를 규정하는 것은 많은 나이가 아니라 우리의 생각입니다.

나이는 숫자에 불과합니다. 자연스러운 노화현상은 막을 수 없지만, 노년기에도 우리의 생각보다 훨씬 많은 일을 할 수 있습니다. 한계가 아닌 사명에 집중하십시오!

♥ 주님! 주님의 부르심에 언제든 순종하게 하소서!

🖼 노화를 두려워하지 말고, 항상 적극적인 태도를 가지십시오.

성공이 있는 곳

●히 3:14 우리가 시작할 때에 확실한 것을 끝까지 견고58히 잡고 있으면 그리스도와 함께 참여한 자가 되리라

2003년 3월 1일 미국에서 로스앤젤레스 마라톤이 열렸습니다.

그런데 대회는 당일 모든 일정이 끝나고 나서도 며칠동안 결승선을 거두지 않았습니다. 그리고 로스앤젤레스 시민들은 마라톤이 끝난 다음날에도, 그리고 다음날에도 결승선에 찾아와 누군가를 기다렸습니다.

마침내 7일이 지난 3월 8일, 오후 5시 45분에 한 남자가 결승선 근처에 나타났습니다. 베트남전에 참전했다가 두 다리를 잃은 밥 윌랜드인데 그는 두 손을 사용해서 98시간 48분 17초를 걸려 마라톤을 완주했습니다. 밥의 위대한 도전은 소문이 멀리 퍼져 그가 결승선에 들어오는 날에는 미국 전역의 방송에서 취재를 했습니다. 시민들은 눈물을 흘리며 박수를 쳤고, LA마라톤 조직위원회는 비록 대회는 끝났지만 완주기념 메달을 시상했습니다.

두 팔로 걷는 것은 보통 다리로 걷는 것보다 25배 정도의 힘이 든다고 합니다. 밥은 다른 선수들보다 2시간이나 앞서 출발했고, 한 시간마다 일정한 휴식을 취하며, 밤에는 거리에서 잠을 청했습니다. 그러나 1주일이나 그렇게 힘든 시간을 보내면서도 결코 포기하지 않았습니다. 자신과 같은 처지의 사람들에게 용기를 주고, 당시 곧 이라크로 파병되는 장병들에게 용기를 주기 위한 것이 그 이유였습니다.

마라톤을 완주한 뒤 밥은 "성공은 출발에 있지 않고 끝나는 곳에 있다."라는 말을 했습니다.

시작이 늦다고 불평하기보다 끝나는 곳을 위해 노력하십시오.

♡ 주님! 마지막까지 주님과 함께 하게 하소서!

▨ 불리한 시작을 불평하지 말고 성공하는 마지막을 위해 노력하십시오.

영향력의 원천

● 롬 3:22 곧 예수 그리스도를 믿음으로 말미암아 모든 믿는 자에게 미치는 하나님의 의니 차별이 없느니라

　세계에서 최고로 많은 시청자를 가진 오프라 윈프리 쇼가 25년 만에 막을 내렸습니다. 토크쇼가 25년이나 방영된 것도 대단하지만, 그렇게 오랜 세월을 방영되면서도 큰 인기와 엄청난 영향력을 발휘했다는 사실이 더욱 놀랍습니다. 마지막 회 전에는 오바마 미국 대통령 부부가 참석했고, 최종회 전날 치러진 행사에는 톰 행크스, 마돈나, 비욘세 등등 유명 탑스타가 총출동 했습니다. 1600만 명이라는 기록적인 인원이 시청한 마지막 회에서 가장 중요한 것은 '마지막 게스트가 누가 오느냐?'였습니다. 마지막 회 전에 오바마 대통령이 출연하자, 사람들의 궁금증은 더욱 더 커져만 갔습니다. 그러나 마지막 토크쇼의 무대에는 달랑 의자 하나만 놓여 있었습니다. 마지막 게스트는 바로 '오프라 윈프리' 자신이었습니다.

　지금까지 만났던 사람들 중 소중했던 404명과 함께한 마지막 쇼는 그렇게 막을 내렸습니다. 이렇게 놀라운 오프라의 영향력에 대해서 많은 사람들이 분석을 하고 연구를 했습니다.

　어떤 사람은 '솔직함', 어떤 사람은 '화술', 혹은 '공감대'가 영향력의 원천이라고 합니다. 그러나 그녀는 자서전을 통해 이렇게 고백했습니다.

　"강간과 학대를 당하면서도 살아남을 수 있는 길은 오직 하나밖에 없었어요. 뚱뚱해지고, 인기가 떨어지는 것에 대한 두려움을 이길 수 있는 길도 오직 하나밖에 없었지요. 이 말이 진부하게 들릴지도 모르지만, 오직 하나님에 대한 믿음 하나로 이 모든 고난을 헤쳐 나올 수 있었어요."

　하나님에 대한 믿음이 모든 것을 가능케 할 수 있음을 믿으십시오.

🩶 주님! 더 큰 믿음을 주님께 구하게 하소서!

🀄 믿음이 모든 놀라운 일의 가능성임을 기억하십시오.

변화를 인정하라

● 시 51:10 하나님이여 내 속에 정한 마음을 창조하시고 내 안에 정직한 영을 새롭게 하소서

기원 전 그리스의 철학자 헤라 클레이토스는 '변하지 않는 단 한 가지의 사실은 모든 것은 변한다는 것'이라고 말했습니다.

그러나 당시에도 지금에도 사람들은 변하지 않는 것이 훨씬 많다고 생각하는 것 같습니다. 사람들은 성격, 능력, 말투, 환경 모든 것을 '어쩔 수 없는 것'으로 놓고 그냥 하루를 살아갑니다. 그러나 이 모든 것은 우리의 노력으로 바꿀 수 있는 것입니다. 심지어는 지능지수(IQ)도 변합니다.

일본에서의 연구에 따르면 초등학교 1학년 학생 때와 중학교 3학년 때의 지능지수가 평균적으로 10~20점 이상의 변화가 일어났다고 합니다. 아이큐가 낮았다가 높아진 아이들도 있었고, 반대로 매우 우수했다가 평범해진 아이들도 있었습니다.

미국의 실험결과도 마찬가지였습니다. 이 연구의 결과는 매우 충격적이었는데 지능은 보통 타고 나는 것으로 생각되었기 때문입니다. 조금 더 깊이 연구한 결과 학자들은 지능이 타고난 능력 외에도 가정의 상태와 경제 사정, 원만하지 못한 교우 관계, 심리적인 불안, 건강상태와 같은 정서적인 환경에 의해서도 영향을 받는다는 사실을 발견했습니다. 곧, 이것은 과거의 안 좋았던 결과에 대해서 전혀 얽매일 필요가 없다는 뜻입니다.

사람의 모든 것은 변할 수 있습니다. 과거의 결과에 자신을 투영하지 말고, 자신이 바라는 모습과 하나님이 원하시는 모습이 되어 가십시오.

♡ 주님! 날마다 조금씩 주님을 닮아가게 하소서!

🖼 지금의 나를 제한하는 과거의 생각들을 모두 버리십시오.

반대의 생각

● 고후 13:8 우리는 진리를 거슬러 아무 것도 할 수 없고 오직 진리를 위할 뿐이니

친한 친구를 전도하기 위해서 오래도록 노력해온 남자가 있었습니다.

그는 일 년이 넘게 친구를 전도하기 위해 노력했지만 친구는 복음을 받아들이는 것만큼은 완강히 거절했습니다. 하루는 친구가 남자에게 믿음을 가질 수 없는 이유에 대해서 말했습니다.

"솔직히 말하면 나는 기독교에 대해서 조금도 알지 못하네, 그런데 알지 못하는 걸 어떻게 믿을 수 있겠나? 알지도 못하고 믿을 수도 없는데, 도대체 왜 교회에 나가야 한단 말인가?"

남자는 친구의 대답을 듣고 말했습니다.

"자네 말이 맞네. 그러나 반대로 생각해보면 어떨까? 교회에 나가지 않았기 때문에 믿을 수가 없고, 믿을 수가 없기 때문에 알 수가 없는 거야. 자네의 생각과 다른 곳에 진리가 숨어있을 수도 있지 않나? 나는 그저 자네가 얼마만이라도 내가 발견한 진리가 있는 곳에서 정말 있는지 확인하러 와주었으면 싶네."

우리의 생각이 미치지 못하는 곳에 귀한 것이 있습니다. 내가 생각하기에 '복음이 필요 없을 것 같은 사람', '전혀 믿지 않을 것 같은 사람'들이야말로 더더욱 복음과 하나님의 사랑이 필요한 사람들임을 기억하십시오.

💟 주님! 복음이 모든 사람에게 필요한 것임을 깨닫게 하소서!
🔲 복음의 전파에 자신이 정한 조건과 제한을 두지 마십시오.

최초의 발자취

● 고후 9:10 심는 자에게 씨와 먹을 양식을 주시는 이가 너희 심을 것을 주사 풍성하게 하시고 너희 의의 열매를 더하게 하시리니

　1889년 부산에 한 외국인 선교사가 내렸습니다.

　호주에서 온 조셉 헨리 데이비스 선교사는 호주에서 복음을 전하기 위해 한국에 찾아왔습니다. 데이비스 선교사는 제물포에서 부산까지 걸어다니며 사람들에게 복음을 전하기로 결심하고, 마가복음을 둘러 메고 선교여행을 떠났습니다. 그렇게 장장 6개월에 걸쳐 만나는 모든 사람에게 복음을 전하며 부산에 도착했지만, 익숙하지 않은 환경에 도착하자마자 무리를 했던 탓인지, 천연두와 폐렴에 걸려 이 세상을 떠나고 말았습니다.

　비록 짧은 6개월의 선교기간이었지만 데이비스의 죽음으로 인해 호주지역에서는 한국 선교에 대해서 매우 큰 관심과 열정이 일어나게 되었습니다. 당시 호주 교회에서는 한국으로 와서 선교로 헌신하겠다는 젊은이들이 줄을 섰다고 합니다. 이들 중에서 선발된 130여 명은 다시 40일간 배를 타고 한국에 도착했고, 흙벽돌로 지은 창고에서 지내며 경남지역 일대에 복음을 전했습니다.

　데이비스 선교사의 죽음과 이들의 아름다운 헌신으로 한국에는 많은 역사가 일어났습니다. 많은 여성과 고아, 백정, 나환자들이 예수님을 영접했고, 진주에서는 양반과 백정이 함께 예배드리며 신분의 벽이 무너지는 일도 발생했습니다. 한 사람의 열정이 더 큰 사람들의 헌신을 불렀고, 그들의 헌신을 통해서 사회가 변화되는 역사가 일어난 것입니다.

　주님의 발자취를 따를 때 크나큰 역사가 일어납니다. 주님은 몸소 생명의 길을 보이셨습니다. 그 길을 따라 말씀을 전하고 사랑을 전하며 살아가십시오.

♥ 주님! 사람을 위해 모든 걸 바치신 주님의 길을 따르게 하소서!

🖼 전 세계에서 복음을 전하고 있는 선교사님들을 위해 기도하십시오.

한번의 승리

● 단 10:12 그가 내게 이르되 다니엘아 두려워하지
말라 네가 깨달으려 하여 네 하나님 앞에 스스로 겸
비하게 하기로 결심하던 첫날부터 네 말이 응답 받
았으므로 내가 네 말로 말미암아 왔느니라

리즈 하워드는 좋은 직장도 있고, 신앙생활도 열심히 하는 모범적인 사
람이었지만 한 가지 큰 문제가 있었습니다.

식욕을 전혀 억제를 하지 못하는 것이 문제였습니다. 덕분에 건강은 안
좋아졌고, 체중도 점점 불어 점점 보기 싫은 외모가 되어 갔습니다. 주위
에서 리즈의 건강에 대해서 말을 할 때면 그는 항상 핑계를 댔습니다.

'다음 달부터 뺄 거야', '아직은 때가 아니야', '슬슬 하려고 생각 중이야'

그러나 그는 사실 식욕을 억제하려는 시도조차 하지 않았습니다.

그런데 어느 날 남자가 완전히 달라진 모습으로 나타났습니다.

그를 오랜만에 본 친구는 살이 빠지고 훨씬 건강해진 남자의 모습에 도
대체 비결이 무엇이냐고 물었습니다.

"사실 나는 그동안 식욕을 참으려는 시도조차 하지 않았다네, 왜냐면
두려움 때문이었네. 내가 식욕에 지지 않을까? 내가 잘 참을 수 있을까?
이런 생각들이 나를 괴롭게 했지. 그런데 하루는 큰 맘 먹고 식사량을 조
절하고, 적당한 운동을 하기로 계획하고, 그대로 실천했네. 한 번 계획대
로 실천하고 나니까 두 번, 세 번은 아무런 문제도 아니더군."

무슨 일이든 시작이 반입니다. 하나님이 하기를 바라시는 일들과 나를
더 좋게 만들어줄 여러 가지 일들에 대한 생각이 마음속에 떠오를 때는
주저하지 말고 시작하십시오.

💜 주님! 허황된 두려움에 사로잡히지 않게 하소서!

🖼 주간 목표를 리스트를 만든 뒤 체크하십시오.

만족하는 인생

●시 17:15 나는 의로운 중에 주의 얼굴을 뵈오리니 깰 때에 주의 형상으로 만족하리이다

우리나라의 소득 수준은 점점 높아지고 있지만, 삶의 만족도와 행복도는 점점 떨어지고 있다는 연구 결과가 나왔습니다.

미국 심리학 협회가 진행한 한 연구 결과에 따르면, 한국인의 전반적인 생활의 행복도는 매우 낮은 수준으로, 아시아에서도 최하위 권이었으며, 전 세계 22개국을 포함한 결과에서도 매우 낮은 순위였습니다. 사회의 과도한 경쟁으로 인해 심리적인 스트레스를 많이 받는 것이 이유였는데 이런 현상 때문인지 한국인들은 술과 유흥같은 방법을 통해 만족을 찾으려는 것 같습니다.

한국인의 술 소비량은 세계 13위이고, 증류주 소비량은 세계 1위라고 합니다. 1년에 국민 1인당 소주 200병을 마시는 수준이라고 합니다. 게다가 포르노와 같은 성인 관련 업종에 세계에서 가장 많은 돈을 쓰는 곳이 한국이라고 합니다. 그러나 이런 방법으로는 삶의 행복도를 올릴 수 없음을 앞의 연구가 역설적으로 증명하고 있습니다.

게일 시히는 '통로를 찾는 사람들'이라는 책을 통해 인생의 만족함을 얻는 사람들은 '삶과 뜻에 분명한 방향을 가진 사람, 허무와 실망에 매이지 않는 사람, 누군가를 무척 사랑하는 사람, 신뢰할 친구가 많은 사람' 이라고 말했습니다.

인생의 방향을 알고 있는 사람, 자신의 근원을 알고 있는 사람만이 진정한 행복을 얻을 수 있습니다. 허무한 곳에 시간과 능력을 낭비하지 말고, 올바른 곳, 바른 길을 위해 인생을 투자하십시오.

💜 주님! 주님을 따라 가는 길에 행복이 있음을 알게 하소서!
🧩 잘못된 쾌락의 유혹을 과감히 끊어버리십시오.

영광의 공로

●마 9:8 무리가 보고 두려워하며 이런 권능을 사람에게 주신 하나님께 영광을 돌리니라

한 청년이 목사님에게 교만에 대해서 상담을 했습니다.

"목사님, 도대체 저는 교만이라는 것이 이해가 되지 않습니다. 자신의 능력으로 이룬 일들에 대해서도 우리가 겸손해야 합니까? 왜 이런 일들에 대해서도 우리가 겸손해야 하며 오히려 하나님께 영광을 돌려야 하는지 이해할 수가 없습니다."

목사님은 청년을 따스하게 바라보며 말했습니다.

"그것은 우리가 자랑할 일이 애초에 없기 때문입니다. 멋진 그림을 통해 칭찬받는 것은 화가이지 캔버스가 아닙니다. 멋진 사진을 통해 칭찬받는 것은 사진사이지 필름이 아닙니다. 요리에 사용된 칼이 우쭐대는 것은 올바른 일이 아닙니다. 그것은 당연한 것입니다. 우리의 임무는 모든 공로를 하나님께 드리는 것입니다."

우리의 근본과 창조주에 대해서 깨달을 때, 참된 내려 놓음을 실천할 수 있습니다. 우리의 모든 것은 그분께로 부터 온 것이기에 우리가 자랑할 것도 내세울 것도 하나님의 영광외에는 아무 것도 없습니다.

쓰임 받는다는 사실 그 자체에 우리의 기쁨이 있습니다. 쓰임 받음을 통해, 주님께 공로를 돌림으로 주님의 영광에 참예하십시오.

💙 주님! 주님의 영광에 참예한다는 그 자체로 기쁨과 만족을 얻게 하소서!

🖼 겸손함으로 주님께 크게 쓰임 받는 성도가 되십시오.

가장 중요한 것

●롬 10:2 내가 증언하노니 그들이 하나님께 열심히 있으나 올바른 지식을 따른 것이 아니니라

어느 대학의 수학과 수업에서 있었던 일입니다.

교수님은 강의실에 들어오자마자 칠판에다가 '2, 4, 8'이라고 적은 뒤 학생들에게 물었습니다.

"이것의 답은 무엇일까?"

학생들은 앞 다투어 손을 들고 말했습니다.

"14입니다. 앞에서부터 더했습니다."

"제가 보기엔 수열 같습니다. 다음의 올 수를 맞추어야 하는데, 그러므로 답은 16입니다."

"수열에 곱하기를 응용한 문제 같습니다. 64가 답입니다."

모든 학생의 답을 들은 뒤 교수가 입을 열었습니다.

"모두들 답을 찾는 데만 혈안이 되어 있구먼, 자네들은 가장 중요한 것을 잊었네. 도대체 어째서 문제가 무엇이냐고 묻는 사람이 한 명도 없는 것인가? 문제를 모르는데 어떻게 답을 찾을 수가 있겠나?"

올바른 답을 찾기 위해선 문제를 먼저 올바로 알아야 합니다.

눈부신 성공, 부의 축적, 행복한 인간관계, 모두가 중요하게 생각하는 인생의 요소입니다. 그러나 가장 중요한 것은 도대체 그런 것들이 왜 필요한지입니다. 지금 무엇을 위해 노력하고 있고, 그 이유가 무엇인지 생각해보십시오.

♥ 주님! 올바른 목적의 헌신을 하게 하소서!

🎴 헌신과 노력의 근거가 되는 이유를 돌아보십시오.

다툼을 약하게 만드는 방법

●딤후 2:23 어리석고 무식한 변론을 버리라 이에서 다툼이 나는 줄 앎이라

그리스 신화에 이런 내용이 있습니다.

헤라클레스가 길을 가다가 숲 속에서 어떤 괴물에게 습격을 받았습니다. 그러나 괴물은 생각보다 약했고, 헤라클레스는 괴물을 거뜬히 물리쳤습니다. 그런데 잠시 뒤에 그 괴물이 또 나타났습니다. 헤라클레스는 이번에도 괴물을 물리쳤으나, 아까보다는 훨씬 힘이 들었습니다. 숲을 빠져 나가기 전, 이 괴물은 다시 한번 헤라클레스를 공격했는데, 이번에는 힘이 정말로 세져서, 겨우 물리치고 숲을 빠져나올 수 있었습니다. 숲을 나온 뒤 헤라클레스는 아테네에 도착해 아테나에게 숲에서 만난 괴물에 대해 이야기했습니다.

"숲을 지나오면서 이상한 괴물을 만났습니다. 처음엔 별거 아니었지만, 싸우면 싸울수록 더욱 강해졌습니다. 혹시 그 괴물에 대해서 알고 계십니까?"

"그 괴물의 이름은 '다툼'이네, 싸우려고 맞서면 더욱 강해질 뿐이니 못 본 척 놔두게. 그러면 점점 작아져 어느새 보이지도 않게 된다네."

옛날 그리스 사람들도 다툼의 속성에 대해서는 잘 알고 있던 것 같습니다. 사람과의 다툼은 벌일수록 점점 커지고 서로에게 상처만을 줍니다. 인내로 감정을 잘 다스려 쓸데없는 다툼을 줄이십시오.

♡ 주님! 다툼이 아닌 사랑을, 미움이 아닌 관용의 마음을 품게 하소서!

▧ 일어난 다툼도 화평케 하는 온유의 사람이 되십시오.

세가지 친구

● 요 4:14 내가 주는 물을 마시는 자는 영원히 목마르지 아니하리니 내가 주는 물은 그 속에서 영생하도록 솟아나는 샘물이 되리라

사람이 인생을 살면서 친구로 삼는 세 가지가 있다고 합니다,

대부분의 사람들은 이들 중 첫 번째 친구를 가장 소중하게 여긴다고 합니다. 그리고 두 번째 친구는 귀하게는 여기지만 첫 번째 친구만큼은 아니라고 여깁니다. 마지막으로 세 번째 친구는 중요하다고는 생각하지만 실제로는 별로 관심을 가지지 않는다고 합니다.

그런데 반대로 인생에서 위기를 당했을 때 첫 번째 친구는 가장 먼저 도망갑니다. 두 번째 친구는 얼마간은 함께 있어 주나, 마지막까지는 함께 하지 못합니다. 그러나 세 번째 친구만은 마지막까지 함께 있어 준다고 합니다.

첫 번째 친구의 이름은 재산입니다.

돈은 인생의 어려움에 아무런 도움을 주지 못합니다. 오히려 많은 문제들을 일으킵니다.

두 번째 친구는 가족입니다.

가족은 어려울 때 힘이 되는 든든한 버팀목이 됩니다. 그러나 죽음의 순간이 찾아올 때 결국은 헤어지게 됩니다.

세 번째 친구는 하나님에 대한 믿음입니다.

이 믿음이야 말로 이 세상 이후에도, 영원한 삶으로 우리를 이끌어주는 가장 좋은 친구입니다.

유한한 세상에서 영생을 준비하는 지혜로운 사람이 되십시오.

💗 주님! 삶을 통해 믿음을 더욱 온전케 하소서!

🎐 정말로 값진 것은 주님을 향한 믿음임을 깨달으십시오.

끝까지 함께하는 분

● 고후 13:13 주 예수 그리스도의 은혜와 하나님의
  사랑과 성령의 교통하심이 너희 무리와 함께 있을지
  어다

거리의 시인 안티마쿠스가 자신의 작품을 발표하는 낭송회를 가졌습니
다.

많은 사람들이 광장에 모였고, 안티마쿠스는 달빛을 배경으로 자신이
그동안 써왔던 시들을 낭독하기 시작했습니다.

시의 내용은 굉장히 좋았으나, 안티마쿠스의 발음이 너무나 좋지 않아
관객들은 도대체 무슨 소린지 잘 이해할 수가 없었습니다. 시간이 지나고
자리에 모인 관객들은 하나 둘 씩 떠나기 시작했고, 어느새 객석은 텅 비
게 되었습니다.

오직 그의 가장 친한 친구 이오니아 한 명만이 남아있었습니다.

안티마쿠스는 잠시 시 낭독을 멈추고 말했습니다.

"객석은 텅 비었네, 아마도 더 이상의 낭송회는 의미가 없을지도 모르
지, 그러나 그럼에도 불구하고 마저 다른 시들을 낭독하겠네, 왜냐하면
이오니아, 자네는 나에게 모든 사람을 대신할 수 있는 사람이기 때문이
네."

사람들의 시선과 관계없이 최선을 다해야 하는 이유는, 주님이 언제나
우리를 지켜보고 계시기 때문입니다. 모든 사람을 대신할 수 있는 주님이
함께 한다는 사실을 기억하십시오.

💜 주님! 주님 한분만으로 최선의 이유가 되게 하소서!
🔲 모든 일에 함께하시는 주님을 생각하며 최선을 다하십시오.

어둠을 밝히는 부부

●롬 13:12 밤이 깊고 낮이 가까웠으니 그러므로 우리가 어둠의 일을 벗고 빛의 갑옷을 입자

대구대 재활학과 교수인 조성재 씨는 날 때부터 앞이 보이지 않는 선천성 1급 시각장애인입니다. 그러나 30대의 나이에 대학 교수로 부임할 정도로 실력이 뛰어납니다. 단국대 정치외교학과를 나온 조 교수는 이후 복지관에서 일을 하다가 장애인들에 대한 사회의 편견과 차별이 생각 외로 엄청나다는 사실을 깨닫고 미국으로 유학을 떠났습니다. '장애인 재활에 대한 전문적인 지식'을 배워오기 위해서였습니다.

유학생활의 많은 어려움이 있었지만 조 씨는 무사히 웨스턴미시간 대학교와 미시간 주립대를 거쳐 박사과정까지 획득할 수 있었습니다. 그 과정에서 아내 이진화 씨의 헌신이 매우 컸습니다. 비싼 생활비와 학비를 감당하기 위해, 세탁소에서 일을 하며 보조를 했고, 앞을 보지 못하는 남편을 대신해 자료 수집과 자신이 할 수 있는 일들을 묵묵히 감당했습니다. 힘든 생활이었지만 그래도 '필요한 시기에 남편을 대신해 눈이 되겠다'는 심정으로 기쁘게 감당했습니다.

이런 아내의 노력으로 조 씨는 무사히 학업을 마칠 수 있게 되었습니다. 그리고 그동안의 배운 지식을 토대로 많은 장애인 재활 전문의를 양성하고자 하는 목표로 대구대에서 후학을 양성하고 있습니다. 자신에게 필요할 때 눈이 되어준 아내처럼 다른 사람들에게도 밝은 빛이 되어 주기 위해 오늘도 조 교수는 노력하고 있습니다.

생명의 빛은 퍼져나갈 수록 점점 밝아집니다. 어두운 인생길에서 빛이 되어준 주님처럼, 세상을 점점 밝게 비추는 빛이 되십시오.

♡ 주님! 등대와 같이 세상에 빛을 널리 비추는 사람이 되게 하소서!
🏠 다른 사람의 힘든 고통을 적극적으로 도와주는 사람이 되십시오.

약점을 아름답게 쓰시는 하나님

● 롬 8:26 이와 같이 성령도 우리의 연약함을 도우시
나니 우리는 마땅히 기도할 바를 알지 못하나 오직
성령이 말할 수 없는 탄식으로 우리를 위하여 친히
간구하시느니라

아라비아의 한 보석상이 교역을 하러 유럽에 들렀다가 커다란 루비를
구해왔습니다.

그동안 몇 십년 동안 보석상 일을 했지만 한 번도 보지 못했을 정도로
커다란 루비였습니다. 그런데 집에 도착해 루비를 살펴보던 도중 바닥에
커다란 흠이 있다는 것을 발견했습니다. 루비의 크기에만 신경을 쓴 탓에
자세히 살펴보지 못한 것이었습니다.

'아, 내가 이런 실수를 하다니! 돈만 날리게 생겼구나'라고 생각한 보석
상은 매우 슬퍼했습니다.

그 사실을 알게 된 그의 아내는 자신에게 좋은 방법이 있다며 보석을
일주일만 맡겨달라고 말했습니다. 아내의 지혜로움을 알고 있던 보석상
은 바로 보석을 내주었고, 아내는 곧 유명한 조각가를 불러 흠이 나 있는
루비의 바닥에 장미꽃을 조각해달라고 요청했습니다. 일주일 후 루비의
흠은 아름다운 장미로 바뀌게 되었고, 보석상에 애초에 원하던 가격보다
훨씬 더 비싼 값에 팔리게 되었습니다.

보석의 흠은 곧 우리의 연약함을 상징합니다. 그 흠을 감추려고 하면 열
등감에 빠지게 되지만, 창조주 하나님께 순응하고 그것을 그대로 인정하
면 주님께서 흠을 아름다운 장미로 바꾸십니다. 우리의 약점까지도 주님
께 맡기십시오.

💜 주님! 우리의 모든 것을 드림으로 온전케 쓰임받게 하소서!
🧩 나의 모습 그대로 주님께 드리십시오.

부흥을 위한 적립

 ●딤전 4:16 네가 네 자신과 가르침을 살펴 이 일을 계속하라 이것을 행함으로 네 자신과 네게 듣는 자를 구원하리라

최근 직장인들의 재테크 수단으로 적립식 펀드가 각광을 받고 있는데, 적립식 펀드란 매월 일정한 금액을 저축하듯이 납입해, 주식과 채권 등의 금융상품에 투자하는 것으로, 수익성과 안정성이 매우 높고 방법도 쉬워서 많은 사람들이 이용하는 재테크 방법입니다.

이런 적립식 펀드가 각광받기 시작한 것은 근 5,6년 내인데 동해 교역 자선교회의 목회자 30여명은 20여 년 전부터 매달 5%씩 적립을 해오고 있답니다. 단지 차이점은 돈을 벌기 위해서가 아닌 경북 해안지방의 부흥을 위한 목적이라는 점입니다.

성결교단 소속인 30여 명의 목사님들은 우리나라의 복음화율이 유독 낮은 경북 지역을 위해서 매달 사례비의 5%씩을 모아 일정 금액이 될 때마다 교회 개척을 지원해주고, 또 지속적으로 후원해주고 있습니다. 선교회의 회장인 이일성 목사님은 "우리나라에 교회가 이미 많고, 더 이상의 개척은 필요하지 않다고 말하는 사람도 많습니다. 그러나 지역 복음화를 위해 아직도 교회가 세워져야 할 곳이 많이 있습니다. 물론 개척은 쉽지 않고, 지방은 더더욱 쉽지 않습니다. 그러나 하나님의 일꾼을 만들고, 복음을 모르는 사람들에게 전한다는 게 저희에게는 행복입니다."라고 후원의 이유를 설명했습니다.

이 땅의 복음화를 위해 무엇을 하고 계십니까? 하나님 나라의 확장을 위해 우리가 분명히 감당해야 할 일들이 아직 많이 있습니다. 복음전파에 꾸준히 관심 가지십시오.

♡ 주님! 복음의 전파를 향한 관심을 잊지 않게 하소서!

🎴 하나님 나라의 확장을 위해 무엇을 하고 있는지 돌아보십시오.

최선의 기쁨

●고후 11:2 내가 하나님의 열심으로 너희를 위하여 열심을 내노니...

자신의 임신사실을 모른 채 감기약을 복용하다 기형아를 낳은 산모가 있었습니다.

태어난 아이는 양다리도 없고, 손가락도 2개밖에 없었습니다. 그러나 아이의 부모님은 현실을 불평하지 않고, 최선을 다해 아이를 키우기로 했습니다. 아이는 어느 정도 자라자 피아노를 배우고 싶어 했습니다.

피아노에 앉기조차 힘든 짧은 몸에, 손가락은 두 개 밖에 없었지만, 부모님은 아이의 뜻을 꺾지 않고, 마음껏 피아노를 배울 수 있게 해주었습니다. 뜻밖에도 아이는 피아노에 재능도 있었고, 끈기도 있었습니다. 밤낮없이 연습을 거듭하며 전국대회에 나가 입상까지 했습니다. 그렇게 아이는 성장해 피아니스트가 되었습니다. 지금 이희아 양은 '네 손가락의 피아니스트'라고 불리며 전국 각지를 찾아다니며 연주를 하고 있습니다. 사람들은 이희야 양의 외모를 보고 놀라고, 피아노 연주를 듣고는 더욱 놀란다고 합니다. 희아 양이 학생 시절에 쓴 일기에는 다음과 같은 글이 있습니다.

'제가 피아노를 연주하는 것은 누구와 경쟁하려는 것이 아니에요. 오직 할 수 있는 최선을 다해 인내하고 노력해 저를 사랑하는 모든 이들에게 음악을 통한 순수한 행복을 나눠드리고 싶기 때문이에요'

최선을 다할 때 기적이 일어납니다. 최선을 다할 때 말할 수 없는 감동과 행복이 전달됩니다. 어떤 상황 속에서도 최선을 다할 때, 주님은 상상할 수 없는 놀라운 은혜를 주심을 믿으십시오.

♡ 주님! 정말로 어떠한 상황 속에서도 충성된 일꾼이 되게 하소서!
☒ 순종의 마음으로 주님의 은혜를 체험하십시오.

반성문에서 본 가능성

● 잠 11:27 선을 간절히 구하는 자는 은총을 얻으려니와 악을 더듬어 찾는 자에게는 악이 임하리라

국내에서 베스트 셀러가 된 소설 '엄마를 부탁해'가 미국을 비롯해 전 세계 여러나라에서 번역 출판되었습니다.

반응은 매우 뜨거워 출간 하루 만에 세계 최대 인터넷 서점 아마존닷컴에서 100위 권 안에 진입하기도 했습니다. 그런데 이런 신경숙 씨를 작가의 길로 인도한 것은 학창시절에 벌로 쓰게 된 반성문 때문이라고 합니다.

1979년 서울 영등포여고를 다니던 신경숙 씨는 어려운 가정환경 때문에 공부를 하면서도 생계를 위해 납땜을 해야 했습니다. 급료는 너무나 적었고 인생의 빛이 보이지 않았습니다. 결국 야간반인 학교를 1주일이나 무단으로 결석했습니다. 당시 담임선생님이었던 최홍이 서울시 교육의원은 다시 학교에 나온 신경숙 씨에게 너무 엄하게 대하면 학교에 또 나오지 않을까봐 그냥 반성문에 네가 하고 싶은 이야기를 써오라고 했습니다.

신경숙 씨는 장장 대학노트 20장이 넘는 분량에 자신의 이야기를 썼습니다. 최 선생님은 그 글을 보며 신경숙 씨의 가능성을 발견하고는 '소설을 써보는 것이 어떻겠냐'고 권유했습니다. 신경숙 씨는 훗날 '그날 선생님이 소설이 아닌 시를 써보라고 했다면 시인이 됐을거예요'라고 회고했습니다. 그만큼 한번의 아량과 충고가 숨겨져 있던 신 씨의 가능성을 일깨웠던 것입니다.

한 번의 배려가 세계적으로 인정받는 재능을 깨우기도 하고, 죽이기도 합니다. 하나님이 주신 달란트를 사용하고, 사용하게 하는 사람이 되십시오.

💜 주님! 사람을 세우는 말, 사람을 세우는 격려만을 하게 하소서!
🀄 말에 담긴 힘이 크다는 사실을 잊지 마십시오.

잘못된 가치의 비극

● 고전 5:6 너희가 자랑하는 것이 옳지 아니하도다 적은 누룩이 온 덩어리에 퍼지는 것을 알지 못하느냐

최근 중국에서 깜짝 놀랄만한 일이 벌어졌습니다.

17세 소년이 태블릿 컴퓨터 '아이패드2'를 사기 위해서 자신의 신장을 팔았기 때문입니다. 소년은 "아이패드를 너무나 사고 싶었지만 돈이 없었는데, 인터넷에서 마침 신장을 팔면 돈을 주겠다는 광고를 보았기 때문에 연락을 했다."고 동기를 밝혔습니다.

소년이 신장을 팔아 받은 돈은 300만원 남짓이었습니다. '건강한 거지가 병약한 황제보다 낫다'는 말도 있는데, 자신의 소중한 장기를 팔아 소년이 산 것은 고작 태블릿 컴퓨터 하나와 최신 휴대폰 하나였습니다. 이 소식은 곧 인터넷으로 급속히 퍼져, 중국 뿐 아니라 우리나라에도 큰 충격을 주었습니다. 없어도 그만인 전자기기를 위해 자신의 장기까지 팔 정도로 잘못된 가치관이 모두의 마음을 슬프게 했기 때문입니다. 비단 중국 뿐이 아니라 우리나라와 일본, 그리고 전 세계적으로 명품으로 불리는 해외의 유명 브랜드나, 사치품을 선호하는 풍조가 점점 커지고 있다고 합니다.

잘못된 가치관은 인생을 멍들게 합니다. 수많은 매체들이 단지 돈을 벌기 위해서 사행성을 조장하고, 사람들을 허영심으로 물들이고 있습니다. 잘못된 가치관에 물들지 말고, 세상의 헛된 유혹에서 마음을 굳건히 지키십시오.

💜 주님! 물질이 최고의 가치가 아님을 사람들이 깨닫게 하소서!
🎴 세상의 영향력에서 벗어난 온전한 그리스도인이 되십시오.

완전한 감사

● 시 7:17 내가 여호와께 그의 의를 따라 감사함이여 지존하신 여호와의 이름을 찬양하리로다

스웨덴의 경제학자이면서 정치가인 하마슐드는 국제연합 수석대표를 거쳐 2대 UN사무총장직까지 역임했습니다.

그는 사무총장을 역임하던 시절, 아프리카 콩고의 내전 문제를 위해 떠나던 도중 비행기 사고로 인해 죽었습니다.

그가 죽은 해, 평화를 위해 반평생을 보냈던 그의 업적이 인정받아 노벨평화상을 수상하게 되었습니다.

그러나 이런 많은 업적보다도 생전에 남긴 말 중에 더욱 가치 있는 것으로 평가받는 짧은 글귀가 있습니다.

"지나간 모든 것에 감사합니다.

그리고 다가올 모든 것에 감사합니다."

완전한 감사를 나타내는 이 말을 통해, 아직도 많은 사람이 힘과 용기를 얻고 있습니다.

완전한 감사를 통해 주님을 향한 신뢰와 사랑을 확증할 수 있습니다. 주님께서 우리에게 지금까지 행하신 모든 것, 그리고 앞으로 행하실 모든 일에 감사하십시오.

♥ 주님! 제게 행하신 모든 일에 진실로 감사하는 마음을 갖게 하소서!

▨ 주님께 모든 것을 맡기는 완전한 신뢰의 감사를 기쁘게 드리십시오.

탐욕에 눈이 멀 때

● 시 10:3 악인은 그의 마음의 욕심을 자랑하며 탐욕을 부리는 자는 여호와를 배반하여 멸시하나이다

중국의 고전 '열자'에는 탐욕과 관련된 이야기 한 토막이 나옵니다.

옛날 중국의 한 고을에서 환한 대낮에 한 남자가 금을 훔쳐 달아나다가 붙잡혔습니다. 판관이 붙잡힌 남자를 보며 말했습니다.

"환한 대낮에 사람들이 그렇게 많은 시장에서 금을 훔쳐 달아나다니 제정신인가? 도대체 무슨 생각으로 그런 일을 저질렀는가?"

"금을 보자 너무 갖고 싶어서 사람들이 눈에 보이지 않았습니다."

이 말을 들은 판관은 '욕심에 눈이 어두우면 다른 것은 눈에 보이지 않는다(취금지시 불견인)'이라는 말을 남겼다고 합니다. 욕심이 많은 사람은 양심의 소리를 듣지 못합니다. 또한 욕심은 사람을 교만하게 만들어 하나님 앞에서까지 범죄하게 만들고 소중한 인생의 시간을 허비하게 만듭니다.

탐욕에 눈이 멀 때 사리를 옳게 분별하는 힘을 잃습니다. 지나친 욕심은 모든 것을 잃게 만듭니다. 과도한 욕심을 멀리하고 주어진 것에 감사하는 삶을 사십시오.

♡ 주님! 마음속의 욕심에 휘둘리지 않게 하소서!
🧩 마음을 깨끗하게 함으로 하나님을 따르십시오.

필요한 훈련

● 잠 17:3 도가니는 은을, 풀무는 금을 연단하거니와 여호와는 마음을 연단하시느니라

　달라스 윌라드는 영성을 대하는 성도들의 잘못된 태도에 대해서 다음과 같이 경고했습니다.

　"어떤 야구 선수가 있다고 합시다. 그런데 이 야구선수는 도대체 훈련을 열심히 하는 법이 없습니다. 아니, 열심히 하지 않는 정도가 아니라, 아예 운동에 도움이 되지 않는 나쁜 습관까지 가지고 있습니다.

　여러분은 이 야구선수가 경기장에서 좋은 모습을 보여줄 것이라고 기대하십니까?

　마찬가지로 충분한 영적훈련 없이 주님의 방법으로 시험을 이겨내고 기도를 응답받을 수 있다고 생각하는 기독교인이 있습니다. 제 생각에는 이런 일이 일어나기보다는 차라리 훈련받지 않은 야구 선수가 활약할 가능성이 더욱 높을 것 같습니다."

　주님을 닮아가는 과정과 우리의 마음을 단련하는 과정에도 육체를 단련할 때와 같은 훈련이 필요합니다. 훈련의 과정은 비록 고되고, 오랜 시간이 걸리지만 그 노력은 결코 배신하지 않습니다. 묵상과 기도로 영성을 훈련하십시오.

♡ 주님! 연단을 통해 마음을 더욱 강건하게 해주소서!

▨ 하나님의 품성을 나타낼 기회들이 찾아올 때 감사하십시오.

8월

우리가 무엇이든지
구하는 바를 들으시는 줄을 안즉
우리가 그에게 구한 그것을
얻은 줄을 또한 아느니라
요일5:15

자기 일에 집중하는 사람

 ●롬 14:17 하나님의 나라는 먹는 것과 마시는 것이 아니요 오직 성령 안에 있는 의와 평강과 희락이라

물리학자 아인슈타인은 과학 분야에서는 두말할 필요가 없는 천재였지만, 세상 물정에는 그렇게 밝지 못했습니다.

2차 대전이 끝난 후 미국의 명문 프린스턴 대학에서는 아인슈타인에게 파격적인 제안을 했습니다. 아인슈타인이 미국에 와서 학생들을 가르치고 연구를 하는 조건으로 원하는 만큼의 돈을 주겠다고 한 것입니다.

그런데 아인슈타인이 당시 요구한 돈의 액수는 고작 매달 300만원 정도였습니다. 지금과는 돈의 가치가 다르지만 당시 일반 교수들의 봉급과 비교했을 때에도 확연히 적은 액수였습니다. 프린스턴 대학은 돈에 관한 문제만큼은 아인슈타인과 논의할 필요가 없다고 보고, 자기들 임의로 2천만 원 정도의 봉급을 책정해 최고의 대우를 해주었습니다.

자신의 일을 좋아하는 사람이 위대한 업적을 남길 수 있습니다. 위대한 업적을 남기는 사람은 돈과 명예가 아닌 일 그 자체에서 행복과 보람을 느낍니다.

일에 집중하는 사람은 다른 것에 신경을 쓸 겨를이 없습니다. 하나님의 일에 집중하는 사람은 그 일만으로도 행복감을 느낍니다. 그러나 주님은 그가 살면서 필요한 모든 물질들도 알아서 챙겨주십니다. 하나님의 나라의 일에, 나의 사명에 더욱 집중하십시오.

♥ 주님! 댓가를 바라지 않는 헌신의 마음을 품게 하소서!
🔲 모든 것을 주실 하나님을 믿고, 현재에 집중하십시오.

믿음의 능력

● 롬 8:31 그런즉 이 일에 대하여 우리가 무슨 말 하리요 만일 하나님이 우리를 위하시면 누가 우리를 대적하리요

200년 전 영국의 윌리엄 윌버포스라는 정치인이 있었습니다.

당시에는 노예제도가 매우 성행했는데, 윌버포스는 기도 중에 '노예제도를 폐지시키고, 모든 노예들에게 자유를 주어라'는 하나님의 음성을 듣게 됩니다.

윌리엄은 하나님의 음성을 들은 뒤, 한참을 망설였습니다. 비록 정치인이긴 했지만, 당시의 다른 정치인들은 모두 노예제도의 혜택을 받고 있기 때문에 폐지를 원치 않았습니다. 게다가 굽은 등과 못생긴 외모로 인한 콤플렉스로 많은 사람들을 만나고 설득해야 하는 이 일에 자신은 적합하지 않은 것 같았습니다. 며칠간의 고민 끝에 그는 전적으로 노예폐지를 위해 헌신하기로 결심했습니다. '하나님께 불가능한 일은 없다'는 믿음에서 나온 결심이었습니다. 이후로 그는 죽을 때까지 평생을 노예폐지와 세계 선교를 위해 고군분투하는 삶을 살았습니다.

그는 죽을 때까지 노예해방을 보지는 못했습니다. 그러나 하나님은 그의 노력에, 그의 믿음에 응답하셨고, 윌리엄이 세상을 떠나던 해 영국에서는 노예제도를 폐지한다는 법안을 통과시켰습니다.

우리는 할 수 없습니다. 그러나 하나님은 하실 수 있습니다. 우리의 능력이 아닌 하나님의 능력에 의지할 때 진정으로 승리하는 삶을 살 수 있습니다. '하나님이 하신다'는 믿음으로 모든 일을 진행하십시오.

♡ 주님! 믿음을 가지고 순종함으로 주님의 일을 하게 하소서!
🦑 나의 연약함이 아닌 하나님의 능력을 먼저 생각하십시오.

작은 유혹

●욥 36:18 그대는 분노하지 않도록 조심하며 많은 뇌물이 그대를 그릇된 길로 가게 할까 조심하라

인도의 '보카파하리'라는 마을은 실존하는 지옥으로 불립니다.

화산지대에 있는 마을은 지반이 불안정하고 갈라져 있어, 땅에서는 석탄불이 타오릅니다. 게다가 유독가스까지 하루 종일 뿜어져 나옵니다. 이런 환경 탓에 마을 안을 제대로 걸어다니는 것도 쉽지 않고, 이미 지어진 집조차 무너지기가 다반사입니다.

인도 정부는 이곳에 거주하는 주민들의 안전을 위해 인근에 아파트를 짓고 이주를 권유했지만 아직까지 한 명의 주민도 이주하지 않았습니다. 비록 지옥과도 같은 환경이지만 그래도 석탄 채광을 통해 하루에 2,3천원의 일당을 벌 수 있기 때문입니다. 이주를 하면 몸은 안전하지만 돈을 벌 방법이 없다는 것이 주민들의 주장입니다. 물론 주민들이 정말로 일자리를 구하기 쉽지 않아 떠나지 않는 것일 수도 있습니다. 그러나 그 아주 작은 이득 때문에 안정이 보장된 지역에서의 새 출발을 거부하는 것은 이상한 일이 아닐 수 없습니다. 작은 이득으로 인해 현실에 안주하려는 주민들의 모습이 우리의 모습은 아닌지 돌아봐야 합니다.

'안정과 유지'는 모든 사람들이 바라는 것입니다. 평온한 삶이 유지되는 것이 겉으로는 행복해 보일지도 모르지만 사실은 성장을 방해할 수도 있습니다. 안정되게 잘 살고 있던 오랜 고향을 떠남으로 아브라함이 복을 받았다는 사실을 기억하십시오.

♥ 주님! 나의 생각보다도 하나님의 생각을 먼저 따르게 하소서!
🔲 인생을 위해 세운 계획이 누구에게 초점이 맞춰졌는지 검토하십시오.

소명의 시작

● 행 20:24 내가 달려갈 길과 주 예수께 받은 사명 곧
하나님의 은혜의 복음을 증언하는 일을 마치려 함에
는 나의 생명조차 조금도 귀한 것으로 여기지 아니
하노라

　네팔에서 의료 선교를 하고 계시는 강원희 선교사님은 '히말라야의 슈
바이처'라고 불립니다.
　의대를 졸업한 뒤 계속 꾸려온 개업병원이 연일 문전성시를 이루며 돈
도 많이 벌었습니다. 그런데 48세가 되던 해, 느닷없이 병원과 가산을 정
리하고 아내 최화순 사모님과 함께 네팔로 의료선교를 떠났습니다. '내
인생의 가장 귀한 시절을 하나님께 드리고 싶다'는 소망 때문이었습니다.
　벌써 여든을 바라보는 나이지만 아직도 하루에 150명이 넘는 환자들을
진료하고 계십니다. 팔이 아파 손을 들기 힘들면 진통제를 맞고 진료를
계속합니다. 그렇게 강 선교사님은 30년을 오지에서 아픈 사람들을 위해
진료를 하며 살아왔습니다.
　이들 선교사님 부부의 지나온 삶과 인생은 '소명3'이라는 영화로도 제
작되어 국내에 개봉되었습니다. 그러나 선교사님 부부는 영화 시사회에
참석하지 않고, 어떤 관련 활동도 하지 않은 채 평소처럼 네팔에서 자신
의 소명을 다하고 있었습니다.
　'언제부터 소명이 생겼습니까?'라는 질문에 강 선교사님은 '예수님을 믿
으면서부터 이미 소명은 시작 됐습니다.'라고 대답했습니다. 그리스도인
에게 소명은 곧 숙명입니다. 단지 실천의 차이만 있을 뿐입니다.
　그리스도인의 지상 소명은 예수님을 믿음과 함께 시작되는 것입니다.
복음을 위한 소명을 갖고, 실천하는 삶을 사십시오.

♡ 주님! 놀라운 복음을 전하는 소명의 삶을 살게 하소서!
▨ 나의 복음을 위한 소명은 무엇인지 생각해 보십시오.

관계를 바꾸는 7가지 습관

●롬 14:19 그러므로 우리가 화평의 일과 서로 덕을
세우는 일을 힘쓰나니

　사람과의 관계를 조언하는 책들을 모두 종합하면 다음 7가지 습관으로
압축 됩니다.
　① 약간은 모자란 모습으로 호감을 얻어라 - 조금 모자라 보이면 다른
사람의 기분이 좋아집니다. 일부러 빈틈을 만드십시오.
　② 부드러운 카리스마를 키워라 - 압도하는 인상이 아닌, 유머와 온화
함으로 무장된 진정한 카리스마를 만드십시오.
　③ 나이와 상관없이 어린아이의 마음을 간직하라 - 아이와 같이 솔직하
게 질문할 때 대화할 때 진실한 관계를 맺을 수 있습니다.
　④ 관대하게 대하라 - 기대 없는 보상, 조건 없이 용서는 적을 아군으로
만드는 유일한 방법입니다.
　⑤ 다른 사람의 신뢰를 얻어라 - 서로의 공을 확실히 인정해줄 때, 잠깐
의 명성이 아닌 오랜 기간의 존경을 얻게 됩니다.
　⑥ 인맥을 유지하라 - 안 좋은 경험이 있는 사람과도 관계를 절단하지
마십시오. 미래의 일은 아무도 모릅니다.
　⑦ 남과 경쟁하지 말고 자신과 경쟁하라 - 남을 경쟁상대로 여길 때 미
움이 싹틉니다. 자신을 다스리고 타인과 협력하십시오.
　관계를 바꾸는 것은 분명 어려운 일입니다. 하지만 불가능한 일은 아닙
니다. 나에게 부족한 부분을 찾아서 적극적으로 적용하십시오.

♥ 주님! 모든 사람을 품을 수 있는 넓은 마음을 갖게 하소서!
🕮 되도록 관계하는 모든 사람과 화평하십시오.

자신을 노출 시킬 때

●마 5:16 이같이 너희 빛이 사람 앞에 비치게 하여 그들로 너희 착한 행실을 보고 하늘에 계신 너희 아버지께 영광을 돌리게 하라

한 목사님이 자신의 경험을 간증한 내용입니다.

"제가 한 번은 우리 교회에 어떤 부흥사를 초청한 적이 있습니다. 식당의 종업원이 메뉴를 들고 주문을 받으러 왔습니다. 저는 그 부흥사의 주문을 듣고는 깜짝 놀랐습니다.

'어이, 여기 A 코스로 가져와. 그리고 얼음물도 좀 더 가져오고.'

너무나 무례한 명령조의 말투였기에 제가 다 부끄러울 정도였습니다. 저는 속으로 제발 아까 그 종업원이 우리의 식사 기도하는 모습을 보지 않기를 바랐습니다.

그리고 다음 날, 저는 저의 친한 친구와 커피를 마시러 카페에 들렀습니다. 그런데 종업원이 실수로 친구에게 뜨거운 커피를 엎질렀습니다. 친구는 매우 놀랐지만, 곧 괜찮다며 종업원을 진정시켰고, 어떤 화도 내지 않았습니다. 지배인이 사과를 하러 왔을 때도, 종업원의 실수가 아니었고 자신은 괜찮다며 점잖게 말했습니다. 지배인은 세탁비를 물어주겠다고 했고, 친구는 그 요구는 받아들였지만 그 이상의 어떠한 요구나 안 좋은 말도 하지 않았습니다. 제가 이 일들을 통해 깨달은 것은 우리가 일상의 행동을 통해 알게 모르게 사람들에게 예수님을 전파할 수도, 또 예수님으로부터 멀어지게 할 수도 있다는 사실이었습니다."

일상에서 우리 자신을 노출시킬 때, 우리의 믿음이 어떤 단계에 있는지 알 수 있습니다. 일상의 무의식적인 행동에서도 하나님을 드러내는 신실한 그리스도인이 되십시오.

💙 주님! 삶의 작은 모습도 주님을 닮아가게 하소서!
🖼 일상의 작은 배려를 통해 주님을 전파하십시오.

전도하는 퍼스트 레이디

 ●에 4:14 이 때에 네가 만일 잠잠하여 말이 없으면 유다인은 다른 데로 말미암아 놓임과 구원을 얻으려니와 너와 네 아버지 집은 멸망하리라 네가 왕후의 자리를 얻은 것이 이 때를 위함이 아닌지 누가 알겠느냐 하니

전 파라과이 대통령 니카르노 두아트레의 부인인 마리아 글로리아 여사는 복음을 전파하기 위해서 열방을 방문하고 있습니다. 자신이 파라과이의 영부인이 된 것은 하나님의 뜻이라는 믿음이 있기 때문입니다.

가톨릭이 국교인 파라과이에서 개신교도의 비율은 4%도 되지 않습니다. 그나마 1992년도까지는 종교가 가톨릭이 아니면 대선에 출마할 수도 없었습니다. 2003년도 니카르노 대통령이 당선되었을 때 언론은 '기적이 일어났다'고 놀라움을 표현했습니다. 그렇게 영부인의 삶이 시작되면서 마리아 여사는 '왕후된 것이 이때를 위함이 아니냐'고 에스더에게 말하던 모르드개의 말을 묵상하면서, 결국 자신의 모든 것을 복음을 위해 바치기로 결심했습니다.

마리아 여사는 남편의 임기 중에는 기독교 정신을 바탕으로 소외 계층과 빈민을 위한 프로그램을 개발해서 제공했습니다. 그리고 재임 기간이 끝난 후에는 자택을 개방해 전도와 제자훈련을 꾸준히 진행했고, 기독교가 낙후된 나라들을 방문해 간증을 하며 주님을 전파하고 있습니다. 특히 한국의 새벽기도 문화와 부흥의 역사에 감동을 받아 자국에서 이를 적극적으로 전파하고 있습니다. 그 덕분인지 2003년에 4%로에 불과하던 파라과이 내의 개신교 인구는 이제는 8%를 넘을 정도로 성장했다고 합니다.

한 나라의 대통령과 영부인뿐만 아니라 그리스도인이 맡은 모든 자리는 곧 하나님의 뜻이 있는 자리입니다. 날마다 말씀을 묵상하고 주님과 친밀한 관계를 가질 때 그 뜻을 알게 됩니다. 꾸준한 경건생활로 주님과의 관계를 회복하십시오.

💜 주님! 일상의 경건생활을 통해 점점 주님께 다가가게 하소서!
🎴 말씀과 기도로 주님의 음성을 매일 들으십시오.

잘못된 논리

● 막 7:8 너희가 하나님의 계명은 버리고 사람의 전통을 지키느니라

'앞뒤가 바뀐 세상'이라는 제목의 글을 봤습니다.
'생계를 부양하기 위해 신문을 배달하는 소년,
용돈을 벌기 위해서 아르바이트를 하는 소년에게
세상 사람들은 부지런하다고 말합니다.
그러나 하나님의 일을 하기 위해, 다른 곳에 선교를 하고,
불우 이웃을 돕기 위해 일을 한다면 아이에게
과한 일을 시킨다고 지적합니다.
일이 좋아 사무실을 떠나지 않는 사람에겐
일을 사랑하는 열정적인 사람이라고 합니다.
그러나 하나님이 좋아 교회를 떠나지 않는 사람에겐
광신도라고 욕을 합니다.
사고 싶은 물건을 위해 매주 일정금액을 모으는 사람에겐
계획적이라고 말을 합니다.
그러나 하나님께 작정 헌금을 드리는 사람에겐
돈을 낭비하지 말라고 합니다.
뭔가 이상한 세상입니다. 뭔가가 분명 바뀐 세상입니다.'
하나님을 향한 믿음까지 맹목적으로 비난받는 시대입니다. 물론 사람을 위한 것과 하나님을 위한 것을 지혜롭게 잘 분별해야 합니다. 하지만 세상 사람들의 눈치와 조롱으로 인해 하나님을 섬기는 일에 소홀하지 마십시오.

💜 주님! 세상이 아닌 하나님의 도를 따라 살게 하소서!
🖼 하나님을 섬기는 일에 눈치를 보지 마십시오.

독수리의 비상

●딤전 1:12 나를 능하게 하신 그리스도 예수 우리 주께 내가 감사함은 나를 충성되이 여겨 내게 직분을 맡기심이니

보통의 새들은 하늘을 날기 위해 날갯짓을 합니다.

이 날갯짓을 통해 새들은 자신의 뜻대로 날아갈 수 있지만, 대신 바람이 너무 강하거나, 폭풍이 몰아칠 때는 날지 못합니다. 게다가 기류가 심한 높은 하늘 역시 날 수 없습니다.

그러나 독수리는 조금 다릅니다. 독수리는 본능적으로 바람의 흐름을 알 수가 있습니다. 창공을 날다가 바람의 흐름을 발견하면, 독수리는 날개를 고정시키고 바람의 흐름에 몸을 맡깁니다.

바람의 흐름에 몸을 맡길 줄 아는 능력 때문에 독수리는 폭풍우 속에서도 날 수 있고, 또 다른 새들보다 훨씬 높은 하늘을 날 수 있습니다.

독수리가 거친 바람 속에서도 높이 날 수 있는 것은, 바람을 헤칠 강한 날개를 가졌기 때문이 아니라 바람을 거스르지 않고 몸을 맡기는 능력을 가졌기 때문입니다.

하나님의 은혜와 능력에 우리를 온전히 맡길 수 있을 때, 우리는 스스로 노력하는 것보다 훨씬 놀라운 일들을 경험할 수 있습니다. 우리에게 필요한 노력은 오직 하나님의 뜻을 분별하고 은혜의 흐름을 깨닫는 것뿐입니다. 주님과 함께 함으로 높은 하늘로 비상하십시오.

💛 주님! 주님의 은혜의 흐름에 온전히 몸을 맡기게 하소서!
🪷 하나님의 뜻을 분별하고, 그 뜻에 모든 것을 맡기십시오.

파는 사람, 못 파는 사람

● 고후 10:14 우리가 너희에게 미치지 못할 자로서 스스로 지나쳐 나아간 것이 아니요 그리스도의 복음으로 너희에게까지 이른 것이라

판매를 직업으로 하는 사람들을 위한 잡지 'Purchasing' 이 있습니다.
이 잡지에서 소비자들이 물건을 사는 이유와 거부하는 이유에 대해서 조사했습니다.

● 먼저 구매자들이 물건을 구매하는 이유 3가지는 다음과 같았습니다.
① 좋은 물건을 확실히 소개하고, 물건을 팔며 약속을 잘 이행했다.
② 물건의 장점과 나에게 어떤 도움이 되는지 확실히 알려주었다.
③ 구입을 거절했는데도 부담없이 정기적으로 찾아와 관심을 표현했다.

● 반대로 물건을 거절하는 이유 3가지는 다음과 같았습니다.
① 물건을 팔기 위해 거짓말을 하고, 지키지도 못할 약속을 남발했다.
② 물건에 대한 정확한 지식이 없어서 신뢰가 가지 않았다.
③ 적합하지 않은 상황에 나를 찾아왔고, 심하게 강요를 했다.
위의 내용은 모두 물건을 판매하는 것과 관련된 사항입니다.
하지만 물건을 복음이나 전도로 바꿔서 다시 읽어보십시오. 상대방을 이해하는 마음으로 지혜롭게 복음을 전하십시오.

♥ 주님! 복음을 올바로 전할 수 있는 지혜를 주소서!
🎴 복음을 전하기 위한 확실한 준비를 하십시오.

스스로 채울 수 없는 것

● 요 7:37 명절 끝날 곧 큰 날에 예수께서 서서 외쳐 이르시되 누구든지 목마르거든 내게로 와서 마시라

영국의 한 무명 소설가가 작품의 영감을 얻기 위해서 배를 타고 여행을 떠나기로 했습니다.

출발 당일, 부두에는 많은 사람들이 나와서 송별을 하고 있었는데 소설가만은 혼자였습니다. 그 많은 인파 가운데 서서 자신만 홀로 떠난다고 생각하니 가슴 한편이 허전해졌습니다. 결국 소설가는 부두 근처에서 노는 한 아이를 불러 용돈을 주며 말했습니다.

"아저씨가 이 돈을 줄 테니 이따 배가 출발할 때 나를 향해 손을 흔들어 주지 않겠니?"

아이는 돈을 받고는 알겠다고 대답했습니다.

잠시 뒤 배가 출항하기 시작했고, 사람들은 부둣가에 서서 떠나는 사람들에게 손을 흔들어 주었습니다. 그 가운데는 소설가에게 돈을 받은 아이도 있었습니다. 소설가는 그 모습을 본 뒤 쓸쓸히 말했습니다.

"돈을 받고 손을 흔드는 아이의 손을 보니... 더욱 고독을 느끼게 되는군."

고독이란 하나님께 대한 향수입니다. 사람들은 이 고독을 없애기 위해 여러 가지 방법을 강구하지만, 하나님을 대체할 수 있는 방법은 세상 어디에도 없습니다. 하나님께 돌아옴으로 인생의 고독을 물리치십시오.

♥ 주님! 은밀한 중에 거하시는 주님을 만나게 하소서!

※ 외로운 중에, 고독가운데 주님께로 나아 오십시오.

생각의 중요성

● 시 119:59 내가 내 행위를 생각하고 주의 증거들을
향하여 내 발길을 돌이켰사오며

미국 메이저리그 프로야구팀 시카고 컵스의 켄 허브스는 '확실한 손
(Sure Hands)'이라는 별명을 가지고 있습니다.

뛰어난 수비로 유명했던 그는 '골든 글러브'를 수상했고, 87경기 무실책
이라는 대기록을 가지고 있습니다. 1962년에 세워진 이 기록은 아직도 깨
지지 않고 있습니다.

당시 한 기자는 켄을 찾아가 '틀림없는 손'이라는 별명이 마음에 드느냐
고 물었습니다. 그러자 그는 이렇게 대답했습니다.

"그 별명은 마음에 듭니다. 하지만 조금 바꿔야 될 것 같습니다. 제가 실
책을 하지 않는 이유는 손이 아닌 마음 때문입니다. 그러니 '확실한 손'이
아니라 '확실한 마음(Sure mind)'라고 해야 합니다. 실책은 손이 둔해서
생기는게 아니라 마음이 무너질 때 생깁니다."

말과 행동, 그리고 거기에서 나오는 실수들은 모두 그전의 생각에서부
터 이루어집니다. 그러므로 먼저 생각을 중요하게 여기십시오. 하나님과
이웃을 향한 확실한 사랑의 생각을 가지십시오.

💜 주님! 주 앞에서 바른 생각을 갖게 하소서!
🧎 올바른 행동에 앞서 올바른 생각을 가지십시오.

인생 10훈

 ● 잠 1:7 여호와를 경외하는 것이 지식의 근본이거늘 미련한 자는 지혜와 훈계를 멸시하느니라

  톨스토이의 마지막 저서 '살아갈 날들을 위한 공부'에 나오는 인생 10훈 입니다.
  ① 일하기 위해 시간을 내라, 그것은 성공의 대가이다.
  ② 생각하기 위해 시간을 내라, 그것은 능력의 근원이다.
  ③ 운동하기 위해 시간을 내라, 그것은 젊음을 유지하는 비결이다.
  ④ 독서하기 위해 시간을 내라. 그것은 지혜의 원천이다.
  ⑤ 친절하기 위해 시간을 내라, 그것은 행복으로 가는 길이다.
  ⑥ 꿈을 꾸기 위해 시간을 내라, 그것은 대망을 품는 일이다.
  ⑦ 사랑하고 사랑받기 위해 시간을 내라, 그것은 구원받은 자의 특권이다.
  ⑧ 주위를 살펴보는데 시간을 내라, 이기적으로 살기에는 하루가 너무 짧다.
  ⑨ 웃기 위해 시간을 내라. 그것은 영혼의 음악이다.
  ⑩ 기도하기 위해 시간을 내라, 그것은 인생의 영원한 투자이다.
  우리가 하는 일을 통해 반드시 어떤 결과가 일어납니다. 그 중에서도 가장 좋은 결과를 가져오는 일은 사랑하는 것, 그리고 하나님을 섬기는 것입니다. 사랑과 기도로 진짜 인생을 위해 투자하십시오.

💙 주님! 가장 귀한 일에 시간을 사용하게 하소서!
🧭 복음과 사랑을 나타내는 일을 중요하게 생각하십시오.

희망의 증거

● 롬 12:12 소망 중에 즐거워하며 환난 중에 참으며
기도에 항상 힘쓰며

　서진규 씨는 가난한 어부의 딸로 태어났습니다.

　어려운 집안을 꾸리기 위해 나이가 들자마자 가발공장에서 하루 종일 일을 해야 했고, 공장 일이 끝나면 식당으로 가 계속해서 일을 했습니다. 일은 너무나 고됐지만 생활은 조금도 나아질 기미가 보이지 않았기에 1971년 희망을 찾아 불현듯 미국으로 혼자 떠났습니다. 말도 통하지 않는 땅에서 약 10만원의 돈을 들고 한국에서보다 더욱 심한 고생을 했지만 그래도 이를 악물고 인생을 포기하지 않았습니다. '나는 희망의 증거가 되고 싶다'는 마음이 있었기 때문입니다.

　미국에서 힘들게 돈을 벌면서 그녀는 공부도 게을리 하지 않았습니다. 하루를 24시간이 아닌 1440분으로 쪼개서 조금도 낭비하지 않고 생활했습니다. 그렇게 우여곡절 끝에 그녀는 미국 군대에 장교로 입대하게 됐고, 우수한 성과를 거두며 표창을 받고 대령의 자리까지 올랐습니다. 그리고 군생활과 동시에 학업에도 매진해 하버드대학교에서 국제정치학 박사 학위까지 땄습니다. 그녀는 자신의 자서전을 통해 이렇게 말했습니다.

　'역경은 오히려 나를 강하게 만들었습니다. 세상에서 진정으로 불행한 사람은 큰 역경이 있는 사람이 아닌 희망이 없는 사람입니다.'

　희망은 어떤 역경도 극복할 힘을 줍니다. 극복한 역경이 클수록 크게 성장하고, 다른 이들에게 큰 감동을 줍니다. 그리스도의 소망을 품고, 험난한 세상을 극복해 나가십시오.

💜 주님! 환난 중에도 항상 기도와 소망을 품게 하소서!

🧱 어떤 어려움 중에도 주님이 주시는 소망이 있음을 기억하십시오,

자유의 외침

●고후 3:17 주는 영이시니 주의 영이 계신 곳에는 자유가 있느니라

튀니지의 민주화 운동을 사람들은 '재스민 혁명'이라고 부릅니다. 재스민은 튀니지의 국화인데 이 혁명은 한 사람이 당한 억울한 사건을 통해 일어나게 되었습니다.

튀니지의 한 소도시에 살던 상인이 하루는 공무원으로부터 부당한 대우를 당해 하던 행상을 모두 빼앗기고 심한 구타를 당했습니다. 혼자서 여덟 식구를 부양하던 그는 처참한 현실에 대한 분을 이기지 못하고 자신의 몸에 휘발유를 뿌리고 안타깝게도 분신자살을 통해 억울함을 알렸습니다.

이 한 남자의 이야기가 알려지며 튀니지 국민들을 거리로 뛰어나오게 했습니다. 그러나 그것은 단순한 분노가 아니라 그동안 모든 튀니지 국민이 갈망하던 자유를 향한 외침이기도 했습니다. 24년 동안 튀니지를 철권통치하던 벤알리 대통령도 온 국민의 분노를 이겨내지 못하고 결국 하야를 선언했습니다. 시민혁명이 성공한 튀니지는 현재 민주화 작업을 위해 온 국민이 함께 노력하고 있습니다.

우리 민족도 강점기 시절 많은 어려움을 당했습니다. 그러나 믿음의 선배들의 눈물의 기도와 하나님의 역사하심, 많은 사람들의 노력으로 민족해방이라는 귀한 순간을 맞을 수 있었습니다. 아직도 억압받는 세계의 많은 나라와 민족을 위해 기도하십시오. 그들의 육신의 자유와 영적인 해방을 놓고 함께 기도하십시오.

♡ 주님! 몸과 영의 소중한 자유가 억압당하지 않게 하소서!
🎴 튀니지에 민주주의가 잘 정착되고 복음화의 물결이 퍼지도록 기도하십시오.

더불어 사는 세상

●롬 12:5 이와 같이 우리 많은 사람이 그리스도 안에서 한 몸이 되어 서로 지체가 되었느니라

충남 태안에서 쌀가게를 하고 있는 문기석 씨는 지역에서 '봉사왕'으로 불립니다.

매일 저녁 7시에 일과가 끝나고 나서는 트럭을 끌고 동네를 돌아다니며 고철과 폐지, 재활용품들을 수거합니다. 이렇게 모은 물품은 한달에 한번씩 팔아 불우이웃을 돕는데 사용되는 데 그동안 기부한 액수만 해도 7천만 원이 넘습니다. 그러나 '폐지를 줍는 일'에 대한 편견 때문에 많은 어려움이 있었습니다. 가족들도 문 씨의 일을 창피해했고, 주변에서도 집 근처에 폐품을 모아 놓는다고 훼방을 놓았습니다. 때로는 트럭에 가득 채워 놓은 폐품을 누가 전부 가져가 버린 일도 있었습니다. 그래도 문 씨는 남을 돕겠다는 마음 하나로 꾸준히 실천을 했고 지금은 주변에서도, 가족들도 모두 문 씨를 도와 함께 봉사의 기쁨을 누립니다.

가끔 주변에서 '왜 이런 어려움을 겪으면서까지 이웃을 돕기 위해 노력하냐'고 묻기도 합니다. 그럴 때마다 문 씨는 "저도 머슴살이를 10년 넘게 하며 겨우 가게를 낼 수 있었습니다. 그렇게 될 수 있던 것도, 지금 이렇게 살 수 있는 것도 모두 남이 도와주었기 때문입니다. 더불어 살아야 즐겁고 보람도 있다고 생각합니다. 그게 무리를 해서라도 남을 돕는 이유입니다."라고 대답했습니다.

세상은 혼자서 살 수 없습니다. 주님도 우리가 하나 된 형제자매라고 말씀하셨습니다. '나 혼자'가 아닌 '우리 모두'라는 생각으로 생각의 시야를 넓히십시오.

🤍 주님! 모든 사람이 주님안의 한 지체이고 한 피조물임을 알게 하소서!
🧖 조건없는 봉사와 사랑의 실천을 위해 노력하십시오.

양심의 헌책방

● 잠 15:21 무지한 자는 미련한 것을 즐겨 하여도 명철한 자는 그 길을 바르게 하느니라

경남 창원의 석진국 씨는 집현전이라는 헌책방을 운영하고 있습니다.

사람들이 헌책을 가져오면 값을 쳐주고, 그 값에 30%를 더 받아 판매하는 방식의 헌책방입니다.

그런데 석 씨는 헌책방을 하기 전 변호사 일을 했었습니다. 건국대 법학과를 졸업한 뒤 27회 사법시험에 합격해 모든 사람이 꿈꾸는 변호사가 되었습니다. 그러나 나쁜 관행을 싫어하는 석 씨의 성격과 타협조차 하지 않는 강직한 성격 때문에 변호사 일에 많은 문제가 생겼습니다. 당시 사건을 선임받기 위해서는 전임 경찰서 임원 출신들에게 소개료 명목으로 돈을 주어야 했는데, 석 씨는 양심상 그 일을 할 수가 없었습니다. 결국 '소개료 없애기' 운동까지 벌이며 깨끗하게 변호사 일을 하려고 했지만, 양심을 지키는 석씨에게는 아무런 사건도 들어오지 않았습니다.

결국 사무실 문을 닫고는 이제 자신이 하고 싶은 일을 하며 정직한 돈을 벌겠다고 시작한 것이 헌책방 일이었습니다. 변호사라는 누구나 원하고 바라는 직업을 내려놓았지만 오히려 마음 편히 자신의 일을 할 수 있는 지금이 더욱 행복하다고 석 씨는 말했습니다.

남들의 인정을 받는 것보다 스스로 만족하는 것이 행복한 인생입니다. 또 자신보다 하나님을 더욱 생각하는 것이 진정한 그리스도인입니다. 언제나 하나님을 기준으로 인생의 갈림길에서 선택을 내리십시오.

♡ 주님! 주님이 보시기에 바른 길을 선택하게 하소서!

🖼 하나님 앞에 깨끗한 인생이 성공한 인생임을 기억하십시오.

영혼을 죽이는 고함

● 잠 18:4 명철한 사람의 입의 말은 깊은 물과 같고 지혜의 샘은 솟구쳐 흐르는 내와 같으니라

　두 명의 신사가 한 카페에서 차를 마시며 담소를 나누고 있었습니다.

　대화를 나누던 중에 한 신사가 어떤 원주민들에 대한 이야기를 했습니다.

　"내가 최근에 들은 얘기로는 솔로몬 군도의 어떤 원주민들은 아주 독특한 방식으로 나무를 벤다고 하더군. 그 섬에는 나무들이 아주 커서, 때로는 어떤 도끼만으로 베기 힘든 나무가 있다네. 원주민들은 이런 나무들을 잘 기억해 두었다가 새벽마다 나무를 찾아와 둘러싼 뒤에 크게 고함을 지른다더군. 그렇게 한 달이 지나면 나무의 영혼이 죽기 때문에 저절로 쓰러진다는데 이게 도대체 말이나 되는 소린가?"

　이야기를 잘 듣고 있던 다른 신사는 마시던 차를 잠시 내려놓으며 대답했습니다.

　"그래? 나무는 어떨지 모르지만 사람한테는 확실히 효과가 있을 것 같구면."

　불친절과 무례한 반응은 사람의 마음에 상처를 줍니다. 말의 내용 뿐 아니라, 어조와 어투까지도 상대방에게 상처를 주지 않게 하기 위해 조심하십시오.

♡ 주님! 말을 통해 상대의 마음을 망가뜨리지 않게 하소서!

험한 말과 고성은 되도록 쓰지 마십시오.

벼락 맞을 확률

●딤후 4:5 그러나 너는 모든 일에 신중하여 고난을 받으며 전도자의 일을 하며 네 직무를 다하라

로또 복권의 인기가 아직도 시들지 않고 있습니다.

많이 팔릴수록 당첨금이 높아지는 방식의 복권인 로또는 초창기에는 매주 당첨금이 200억 원이 넘어갈 정도로 엄청난 인기를 끌었습니다. 물론 지금은 그 정도의 열풍은 아니지만 그래도 지금도 꾸준히 10억 이상의 큰돈이 당첨금으로 책정되고 있습니다. 이를 수치로 계산해보면 약 3백만 명 정도가 꾸준히 로또를 사고 있다는 계산이 나옵니다.

그럼 45개의 숫자 중 6개의 숫자를 맞춰야 하는 로또의 당첨확률은 얼마나 될까요? 로또를 한 장만 살 경우 당첨될 확률은 약 800만 분의 1정도입니다. 이 확률은 벼락을 맞고 운 좋게 살아난 사람이 다시 벼락을 맞을 확률보다도 높다고 합니다. 살면서 이런 일을 경험하긴 불가능에 가깝지만 사람들은 일확천금을 바라고 비록 희미한 희망이지만 복권을 구입합니다. 그런데 이상한 것은 돈이 걸린 일에는 희박한 확률에도 복권을 사고 도전을 하지만, 전도에는 오히려 정 반대의 태도를 보인다는 점입니다.

전도하라고 권유를 받으면 '이미 다른 종교를 믿고 있고, 기독교를 싫어한다'는 평계를 대며 전해도 소용이 없다고 얘기합니다. 그러나 복권에 당첨될 확률과 꾸준히 노력해 전도에 성공할 확률 중 어느 것이 높겠습니까?

영혼의 구원은 복권과는 비교할 수 없을 정도로 중요한 일입니다. 전도를 하지 않아도 될 어떤 이유도 없음을 기억하십시오.

♥ 주님! 전도가 정말로 중요한 책무임을 잊지 않게 하소서!
▨ 성공 가능성은 하나님께 맡기고 즐겁게 전도하십시오.

꾸며진 동정

● 마 23:23 너희가 박하와 회향과 근채의 십일조는 드리되 율법의 더 중한 바 정의와 긍휼과 믿음은 버렸도다 그러나 이것도 행하고 저것도 버리지 말아야 할지니라

러시아의 한 귀부인이 유명한 오페라를 보기 위해 극장을 찾았습니다.

극 중에는 주인공이 가난한 집안에서 태어나 온갖 고생을 하는 장면이 나왔는데, 귀부인은 그 장면을 보다가 그만 울음을 터트렸습니다.

사람들은 그 귀부인을 보며, '동정심이 많고, 순수한 마음을 지닌' 사람이라고 생각했습니다. 그러나 귀부인이 안에서 오페라를 보고 있는 그 시간, 극장 밖에서는 귀부인을 태우고 온 마부가 추위에 떨고 있었습니다. 조그만 배려를 해줬다면, 극장 안에서 몸을 녹이며 기다릴 수도 있었겠지만, 부인은 마부에게 그냥 길 위에서 기다릴 것을 명령했습니다.

심리학자 윌리엄 제임스는 이 이야기를 두고 인간의 '연극적인 감수성'이 잘 나타나 있다고 말했습니다.

연극적 감수성이란 먼 아프리카나, 연극이나 드라마같은 허구의 대상에게는 깊은 동정심의 마음을 가지면서 정작 자신의 주변 사람들에게는 냉담한 사람들을 평하는 말입니다.

떨어져 있는 사람들과, 미래를 위해 준비하는 것도 좋지만, 주변 사람들에게 당장 신경을 쓰는 것이 정말로 필요한 일입니다. 멀리 일어나는 참혹한 일들에 비해서 주위 일들은 소홀히 생각하지 않는지 반성해 보십시오.

♡ 주님! 깨달음이 행함으로 이어지게 인도하소서!

🖼 손이 닿는 거리의 사람들부터 신경을 쓰십시오.

칠면조 세대

● 갈 5:26 헛된 영광을 구하여 서로 노엽게 하거나 서로 투기하지 말지니라

　한 유명한 설교가가 지금 우리가 사는 시대를 '칠면조의 시대'라고 표현했습니다.

　칠면조에게는 서로를 다치게 하는 이상한 습성이 있습니다. 평소에는 별 문제없이 잘 지내다가도 우연히 한 마리가 다치게 되면 갑자기 다른 무리들이 달려들어 상처를 쪼아댑니다. 아무리 작은 상처라도 예외가 없습니다. 결국 공격받은 칠면조가 피가 나고 쓰러진 뒤에야 돌아섭니다. 그러나 그 과정에서 죽는 칠면조도 나옵니다. 상대방의 조그만 실수도 용납하지 않고 달려들어 망신을 주는 오늘 날을 비판한 것입니다.

　또 어떤 설교가는 "죄를 짓고, 남에게 상처를 주는 사람들은 비난받고 처벌해야 될 존재가 아니라 오히려 도움 받고 사랑받아야 될 존재이다"라고 이야기했습니다. 범죄는 도움을 요청하는 잘못된 방법이기 때문입니다. 그러나 우리는 잘못된 방법으로 더욱 악한 사람을 악하게 만들고, 도움이 필요한 사람들을 더 비참하게 만들고 있다고 말했습니다.

　감싸고 포용해야 할 존재들에게 더욱 냉담하고 차갑게 대하는 것이 요즘의 현실입니다. 남의 상처를 공격하고 비난하는 것은 사랑의 모습이 아닙니다. 인터넷에 악플을 다는 것은 칠면조와 같은 행동입니다. 어떤 상처라도 감싸주고, 상대를 위해 기도해주는 사람이 되십시오.

♥ 주님! 연약한 형제를 위해 기도로 중보할 수 있는 마음을 갖게 하소서!

▦ 성도간의 쓸데없는 분쟁을 피하고 서로 감싸주십시오.

어떤 감사

● 골 3:17 또 무엇을 하든지 말에나 일에나 다 주 예수의 이름으로 하고 그를 힘입어 하나님 아버지께 감사하라

영국의 한 시인이 지은 시입니다.
'어떤 사람은 가는 길에 조그만 장애물만 있어도
사람을 원망하고 하나님을 원망한다.
또 어떤 사람은 어두운 길에 한 줄기 빛만 비춰도
하나님께 감사하고, 기도한다.
좋은 집과 좋은 음식을 먹으면서도
인생이 괴롭고 기쁜 일은 하나도 없다고 말하는 사람도 있고,
비좁은 집과 겨우 끼니를 해결하면서도
하나님의 은혜에 진심으로 감사하는 사람이 있다.'
불평은 아무리 좋은 상황에서도 할 수 있는 쉬운 일입니다.
불평대신 조그만한 것에도 감사하십시오.
스펄전은 "하나님은 우리가 반딧불에 감사하면, 우리에게 촛불을.
촛불에 감사하면 전깃불을, 전깃불에 감사하면 아침의 태양 빛을 주신다"고 했습니다.
감사는 불평보다 어렵지만 역시 아무리 나쁜 상황에서도 할 수 있는 일입니다. 감사는 주어진 환경이 아닌 우리 마음가짐에 달려 있습니다. 감사에 필요한 주변 환경보다 감사를 할 수 있는 마음을 만드십시오.

💙 주님! 환경과 조건의 영향을 받지 않고 항상 감사하게 하소서!
🖼 매일 자기 전에 오늘 일어난 일들에 대한 감사 기도를 드리십시오.

고난의 좋은 소식

●벧전 4:16 만일 그리스도인으로 고난을 받으면 부끄러워 말고 도리어 그 이름으로 하나님께 영광을 돌리라

C. S. 루이스는 '고통의 이유'라는 책에서 이렇게 말했습니다.

"화가가 그림을 고치기 위해서 캔버스를 긁고 색을 덧칠할 때, 분명 캔버스는 고통스러울 것입니다. 그러나 화가는 절대로 캔버스를 찢지 않습니다. 그가 캔버스를 긁는 이유는 더 나은 작품을 만들기 위해서이기 때문입니다."

화단의 꽃을 오래 키우기 위해선 정기적으로 관리를 해줘야 합니다.

그 중에서도 가장 중요한 것을 꽃의 줄기를 잘라내는 일입니다.

병든 꽃은 줄기의 일부분이 시들시들해지는데 그 부위를 대각선으로 잘라주고 불로 태워주면 꽃이 물을 더 많이 흡수하게 되고 추가로 썩는 부위가 생기는 것도 막아줍니다. 그러나 꽃을 생각해 병든 부분을 잘라내지 않고, 망설이거나 너무 늦은 때에 손을 대면 아무리 좋은 약을 주고, 세심하게 관리해도 꽃을 살릴 수 없게 됩니다.

하나님이 우리에게 고난을 주시는 이유는 그것이 필요한 것이기 때문입니다. 주님 안에서 흔들리지 않을 때 우리는 지나간 고난들이 우리에게 필요한 것이었음을 알게 됩니다. 역경에도 믿음을 갖고 흔들리지 마십시오.

♥ 주님! 언제나 흔들리지 않는 굳건한 믿음을 주소서!

🐾 고난이 생기는 이유를 이해하고, 주님만을 더욱 의지하십시오.

탐스러운 열매

● 히 10:39 우리는 뒤로 물러가 멸망할 자가 아니요
오직 영혼을 구원함에 이르는 믿음을 가진 자니라

서인도 지역은 목재 수출로 유명한 지방입니다.

고무, 커피, 건축 자재용을 비롯한 다양한 쓰임새의 유용한 나무들이 수출되고 있습니다.

이런 나무들 가운데 만차닐이라는 아름다운 나무가 있습니다.

이 나무의 외형은 매우 아름답고, 사과와 비슷한 열매를 맺습니다. 향기도 좋고 빛깔도 고와서 처음 보는 사람도 아무런 의심 없이 나무에 다가가고 열매를 만집니다. 그러나 화려한 겉모습과는 달리 만차닐 나무에는 강한 독이 있습니다. 열매를 만지기만 해도 독이 오르고, 즙이 피부에 닿으면 물집과 통증이 생깁니다. 행여 열매를 먹기라도 하면 죽게 됩니다. 고대의 원주민들은 적과 싸우기 위해서 독화살을 만들 때 이 열매의 즙을 화살촉에 발랐다고 합니다.

외형이 아름답다고 속까지 아름다운 것은 아닙니다.

세상의 쾌락을 쫓아 사는 사람들은 인간의 본성대로 사는 것이 바르게 사는 것이라고 우리를 현혹합니다. 그러나 그런 즐거움들이 우리의 영혼을 좀먹게 합니다.

하나님은 우리가 그런 상황을 이겨내고 벗어날 수 있는 양심과 지적능력을 주셨습니다. 그럴듯한 유혹의 말에 넘어가지 말고, 육체보다도 영혼에 좋은 일을 하십시오.

♥ 주님! 그 무엇보다 영혼을 더욱 지키고 가꾸게 하소서!

🌀 육체의 쾌락을 따라 살지 말고 영혼의 만족을 위해 사십시오.

희망의 아침

●롬 15:13 소망의 하나님이 모든 기쁨과 평강을 믿음 안에서 너희에게 충만하게 하사 성령의 능력으로 소망이 넘치게 하시기를 원하노라

루즈벨트 대통령이 재임하던 1930년대 초, 미국은 심각한 경제위기에 봉착해 있었습니다.

실업률은 사상 최고치를 경신했고, 물가까지 올라 미국 전역은 경제적인 공황상태에 빠져 있던 때였습니다. 그 시절 미국의 한 지역에서 취직에 연이어 실패한 한 노동자가 의기소침한 모습으로 귀가하고 있었습니다. 그런데 집에 가는 길에 위치한 교회에서는 기쁨의 찬송이 울려 퍼지는 것을 들었습니다. 기쁜 일이라고는 아무것도 없는데 어째서 이런 노래를 할 수 있는지 궁금했던 노동자는 교회로 들어와 예배가 끝나기를 기다린 후 목사님과 성도들에게 물었습니다.

"이렇게 심한 대공황에 무엇이 기뻐서 그렇게 노래하십니까? 전 몇 달째 일을 하지 못하고 있습니다. 당장 내일부터 밥을 굶을지도 모르는 상황인데 여러분은 무엇이 그렇게 즐겁습니까?"

그 말을 들은 목사님과 성도들은 얼굴에 밝은 빛을 띠며 대답했습니다.

"우리도 형제의 상황과 마찬가지로 어려운 처지입니다. 그러나 우리에겐 예수님이 함께 계신다는 희망이 있습니다. 그 희망이 우리를 기쁘게 노래하게 만듭니다."

신앙인은 고난 속에서도 희망을 바라볼 수 있습니다. 그리고 하나님은 우리의 고난을 희망으로 바꿔주실 능력이 있습니다. 어떤 상황에서도 주님을 기뻐하고 희망을 노래하는 것이 우리가 할 수 있는 가장 귀한 일입니다.

♥ 주님! 어려운 중에도 주님을 소망하게 하소서!

▨ 어려운 이웃에게 희망을 가질 수 있는 말을 하십시오.

선한 동기

● 갈 5:5 우리가 성령으로 믿음을 따라 의의 소망을 기다리노니

'백화점 왕' 워너메이커는 철저한 헌금 생활과 주일 성수로 그리스도인들에게 잘 알려진 사람입니다.

그러나 그가 어째서 '백화점 왕'이 되려고 했는지에 대한 동기에 대해서는 잘 알려져 있지 않습니다. 소년 시절의 워너메이커는 어머니 선물용으로 브로치를 하나 상점에서 구입했습니다. 그런데 집에 오다가 갑자기 브로치가 마음에 들지 않아 다시 상점으로 돌아가 교환을 요구했습니다. 그러나 이미 판 물건을 바꿀 수 없다며 거절을 당했고, 오히려 추가로 하나를 더 구입하라며 점원이 뻔뻔하게 굴었습니다. 불쾌한 경험을 한 워너메이커는 집으로 돌아가며 생각했습니다.

'손님의 정당한 요구라면 들어주는 것이 당연한 것 아닌가? 이 다음에 반드시 좋은 물건을 손님들에게 친절하게 판매하는 커다란 상점을 세우고 말리라'

이때의 꿈이 워너메이커가 백화점을 열고자 노력하게 된 동기였고, 결국 1896년 17층 규모의 백화점을 미국의 필라델피아의 개점함으로 그는 꿈을 이루었습니다.

믿음이 있는 사람들은 안 좋은 경험과 감정들도 선한 방향으로 바꿀 수 있어야 합니다. 복수와 분노의 감정을 버리고, 더 선한 일을 도모하는 거룩한 동기로 삼으십시오.

💜 주님! 부정적인 감정들까지도 선한 목적으로 사용하게 하소서!
🖼 더 큰 선을 향한 선한 동기를 품으십시오.

작은 노력이 쌓은 신뢰

● 잠 13:3 입을 지키는 자는 자기의 생명을 보전하나 입술을 크게 벌리는 자에게는 멸망이 오느니라

다른 사람의 제안을 잘 거절 못하는 짐이라는 남자가 있었습니다.

짐은 상대방의 기분이 언짢아 질까봐 들어주기 힘든 부탁이라 할지라도 일단 거절을 하지 못하고, 알겠다고 대답을 했습니다. 그러나 처음부터 무리였거나, 다른 약속과 많이 겹칠 때가 많아서 결국 어쩔 수 없이 대부분의 약속을 취소해야 했습니다. 그는 주위 사람들로부터 점점 '믿을 수 없는 사람'으로 알려지기 시작했습니다. 짐은 전문가를 찾아가 도움을 요청했고, 그는 두 가지 처방을 내렸습니다.

첫째, 절대로 지킬 수 있는 약속만 할 것.

둘째, 한번 한 약속은 반드시 지킬 것.

이후 짐은 전문가의 조언을 반드시 지켰습니다. 누군가 이미 약속을 했다면 다른 사람이 아무리 요구해도 딱 잘라 거절했습니다.

"미안하지만 이미 그 시간엔 약속이 되어 있소.", "그 일은 내가 도와주기엔 좀 무리요, 미안합니다."

상대방이 통사정을 할 때는 마음이 매우 힘들었지만 그래도 조언을 지켰습니다. 이렇게 6개월이 지나자 짐은 주변에서 '믿을 수 있는 사람'으로 다시 알려지게 되었습니다. 중요한 것은 그에게 약속을 거절당한 사람도 그를 믿을 수 있는 사람으로 생각하게 되었다는 점입니다. 비록 자신의 제안은 거절당했지만, 다른 약속을 지키기 위한 거절임을 알게 되었기 때문입니다. 신뢰는 사소한 약속으로 쌓게 되는 것입니다. 한번 한 약속이라면 그것보다 더 좋은 기회나 조건이 와도 반드시 지켜야 합니다. 반드시 믿을 수 있는 말을 하는 사람이 되십시오.

💛 주님! 작은 약속부터 확실히 지키는 사람이 되게 하소서!

🧩 하나님에게나 사람에게나 한번 한 약속은 반드시 지키십시오.

신앙 명가의 비결

●잠 13:22 선인은 그 산업을 자자손손에게 끼쳐도 죄인의 재물은 의인을 위하여 쌓이느니라

구세군 음암교회의 정재봉 정교의 가정은 6대째 내려오고 있는 신앙의 명가입니다.

정교는 기독교의 장로와 비슷한 직책입니다. 정재봉 정교의 집안은 60년 전부터 시작된 믿음의 줄기가 6대째 끊이지 않고 내려오고 있습니다. 60년 전에도 농사를 지었던 집안은 지금도 농사를 가업으로 잇고 있습니다. 넉넉지 않은 살림에 자녀도 많았지만 지금까지 한 명도 엇나가거나 심하게 속을 썩인 경우가 없이 모두 믿음 안에서 바르게 자랐습니다.

신앙 명문가의 비결을 묻는 질문에는 정 정교의 할아버지가 남긴 '아무리 없어도 잘 먹어라'는 가훈을 비결로 대답했습니다. 비록 육의 양식은 넉넉하지 않지만 하나님의 말씀인 영의 양식을 잘 먹으라는 뜻입니다.

6대째 내려오면서 대가족을 이루게 되었지만 크게 출세한 사람은 아무도 없습니다. 그러나 모두 하나님을 향한 신실한 믿음을 갖고, 하나님의 영광을 위해 살고 있습니다. '출세하는 삶이 아닌, 하나님의 영광을 위해 사는 삶이 승리하는 삶'이라는 것이 가족 모두의 생각입니다. 이런 아름다운 모습이 널리 알려지면서 한국 기독교 가정생활 협회가 개최한 제 10회 가정평화상을 수상하기도 했습니다.

세상에서 성공하고 많은 유명인을 배출하는 것보다 주님을 더욱 예배하는 삶을 가르치고 서로를 더욱 사랑하는 것이 진정한 믿음의 명문가 임을 기억 하십시오.

♡ 주님! 무엇보다도 믿음의 유업이 대대로 이어지게 하소서!
🧩 믿음으로 승리하는 가정을 꾸려 나가십시오.

주님의 사랑으로

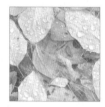

●시 119:157 나를 핍박하는 자들과 나의 대적들이 많으나 나는 주의 증거들에서 떠나지 아니하였나이다

13세기 스페인의 귀족이었던 라몬은 대학 교수인 자신의 직업을 버리고 홀연히 무슬림들에게 복음을 전하기 위해서 아랍 땅으로 떠났습니다.

13세기 때 역시, 지금과 마찬가지로 아랍 땅에서 복음을 전하는 것은 어려운 일이었습니다. 라몬은 2번이나 아랍 땅에서 추방을 당하면서도 다시 아랍을 향해 떠났고, 감옥에 1년 반 동안 갇혀 있기도 했습니다. 감옥에서 나온 뒤 이제는 아랍 땅에 들어가기조차 어려운 상황이 되었지만 라몬은 끝까지 포기하지 않았습니다. 결국 노인이 되어 다시 한번 아랍 땅에 들어갔지만 그는 무슬림들에게 배교를 선동한 죄로 돌에 맞아 죽었습니다. 라몬은 '사랑하지 않는 사람, 그리스도를 믿지 않는 사람은 이미 죽은 사람이다. 그리스도를 믿는 사람들은 죽어도 죽지 않는다'는 말을 마지막으로 남겼습니다.

네덜란드에서 종교 탄압이 있었던 시절 겔린이라는 사람은 신앙생활을 한다는 이유로 사형을 선고 받았습니다. 재판관은 그에게 신앙을 버리면 자유를 주겠다고 했지만, 그는 차라리 죽겠다고 대답했습니다. 재판관이 "가족을 버려두고 혼자 죽음을 택하다니, 그대는 가족도 사랑하지 않는단 말인가?"고 묻자 겔린은 "가족을 위해서라면 나의 모든 것을 포기할 수 있습니다. 그러나 그리스도만큼은 안 됩니다. 이것만은 안 됩니다."라고 대답했습니다.

사랑은 희생을 두려워하지 않습니다. 하나님의 마음을 아는 사람들은 주님을 위해, 다른 사람들을 위해 기꺼이 희생합니다. 주님의 사랑을 마음에 품으십시오.

💛 주님! 모든 장애물을 극복할 수 있는 주님의 사랑으로 나를 이끄소서!

🖼 문제의 해결이 아닌 오직 주님의 사랑에 거하는 데 집중하십시오.

사회생활의 고민과 나눔

● 고전 12:26 만일 한 지체가 고통을 받으면 모든 지체가 함께 고통을 받고 한 지체가 영광을 얻으면 모든 지체가 함께 즐거워하느니라

크리스천 직장인들이 사회생활에서 받는 스트레스에 대해서 조사한 한 논문의 결과입니다. 전국의 천명이 넘는 크리스천 직장인들은 자신들이 사회생활에서 겪는 고민과 갈등 해결방법에 대해서 응답했습니다.

● 직장에서 겪는 갈등과 고민은?
①대인관계(20.1%), ②업무 스트레스, 접대문화(17.5%), ③건강(16.2%)
● 갈등과 고민의 신앙적 해결방법은?
①예배, 설교(31.6%), ②기도(31.4%), ③신앙 친구와 교회 소그룹과의 만남(13.6%)
● 직장 내 갈등과 고민의 상담자는?
①직장동료(34.1%), ②가족(28.0%), ③목회자(14.4%)

그 외에 신우회의 참가여부에 대해서는 80%가 참가하고 있지 않다고 응답했고, 70%가 전도해본 경험이 있다고 대답했습니다. 전도를 하지 못하는 가장 큰 이유는 '두려움 때문에(28%)'이었습니다. 크리스천들의 사회생활은 결코 쉬운 일이 아닙니다. 그래서 직장 내에서도 믿는 성도들과의 교제와 연합이 더욱 중요합니다.

믿는 사람과는 더욱 연합하고, 믿지 않는 사람에게는 전도를 하는 지혜가 필요합니다. 자신의 일을 철저히 함으로 능력을 인정받고 믿지 않는 사람과도 잘 어울릴 줄 아는 노력으로 하나님이 바라시는 사회생활을 해나가십시오.

♡ 주님! 세상 속에서의 문제를 하나님의 방식으로 해결하게 하소서!
🧩 직장생활 속에서도 하나님이 함께 하심을 잊지 마십시오.

남을 도울 수 있는 사람

● 빌 4:3 또 참으로 나와 멍에를 같이한 네게 구하노니 복음에 나와 함께 힘쓰던 저 여인들을 돕고 또한 글레멘드와 그 외에 나의 동역자들을 도우라 그 이름들이 생명책에 있느니라

로빈 샤르마라는 작가가 쓴 '내가 죽을 때 누가 울어줄까'라는 책에 나오는 글입니다.

"남에게 부탁을 하는 사람은
5분 동안 바보가 될 수도 있습니다.
그러나 부탁하지 않음으로
평생 동안 바보가 될 수도 있습니다.
자신이 원하는 것을 남에게 부탁하는 사람에게는
최소한 그가 원하는 것을 얻을 수 있는 기회가 주어집니다.
그러나 부탁하지 않는 사람에게는 기회조차 주어지지 않습니다."

남에게 도움을 요청할 수 있는 사람이 도움을 줄 수도 있습니다.
남의 도움이 꼭 필요한 상황이라면 거절을 두려워하지 말고 일단 부탁하십시오. 진심으로 돕고 도우면서 합력하여 선을 이루십시오.
이는 하나님께 기도하는 생활과도 의미가 통합니다.
구하지 않고 얻으려고 하는 것은 현명한 생각이 아닙니다.
무엇이든 구하면 응답하시는 하나님께 필요를 구하십시오.

♥ 주님! 선을 행하는 일이라면 담대히 도움을 요청하게 하소서!
🖼 도움을 받는 것과 주는 것에 인색하지 마십시오.

9월

하나님이여
사슴이 시냇물을 찾기에 갈급함 같이
내 영혼이 주를 찾기에
갈급하니이다

시 42:1

종교 위의 예수님

●갈 1:7 다른 복음은 없나니 다만 어떤 사람들이 너희를 교란하여 그리스도의 복음을 변하게 하려 함이라

어떤 청년을 전도하고 있는 목사님이 계셨습니다.

청년은 자신이 그동안 많은 종교를 연구해보았지만, 참된 종교를 찾지 못했다고 말했습니다.

"목사님, 저는 지난 5년 동안 거의 모든 종교에 대해서 공부하고 또 연구해보았습니다. 그러나 완벽한 종교는 없었습니다. 교리와 형식은 모두 구시대의 산물일 뿐이었고 종교를 믿는 사람이 모두 행복해보이지도 않았습니다. 어떤 이들은 오히려 종교를 가지지 않는 것이 행복해보일 정도였습니다. 그것이 제가 종교를 가질 수 없는 이유입니다."

청년의 말을 들은 목사님은 전혀 의외의 대답을 했습니다.

"네, 사실 저도 당신과 같은 과거를 가졌습니다. 저는 15년간 종교를 연구했는데, 결국 모두 포기하기로 결정했습니다."

청년은 놀라 말했습니다.

"뭐라고요? 그럼 저한테 지금까지 하신 말씀은 뭡니까?"

"저는 종교가 아닌 예수 그리스도를 믿습니다. 나를 만족시켜주는 것은 교리와 형식에 매인 종교보다는 그리스도의 말씀과 사랑, 그 뿐이었습니다. 저는 형제님에게 종교가 아닌 예수님을 전해드리고 싶습니다."

기독교의 본질은 예수님 그 자체입니다. 우리는 기독교라는 종교가 아닌 예수님을 믿어야 합니다. 마음속에 주님을 영접함으로 주님과 함께 살아가는 기쁨을 누리십시오.

♡ 주님! 오직 예수님, 주님 한분만 믿고 따르게 하소서!
🐾 진실로 예수님을 믿고 따르는 신앙을 품으십시오.

웃음 요법

● 딤전 6:18 선을 행하고 선한 사업을 많이 하고 나누 어주기를 좋아하며 너그러운 자가 되게 하라

"유명한 사람들이 자신이 불우하다고 생각하는 아이들과 함께 시간을 보내주는 것도 기부입니다.

아이들에게 자랑할 거리가 생기기 때문입니다. 자랑할 거리가 생긴 아이들은 이 다음에 자라서 또 그 기억했던 기억을 가지고 봉사를 실천하게 됩니다. 전 이런 현상을 행복의 물결이라고 부릅니다."

1991년 암스테르담에서 열린 유니세프 주최 세계 동요대회에서 자선 활동으로 유명한 영화배우 오드리 햅번이 코미디언 김종석 씨에게 해준 말입니다. EBS 딩동댕 유치원에서 어린이들의 큰 사랑을 받고 있던 김종석 씨는 자신의 재능을 그대로 어린이들을 위해 선물하기 위해 웃음 요법(laugh therapy)이라는 것을 개발했습니다. 소아병동을 찾아가 웃음을 선물하는 김 씨는 자신의 공연 때만 웃고 마는 것이 아니라 지속적으로 아이들이 서로에게 웃음을 줄 수 있는 환경을 위해 노력합니다. 그러기 위해 배운 마술만 200가지가 넘고 구입한 의상과 소품 구입비용만 해도 몇억 원이 된다고 합니다. 김 씨는 자신이 좋아하는 아이들을 위해 자신의 재능을 기부할 수 있어서 정말로 행복하다고 고백했습니다. 그리고 반드시 모든 아이들을 마음껏 뛰어놀 수 있는 큰 운동장과 상담실이 딸린 상담소를 열고 싶다고 말했습니다.

돈을 나누는 것만이 기부가 아닙니다. 주님께 받은 모든 것들을 주위 사람들에게 나눌 때 세상은 더욱 살기 좋은 곳이 됩니다. 받은 것에 감사하며 또 기쁘게 나눌 줄 아는 사람이 되십시오.

💟 주님! 가진 것을 지혜롭게 나누는 그리스도인이 되게 하소서!

🎲 물질 뿐 아니라 재능도 필요한 이들에게 나누어주십시오.

새로운 도전

● 창 12:1 여호와께서 아브람에게 이르시되 너는 너의 고향과 친척과 아버지의 집을 떠나 내가 네게 보여 줄 땅으로 가라

나성애 씨는 10년이 넘게 호텔의 청소부로 일을 했습니다.

생계를 유지하기 위해 어쩔 수 없이 하던 일이었기에 나 씨는 청소부 일을 매우 부끄러워했습니다. 나 씨는 자신의 직업이 청소부라는 사실을 철저히 주변 사람들에게 감췄고, 행여 자녀들 역시 그 사실을 부끄러워할까봐 두려워했습니다.

그런데 하루는 딸이 '언제든 열심히 일하는 엄마가 정말로 자랑스러워요'라는 쪽지를 남겨둔 것을 보게 되었습니다. 그 쪽지를 통해 큰 힘을 얻은 나 씨는 용기를 내어 더 새로운 도전을 하기 시작했습니다. 청소부 일을 하면서 공부를 병행해 방송통신대학을 졸업했고, 이후 경기대에 진학해 대학원까지 마쳤습니다. 물론 청소부 일을 하며 학업과 가사 일까지 병행하는 것은 쉽지 않았습니다. 그러나 그럴 때마다 딸의 격려가 정말로 큰 힘이 되었습니다.

결국 나 씨는 석사과정까지 마칠 수가 있었고, 그간의 경력과 공부한 학위를 인정받아 강원도에 있는 혜전 대학에서 서비스에 대한 강의를 하는 교수로 임용되었습니다. 사랑하는 딸의 한마디 격려가 나 씨의 새로운 도전을 가능하게 만들었습니다.

아무리 자신이 보기에 초라한 일이라 하더라도 그 자리에서 최선을 다하고, 열심을 낼 때 새로운 길이 열리게 됩니다. 스스로 최선을 다하는 사람에게 주님은 생각지도 못한 새로운 길을 열어주십니다. 두려워 말고 새로운 도전을 시작하십시오.

♡ 주님! 세상의 길이 아닌 하나님의 길을 따라가게 하소서!

🖼 주님의 뜻이라면 어떤 일이라도 새로 시작하는 담대한 믿음을 가지십시오.

숭고한 사랑

● 롬 5:8 우리가 아직 죄인 되었을 때에 그리스도께서
  우리를 위하여 죽으심으로 하나님께서 우리에 대한
  자기의 사랑을 확증하셨느니라

미국 애리조나에 사는 도르완 스토다드 씨 부부는 아침을 먹기 위해 인근의 쇼핑센터에 들렀습니다.

식사를 마친 뒤 나오고 있는데 센터에서는 가브리엘 기퍼즈 하원의원이 유세를 하고 있었습니다. 평소 가브리엘 의원을 지지하던 부부는 그를 응원하기 위해서 유세장으로 가고 있었는데 갑자기 어디서 큰 폭발음이 들리기 시작했습니다.

처음엔 도르완 씨는 유세를 위해 폭죽을 터트리는 것인줄 알았습니다.

그러나 곧 누군가 총을 쏘고 있다는 것을 알게 되자 마자 아내 매버넬 씨를 눕힌 뒤 자신의 몸을 덮어 보호했습니다. 그로부터 몇 분 동안 가브리엘 의원을 죽이기 위해 한 남자가 총기를 난사했지만, 매버넬 씨는 다리에만 가벼운 총상을 입고 생명에는 아무런 지장이 없었습니다. 그러나 그녀를 감싸서 보호했던 도르완 씨는 머리에 총을 맞고 그 자리에서 숨을 거뒀습니다.

일흔 여섯의 나이에도 용감하게 아내를 위해 용기를 냈던 도르완 씨의 이야기는 곧 방송을 통해 많은 사람들에게 알려졌고, 부부가 다니던 교회의 마이클 노와 목사님은 '도르완 씨의 행동은 아내를 진정으로 사랑하는 남편들만이 할 수 있는 일'이라며 도르완 씨를 추모했습니다.

아내의 안전을 위해 목숨을 바쳐야만 했던 것처럼 하나님도 예수님을 이 땅에 보내셨습니다. 우리를 죄와 심판에서 구원하기 위해 희생하신 예수님과 그분을 보내주신 하나님의 크신 사랑을 항상 기억하십시오.

💚 주님! 우릴 위한 주님의 숭고한 사랑을 항상 기억하게 하소서!
🧩 우리 죄를 위해 예수님을 보내신 하나님의 사랑에 감사하는 시간을 가지십시오.

믿음과 의심

● 롬 4:20 믿음이 없어 하나님의 약속을 의심하지 않고 믿음으로 견고하여져서 하나님께 영광을 돌리며

아주 짧지만 큰 깨달음을 주는 '믿음과 의심'이라는 작자 미상의 시입니다.

"의심은 길을 막고 있는 방해물을 보지만

믿음은 장애물 뒤의 옥토를 봅니다.

의심은 한 걸음 앞에 뭐가 있을지 두려워하지만

믿음은 낭떠러지에서 떨어져도 높이 날아오릅니다.

의심은 항상 '누가 믿지?', '그게 되겠어?'라고 질문하지만

믿음은 '내가!', '할 수 있어!' 라고 대답을 합니다."

기독교는 믿음을 강조합니다. 그리스도인들은 의심의 장벽을 넘어 믿음의 가능성을 봐야 합니다. 하나님의 나라와 하나님의 능력은 모두 믿음을 통해 받게 됩니다.

믿음과 의심은 환경을 받아들이는 태도의 차이입니다. 태도의 차이는 아주 작은 것이지만 매우 다른 결과를 불러옵니다. 의심의 태도를 벗어버리고 어떤 일이든 가능하다는 믿음의 긍정적인 태도를 가지십시오.

♡ 주님! 의심을 넘어선 믿음을 주소서!

🧩 하나님의 말씀이라면 항상 순종하는 믿음을 보이십시오.

죄수도 감동시킨 사랑

● 딛 3:5 우리를 구원하시되 우리의 행한 바 의로운 행위로 말미암지 아니하고 오직 그의 긍휼하심을 따라 중생의 씻음과 성령의 새롭게 하심으로 하셨나니

'죄수들의 어머니'라고 불리던 캐서린 로즈 여사가 교통사고로 세상을 떠났습니다.

그녀는 평생동안 교도소를 방문하며 죄수들을 위한 삶을 살았습니다. 배우지 못한 죄수들을 위해 글을 가르쳐 주었고, 때로는 함께 생활하며 사랑을 부어주었습니다. 재소자 중 장애를 가진 사람들을 가르치기 위해서 점자와 수화까지 배웠습니다. 한 사람의 소중함과 삶의 대한 의지를 깨워주기 위해 캐서린은 평생을 노력했던 사람이었습니다.

그런 캐서린이 죽었다는 소식을 전해들은 죄수들은 단체로 교도서장을 찾아가 문상을 허락해달라고 요구했습니다. 문상을 이유로 탈주하지 않을까 걱정했지만, 죄수들은 절대로 탈주하지 않겠다고 약속했고, 결국 소장은 문상을 허락해주었습니다. 캐서린을 찾아간 600명의 죄수들은 운동장에 핀 들꽃을 모두 한 송이씩 들고 조문을 하러 떠났습니다.

조문 행렬의 길이는 800m나 되었다고 합니다. 그리고 조문을 마친 죄수들은 한 명의 도망자도 없이 모두 정해진 약속시간까지 교도소로 되돌아 왔습니다.

진정한 사랑은 모든 허물을 사라지게 하고 모든 벽을 허뭅니다. 진정한 사랑 앞에선 모두 정직해집니다. 하나님의 놀라운 사랑을 다른 사람에게 전하는 가장 좋은 방법은 그 사랑을 아는 사람들이 직접 표현하는 것입니다. 깨달은 사랑을 세상에 전하십시오.

💜 주님! 사랑만이 사람을 변화시킬 수 있음을 알게 하소서!

🖼 모두에게 필요한 것은 더 많은 사랑뿐임을 잊지 마십시오.

응답하기 가장 좋은 때

● 요 21:16 또 두 번째 이르시되 요한의 아들 시몬아 네가 나를 사랑하느냐 하시니 이르되 주님 그러하나이다 내가 주님을 사랑하는 줄 주님께서 아시나이다 이르시되 내 양을 치라 하시고

중국 선교로 유명한 허드슨 테일러에게 한 청년이 찾아와 물었습니다.

"저도 주님을 위한 일을 하고 싶습니다. 그러기 위해선 어떤 준비가 필요합니까?"

허드슨이 되물었습니다.

"어떤 준비를 하고 있습니까? 왜 그 준비가 필요하다고 생각하죠?"

"매일 성경을 읽고 기도를 하고 있습니다. 그리고 하나님이 저를 어떤 일에 부르실지에 대해서 여러 가지 생각을 하고 있습니다. 이렇게 준비를 하는 이유는 제가 주님을 영접한지 얼마 되지 않았기 때문입니다. 더 많은 준비를 할수록 더 신앙이 성장하고 크게 쓰임 받을 수 있을 것 같은데요?"

허드슨이 대답했습니다.

"양초에 불을 붙이자마자 빛이 나듯이, 주님을 영접하는 순간 우리의 사역이 시작됩니다. 하던 일을 계속 열심히 하고, 비전을 위해 일을 계속 진행하십시오. 그러나 하나님이 부르실 때는 어떤 조건도 생각하지 말고 바로 따르십시오. 하나님이 부르신다는 것이 곧 모든 준비가 되었다는 뜻이니까요."

그리스도를 믿는 순간부터 우리는 세상의 빛과 소금이 되어야 합니다. 신앙은 시간이 흐를수록 성숙해지는 것이 아니라, 주님을 사랑하는 마음이 클수록 성숙하는 것입니다. 믿음과 비전, 신앙을 위한 어떤 노력을 하기보다 주님을 더욱 사랑하십시오.

♥ 주님! 사명의 순종에는 조건이 없음을 알게 하소서!
🎴 주님의 부르심에 응답함으로 세상의 빛과 소금으로 쓰임 받으십시오.

끝없는 넋두리

● 눅 16:31 이르되 모세와 선지자들에게 듣지 아니하면 비록 죽은 자 가운데서 살아나는 자가 있을지라도 권함을 받지 아니하리라 하였다 하시니라

　지옥에서 구약시대의 사람, 신약시대의 사람, 그리고 오늘 날의 사람 세 명이 만나 각자 자신이 어째서 예수님을 믿지 않았는지 이야기를 나눴답니다. 먼저 구약시대에 살던 사람이 입을 열었습니다.

　"우리 시대 때는 메시아가 온다는 소식만 들었지 실제로 오지는 않으셨습니다. 오신다는 말만 듣고는 믿을 수가 없으니, 실제로 그분이 오시면 믿어야겠다고 생각했습니다. 그런데 아무리 기다려도 진짜 메시아가 온 것 같지가 않아서 믿지 않았습니다."

　그 얘길 들은 신약시대의 사람이 말했습니다.

　"제가 살던 때에는 예수님이란 분이 정말로 구세주로 오셨었습니다. 그런데 그 분이 진짜인지 아닌지 확인할 방법이 없지 않습니까? 많은 기적을 이루었다는 소문도 있었지만 결국 십자가에 달려 죽고 말았습니다. 이 사람이 구세주라는 확신이 있었다면 믿었을지도 모릅니다."

　그리고 마지막으로 오늘 날을 살던 사람이 말했습니다.

　"저 역시 예수님이 구세주로 이 땅에 오셨다는 소리를 들었습니다. 하지만 직접 눈으로 보지 못한 것을 어떻게 믿는단 말입니까? 예수님이 실제로 이 땅에 오신 것을 보고 이적을 눈으로 확인했다면 저는 100% 예수님을 믿었을 것입니다."

　믿지 못한 것에 대한 세 사람의 변명은 끝이 나지 않았습니다.

　믿지 못하는 이유는 한도 끝도 없습니다. 의심의 장벽을 넘어섬으로 참 진리를 체험하십시오.

💛 주님! 의심을 멈추고 진리를 향해 나아오게 하소서!
🧩 끝이 없는 핑계를 멈추고 이제는 결단을 내리십시오.

세가지 여행

● 엡 3:18 능히 모든 성도와 함께 지식에 넘치는 그리스도의 사랑을 알고

폴 스티븐 목사님은 '참으로 해방된 평신도'라는 책을 통해 그리스도인에게 필요한 세 가지 여행에 대해서 말했습니다.

① 위를 향한 여행입니다.

그리스도인은 땅 위의 세상을 살고 있지만 하늘을 바라보고 사는 사람들입니다. 감사와 찬양, 경배와 고백을 통해 하나님과의 관계를 바르게 하는 것이 위를 향한 여행입니다.

② 안으로의 여행입니다.

이 땅을 사는 동안에는 우리 내면을 다스리는 것이 중요합니다. 그러기 위해선 자신의 마음속을 더 깊숙이 들여다 보고 그 안에 무엇이 있는지 알아야 합니다. 먼저 하나님을 알고 난 후에 자신을 들여다 봐야 우리의 죄성과 그리스도의 보혈의 의미를 진정으로 깨닫게 됩니다.

③ 밖을 향한 여행입니다.

진정한 믿음은 자신을 변화시키는 것에 그치지 않고 세상에서의 행동으로 이어져야 합니다. 믿음을 통해 하나님이 창조하신 세상과 올바른 관계를 갖도록 노력해야 합니다. 사랑과 봉사를 통해 생활양식으로의 신앙생활을 실천할 수 있습니다.

하나님을 알고, 나 자신을 알고, 세상을 향한 믿음의 생활이 균형잡힌 신앙생활입니다. 나와 하나님, 그리고 세상의 일이 잘 균형 잡힌 신앙생활을 하십시오.

♥ 주님! 삶을 통해 주님을 더욱 아는 은혜를 허락하여 주소서!

🎴 균형 잡힌 삶과 신앙을 통해 기쁨과 만족을 얻게 됨을 기억하십시오.

잘못된 방향

● 살전 5:15 삼가 누가 누구에게든지 악으로 악을 갚지 말게 하고 서로 대하든지 모든 사람을 대하든지 항상 선을 따르라

다른 나라와 전쟁을 일으켜 더 넓은 영토를 차지하고 싶어 하는 왕이 있었습니다.

그러나 당장 나라의 상황이 넉넉한 편이 아니었기에 백성들을 위해 더 많은 땅을 나누어 주겠다는 명분을 세웠습니다. 그 이야기를 들은 충신은 백성을 위하고 싶다면 전쟁이 아니라 내정을 돌보는 것이 정말로 중요한 것이라고 얘기하며 이런 이야기를 왕에게 들려주었습니다.

"마차를 타고 북쪽으로 달리는 사내가 있었습니다. 중간에 그 모습을 본 마을 사람들이 어디를 가느냐고 물었습니다. '금나라로 가는 길입니다' 대답을 들은 마을 사람들은 금나라로 가려면 남쪽으로 가야 한다고 알려주었습니다. 그러자 사내는 '이 말은 한번 쉬고 천리를 가는 명마입니다. 걱정 없습니다'라고 말했습니다. 마을 사람들은 말은 물론 잘 달리겠지만 그래도 금나라를 가려면 남쪽으로 가야 한다고 말했습니다. '허허 괜찮다니까요? 마부도 말을 잘 몰고 여비도 두둑하게 챙겨왔는데 무엇이 걱정입니까?'라고 말한 뒤 계속 북쪽으로 달렸습니다. 폐하, 전쟁을 하는 것이 정말로 백성들을 위한 것입니까?"

이 말을 들은 왕은 전쟁을 취소하고, 내정과 치안에 더욱 신경을 쓰는 일에 정책을 세웠습니다.

선한 목적을 이루기 위한 나쁜 방법은 없습니다. 아무리 조건이 좋아도, 목적이 수단을 정당화 시킬 순 없습니다. 악한 타협을 절대로 허용하지 마십시오.

💜 주님! 작은 악이라도 더욱 조심하고 물리치게 하소서!
🖼 악한 일로 선을 도모할 수 없음을 잊지 마십시오.

대통령의 간증

● 약 5:16 그러므로 너희 죄를 서로 고백하며 병 낫기를 위하여 서로 기도하라 의인의 간구는 역사하는 힘이 큰이니라

　미국의 버락 오바마는 뉴멕시코주의 한 가정에서 주민간담회를 가졌습니다.

　간담회에서 대통령은 주민들이 묻는 정책과 사회 이슈에 대한 내용들에 대해 답변을 했고, 자신의 개인사에 대해 묻는 질문에 대해서도 솔직하게 대답했습니다.

　그 중 가장 눈길을 끌었던 것은 한 여성의 질문이었는데, 그 여성은 오바마 대통령에게 '왜 기독교인이 됐는가?'라고 물었습니다. 오바마 대통령은 "저는 스스로 기독교를 선택했습니다. 저의 주위 사람들은 교회를 그리 열심히 다니지 않았고, 저의 어머님은 신앙심이 깊은 분이었지만 저에게 교회 출석을 강요하지는 않았습니다. 따라서 제가 기독교인이 된 것은 순전히 제가 원해서이며, 저의 선택입니다. 그리고 제가 기독교인이 되기를 선택한 것은 그리스도의 말씀이 제가 원하던 삶을 가르쳐 주었기 때문이고, 그 은총으로 우리 모두가 구원을 받는다는 사실을 믿기 때문입니다."라고 대답했습니다.

　다른 사람 앞에서 자신의 신앙관을 당당히 밝히는 모습은 아름답습니다. 영향력 있는 사람들의 고백을 통해 많은 사람들이 더욱 주님께로 나올 것입니다. 사람들 앞에서 나를 드러낼 수 있는 자리에서 하나님과 신앙관에 대해 얘기하는 것을 두려워하지 마십시오.

♡ 주님! 신앙을 당당히 고백하는 용기있는 성도가 되게 하소서!
▨ 자신이 그리스도인임을 주위에 당당하게 밝히십시오.

생각 없는 행동

● 마 16:3 아침에 하늘이 붉고 흐리면 오늘은 날이 궂
   겠다 하나니 너희가 날씨는 분별할 줄 알면서 시대
   의 표적은 분별할 수 없느냐

   모스크바가 러시아의 수도가 되기 전에는 상트페테르부르크가 수도였
습니다. 그곳에는 궁전과 아름다운 정원이 있었는데 이 정원 앞에는 항상
병사 2명이 경비를 서고 있었습니다. 그런데 외지에서 부임한 궁전의 경
호대장이 이 모습을 보고 한 병사에게 물었습니다.

   "그런데 저기 병사들이 항상 정원에 서 있는 이유는 무엇인가?"

   "저도 모릅니다. 그냥 예전부터 그래왔습니다."

   경호 대장은 궁전의 모든 병사들에게 같은 질문을 해봤지만, 아무도 아
는 사람이 없었습니다. 사유를 알기 위해 대장은 마을까지 뒤졌고, 마침
내 한 노인이 이유를 말해주었습니다.

   "내가 우리 아버지께 들은 바로는 새로 칠한 의자에 사람들이 앉는 것
을 방지하기 위해서였다고 말씀하셨네, 아버지 말로는 엄청 오래되었다
고 하셨지."

   경호 대장은 궁전으로 돌아와 문서를 조사해 보았습니다. 노인의 말대
로 정말로 경비는 새로 칠한 의자에 앉은 사람의 옷에 칠이 묻을까봐 그
것을 보호하기 위해 세워진 것이었습니다. 그런데 그보다 더 놀라운 것은
경비를 서기 시작한 것이 2백 년 전이었다는 사실이었습니다!

   아무 생각 없는 행동은 큰 낭비를 부릅니다. 모든 일을 너무 자세하게
생각하는 것도 좋지 않지만 그래도 중요한 일에는 항상 신중한 생각이 따
라야 합니다. 특히 사람과 관련된 일에는 항상 '왜?'라는 질문을 던져보십
시오.

💜 주님! 생각을 바르게 분별할 수 있는 지혜를 주소서!
🖼 중요한 행동에 앞서 먼저 신중히 생각하십시오.

인생의 원석

●마 13:46 극히 값진 진주 하나를 발견하매 가서 자기의 소유를 다 팔아 그 진주를 사느니라

1971년 아폴로 우주선을 타고 달에간 제임스 어윈은 달에 레이저 반사경을 설치하고 또 원석을 가져오는 임무를 완수하고 돌아왔습니다.

제임스가 가져온 원석을 보며 기자들이 물었습니다.

"이번 탐사에는 천문학적인 액수의 돈이 들어왔습니다. 당신은 그 댓가로 그 돌을 가져왔는데, 이 돌에 그만한 가치가 있다고 믿으십니까?"

상당히 공격적인 기자의 질문에 어윈은 잠시 생각한 뒤 입을 열었습니다.

"사실 이 돌을 보는 거의 모든 사람들이 그렇게 생각할 것 같습니다. 그러나 그것이 저의 임무였습니다. 그리고 약간의 설명을 드리자면 이 돌을 통해 달의 표면과 지질, 그리고 생성년도를 파악할 수가 있습니다. 지구와 가장 가까운 행성의 구조에 대해서 모두 알 수 있는 표본으로 사용되기 때문에 이 돌이 귀한 것입니다."

실제로 미국은 달에서 가져온 원석을 자국의 과학자들 뿐 아니라 전 세계의 과학자들에게 대여를 했고, 그로 인해 우주와 달에 대한 많은 의문들이 풀리게 되었습니다.

원석 하나로 달의 모든 정보를 알 수 있듯이 예수님을 만날 때 인생의 모든 것을 알 수 있습니다. 모든 사람들의 인생에 의미와 이유가 되시는 분은 예수 그리스도뿐입니다. 인생의 해답이신 예수 그리스도를 찾으십시오.

♡ 주님! 인생의 가장 귀한 보물이 바로 예수님임을 알게 하소서!

▨ 주님이 나에게 어떤 의미가 있는지 생각해 보십시오.

행복의 지렛대

● 고전 3:8 심는 이와 물 주는 이는 한가지이나 각각
  자기가 일한 대로 자기의 상을 받으리라

　미국의 경제 전문지 포천은 '빌 게이츠가 인터넷 강의에 빠지다!'라는 기사를 소개한 적이 있었습니다.

　'칸아카데미(khanacademy.org)'라는 사이트에 대한 내용이었는데 이곳에는 당시 무려 1630여개의 무료 온라인 강의가 올라와 있습니다. 생물, 화학, 물리학과 같은 과학 지식부터 경제학, 전쟁학까지 다양한 범위의 폭넓은 강의들이 총망라 되어 있습니다. 매일 7만 명이 시청하는 이 사이트가 놀라운 것은 한 사람에 의해서 운영되기 때문입니다.

　인도에서 미국으로 이민을 와 뉴올리언스에서 자란 칸은 I.Q. 160으로 어려서부터 공부에 재능을 보였습니다. 하버드 대학교와 대학원에서 경영학, M.I.T.에서 수학, 전자공학, 컴퓨터 과학의 학위를 딴 그는 큰 수익률을 올리기 위해 위험성과 도박성이 큰 금융상품을 운영하는 헤지펀드 매니저로 일을 했지만 지금은 한적한 농장에서 사람들을 위한 강의와 봉사를 하고 있습니다. '수만 개의 강의를 만들어 누구나 무엇이든 배울 수 있는 세계적인 가상학교'를 만드는 것이 칸의 목표입니다.

　빌 게이츠는 미국 아스펜 아이디어 페스티벌에 참석해서 '칸이 금융이 아닌 교육에서 지렛대를 활용하고 있다'며 자신도 아이들과 함께 강의를 시청하는 열혈 팬임을 직접 밝혔습니다.

　세상을 위해 나눌 수 있는 귀한 것들을 주님은 우리 모두에게 주셨습니다. 행복을 나누고 또 남을 행복하게 하는 행복의 지렛대 역할을 하는 사람이 되십시오.

♡ 주님! 주님이 주신 귀한 재능을 올바로 사용하게 하소서!
🖼 하나님이 주신 것을 가장 귀하게 사용하는 지혜로운 방법을 찾아 보십시오.

하나님이 주신 희망의 응답

● 시 20:1 환난 날에 여호와께서 네게 응답하시고 야곱의 하나님의 이름이 너를 높이 드시며

　　명지전문대 정보통신과 손태영 교수는 어릴 때 걸린 소아마비로 다리를 심하게 접니다.

　　초등학교 때는 아이들이 손 교수에게 돌을 던지며 놀렸고, 결국 초등학교 5학년 때는 학교를 그만두었습니다. 어린 마음에 가슴속 울분과 설움을 잠재울 수가 없었습니다. 밤을 새워 울었고, 하나님을, 세상을, 부모를 원망했습니다. 손 교수의 분노와 울분은 청년 때까지 그치지 않았고 초등학교도 졸업하지 못하고 아무런 능력도 없는 상태로 20대를 맞았습니다.

　　그렇게 계속 하나님을 원망하던 어느 날 '이제 더 이상 할 불평과 부정적인 생각도 없다. 이제는 긍정적이고 낙관적으로 살아보자'라는 생각이 들었다고 합니다. 손 교수는 이것을 '하나님의 응답'이라고 표현했습니다. 어머니를 통해 교회에 나가기 시작한 그는 교회는 빠지지 않고 손교수 어머니는 매일 새벽마다 손 교수를 위해 기도했습니다. 초등학교도 못나온 자신이 갈 길이 '검정고시'라고 생각한 손 교수는 고입과, 대입 고시를 연달아 통과하고 충북대 법대에 들어가 당당히 졸업장을 받았습니다. 졸업을 한 이후에도 그를 받아주는 곳이 없었지만 손 교수는 포기하지 않고 하나님이 주신 꿈을 계속 꾸었습니다. 그리고 모든 역경을 넘어 거짓말처럼 대학의 교수가 됐고, 정부와 기업체에서 1500회 이상 강연을 인기 강사로 우뚝 서게 되었습니다.

　　하나님은 어려움이 없는 환경 보다는 어려움을 극복할 능력을 주십니다. 하나님이 주시는 희망의 응답을 받으십시오.

🩵 주님! 늘 응답하시는 주님께 늘 감사하고 기도를 쉬지 않게 하소서!

🎴 고난 속에서도 기도하고, 믿음으로 희망의 응답을 받으십시오.

천재와 범인의 차이

● 벧후 1:10 그러므로 형제들아 더욱 힘써 너희 부르심과 택하심을 굳게 하라 너희가 이것을 행한즉 언제든지 실족하지 아니하리라

'상대성 이론'을 발견한 아인슈타인은 모든 사람들이 인정하는 천재입니다.

사람들은 그의 천재성을 높게 평가하며 그가 분명히 일반인보다 훨씬 뛰어난 두뇌를 가지고 있을 것이라고 생각했습니다. 아인슈타인도 자신의 뇌가 궁금했는지 사후에 자신의 장기를 기증하고 연구할 수 있게 허락을 했습니다.

그러나 막상 아인슈타인이 죽고 그의 뇌를 열어봐도 일반인의 뇌와 별다를 것이 없었다고 합니다.

그저 보통 사람보다 주름이 조금 더 진 것이 특징이었는데, 이것은 머리를 자주 쓰는 고학력자들에게 일반적으로 나타나는 특징이라고 합니다. 보통 사람들은 아인슈타인의 천재성을 그의 타고난 재능 탓으로 돌리려고 했지만 정말 중요했던 것은 아인슈타인이 했던 노력과 새로운 시도였습니다.

재능은 노력을 싫어하는 사람들이 만들어낸 단어라는 말도 있습니다. 그리스도인에겐 재능과도 같은 말이 전도인 것 같습니다. 사도 바울과 같은 위대한 전도자와 우리들의 차이점은 노력입니다. 우리들이 가진 은사와 상관없이 성령님의 인도를 따르는 노력만으로 그리스도인이면 누구나 전도를 할 수 있습니다. 전도를 위한 노력을 해보십시오.

💚 주님! 전도의 부담감에 지지 않고 극복하게 하소서!
🖼 전도를 위한 계획을 세우고 조금씩 실천하는 것을 목표로 세우십시오.

걱정은 병이다

● 시 42:5 내 영혼아 네가 어찌하여 낙심하며 어찌하여 내 속에서 불안해하는가 너는 하나님께 소망을 두라 그가 나타나 도우심으로 말미암아 내가 여전히 찬송하리로다

코넬 대학교의 관절염 전문의 러셀 L. 세실 박사는 관절염을 생기는 이유에 대해 다음의 네 가지 원인을 들었습니다.

① 불행한 결혼생활

② 재정적 난관이나 고민

③ 외로움과 걱정

④ 오래 묵은 원한

주목할 만한 것은 네 가지 원인 모두가 감정적인 요인이라는 점입니다.

세실 박사는 관절염에는 물론 이보다 더 많은 원인이 있고, 물리적인 원인도 포함이 되지만 그럼에도 불구하고 이 네 가지 원인이 관절염의 가장 큰 원인이라고 말했습니다. 건강에 있어서 정말로 중요한 것은 평안한 마음입니다.

걱정은 감정적인 문제에서 끝나지 않고 신체적인 병까지 일으킵니다. 삶의 모든 관계가 바르지 않을 때, 주변 환경의 문제와 다른 사람의 평가에 평정을 지키지 못할 때 우리 삶은 영향을 받게 됩니다. 하나님이 우리의 모든 것을 주관하신다는 것을 믿고 마음의 자유로움을 얻으십시오.

♥ 주님! 고난과 걱정, 모든 근심에서 나를 구하여 주소서!

🗺 주님을 소망함으로 걱정을 이겨내십시오.

내게 족한 은혜

● 엡 4:7 우리 각 사람에게 그리스도의 선물의 분량대로 은혜를 주셨나니

모차르트를 동경하던 청년이 있었습니다.

청년은 모차르트를 동경했을 뿐 아니라 자신도 모차르트와 같아지길 항상 바랐습니다. 그는 모차르트와 같이 멋진 교향곡을 작곡하려고 노력했으나, 작곡이 너무 어려워 한계를 느끼고 모차르트를 직접 찾아가 조언을 구했습니다.

"저도 선생님처럼 멋진 교향곡을 작곡하고 싶습니다. 그러나 수십 가지의 악기소리가 어울리게 구성하는 것이 너무 어렵습니다. 좋은 방법을 좀 알려주실 수 있습니까?"

모차르트는 청년에게 작곡한 악보를 가져오라고 한 뒤 유심히 살펴본 후 대답했습니다.

"교향곡을 작곡할 만큼 아직 실력이 좋지 않네, 조금 더 쉬운 연주곡부터 작곡해 보는 것이 어떻겠나?"

모차르트의 말을 들은 청년은 발끈해 대답했습니다.

"선생님은 저보다도 어린 나이에 교향곡을 작곡한 것으로 압니다. 그런데 왜 저는 안 된다는 겁니까?"

"자네 말이 맞네, 그러나 아무에게도 묻지 않고 교향곡을 작곡했지. 차이는 벌써 거기에서부터 난다네."

다른 사람의 뛰어난 재능을 부러워하거나 자신과 비교하지 마십시오. 부러움이 커지면 열등감이 생깁니다. 하나님은 이미 우리에게 필요한 것을 주셨다는 사실을 믿고 은사 활용에 더욱 집중하십시오.

💗 주님! 가지지 못한 것에 불평하는 것이 아니라 가진 것에 감사하게 하소서!
🧩 받은 은혜에 만족하고 아름답게 사용할 줄 아는 지혜로운 사람이 되십시오.

착각하지 마십시오

● 요 14:27 평안을 너희에게 끼치노니 곧 나의 평안을 너희에게 주노라 내가 너희에게 주는 것은 세상이 주는 것과 같지 아니하니라 너희는 마음에 근심하지도 말고 두려워하지도 말라

아테네의 신전이었던 아크로폴리스는 지금 유명한 관광지로 활용되고 있습니다.

이 유적을 방문하는 세계 각국의 사람들은 이곳을 들를 때마다 신전의 대리석 조각을 꼭 기념품으로 챙겨갑니다.

그런데 희한하게도 한 해에만 수백만 명의 사람들이 이곳을 다녀가며 조각을 집어가는 데도 대리석 조각은 항상 넘쳐납니다.

대리석 조각이 훌륭한 기념품이 된다는 사실을 알고 관할지에서 근처 채석장에서 대리석 조각을 공수해 오기 때문입니다.

관광객들이 대리석 조각이 신전에서 떨어져 나온 것이라고 생각하지만 사실 그것은 근처 채석장에서 채굴한 흔한 대리석 조각일 뿐입니다. 그러나 이러한 사실을 모르는 관광객들은 그 조각을 진짜라고 믿고 또 고향으로 돌아가서 진짜라고 사람들에게 소개하며 자랑을 합니다.

모든 것이 똑같고 1%만 달라도 그것은 진짜가 아닌 모조품이 됩니다. 신앙생활 중에 느끼는 많은 유혹과 혼란 중에서 지혜롭게 하나님의 음성과 뜻을 분별할 줄 알아야 합니다. 달라지는 것은 우리의 마음과 정신 상태이며, 하나님은 언제나 동일하시다는 사실을 깨달으십시오.

💙 주님! 세상의 기쁨과 주님의 평안을 혼동하지 않게 하소서!
🖼 주 안에서 느끼는 모든 것만이 참된 것임을 잊지 마십시오.

까마귀 집이 튼튼한 이유

●마 20:26 너희 중에는 그렇지 않아야 하나니 너희 중에 누구든지 크고자 하는 자는 너희를 섬기는 자가 되고

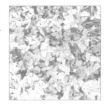

자기가 살 둥지를 스스로 짓는 새들 중에서 가장 둥지를 잘 짓는 것은 까마귀입니다.

까마귀가 짓는 둥지는 정교하면서도 튼튼합니다. 강한 비바람이 불어 다른 새들의 둥지가 모두 쓰러져도 까마귀 둥지만큼은 쉽게 날아가지 않습니다.

이토록 튼튼한 까마귀 둥지에는 2가지 특징이 있습니다.

첫째는 좋은 재료를 씁니다.

까마귀가 둥지를 쌓는데 사용되는 나무는 짧지도, 길지도 않은 적당한 나무에 강도가 높아 잘 휘어지지 않는 종류의 것들만 있습니다. 이런 나무를 고르는 것은 매우 성가신 일이지만 그래도 까마귀는 그 일을 합니다.

둘째는 서로의 둥지를 건드리지 않는 것입니다.

까마귀 둥지를 만드는 재료가 특별하다 보니, 때로는 근처에 다른 까마귀가 세운 둥지에서 재료를 빼오는 것이 더 쉬울 때가 있습니다. 그러나 까마귀는 절대로 그런 짓을 하지 않습니다. 서로의 재료를 빼오는 것은 서로의 생존을 위협하며 둥지도 지을 수 없는 어리석은 행위라는 것을 알기 때문입니다. 그러나 이런 당연한 생리를 모르는 사람들이 아직도 너무나 많은 것 같습니다.

혼자서 득을 보려고 남을 해치는 일은 결국 자신에게도 해를 끼치는 일입니다. 까마귀도 하지 않는 어리석은 일을 하는 사람이 되지 마십시오.

♡ 주님! 눈앞의 이익으로 악을 행하는 어리석은 자가 되지 않게 하소서!

▨ 자신을 위해 남을 해치는 어리석음을 피하십시오.

쓰레기더미에서 피어난 희망

● 롬 8:24 우리가 소망으로 구원을 얻었으매 보이는 소망이 소망이 아니니 보는 것을 누가 바라리요

지라니 합창단은 케냐의 빈민가 어린이들로 구성된 합창단입니다.

여러 방송과 프로그램에 등장하면서 지금은 국내에도 매우 잘 알려졌고, 또 미국 등지로 해외 공연도 하는 실력 있는 합창단이 됐지만 사실 처음에 지라니 합창단을 꾸린다는 것은 불가능에 가까운 일이었습니다.

지난 2006년도 케냐의 빈민가에서 지라니 합창단을 창단한 임태종 목사님은 마을에 수소문을 해서 40명의 아이들을 가까스로 모았습니다. 그러나 모인 아이들의 대부분은 화음은 고사하고 음계가 무엇인지도 모르는 상태였습니다. 게다가 기본적인 끼니도 해결하지 못할 만큼 극도로 가난한 아이들이 많았고, 그런 현실은 아이들에게 어떤 의욕도 허락하지 않았습니다. 그러나 이런 절망적인 현실 속에서도 목사님은 포기하지 않고 아이들을 가르쳤습니다. 그 결과 아이들은 점점 음악에 눈을 뜨게 됐고, 꿈과 희망을 깨닫게 되었습니다. 지라니 합창단의 아이들은 이제는 가난한 자신의 조국과 어려운 상황에 처한 사람들을 위한 꿈을 갖고, 또 노력하고 있습니다. 그리고 더욱 기쁜 것은 이런 활동을 통해 하나님의 사랑을 경험한 아이들도 있다는 것입니다. 임 목사님이 가르쳐준 복음성가와 찬송가를 부르며 눈물을 흘리는 아이들도 많았습니다. 쓰레기더미 옆의 연습장, 끼니를 굶을 정도의 가난함, 제대로 된 교육도 받을 수 없는 절망뿐인 현실이지만, 사명을 가진 사람들을 통해 희망은 언제나 피어나고 있습니다. 하나님이 주신 사명을 가진 사람은 어떤 절망에도 포기하지 않습니다. 어둠에 빛을, 절망 속에 희망을 전하는 그리스도인이 되십시오.

♥ 주님! 어떤 상황에서도 희망을 포기하지 않는 사명자가 되게 하소서!

🗺 눈앞의 현실에 좌절하지 말고 밝은 미래를 위해 노력하십시오.

스스로 만든 감옥

● 요 15:15 이제부터는 너희를 종이라 하지 아니하리니 종은 주인이 하는 것을 알지 못함이라 너희를 친구라 하였노니 내가 내 아버지께 들은 것을 다 너희에게 알게 하였음이라

자신을 쥐라고 생각하는 청년이 있었습니다.

정신과 의사는 그 청년에게 쥐가 아닌 사람이라고 계속 알려주었지만 청년은 전혀 받아들이지 않았습니다. 의사는 조금 다른 방법으로 접근하기로 했습니다.

"사실은 당신의 말이 맞습니다. 당신은 과거에는 쥐였습니다. 그러나 이제는 사람이 됐습니다!"

의사의 말을 들은 청년은 기뻐했습니다.

"역시 저는 쥐가 맞았군요. 그러나 사람이 되었다니 이제는 사람처럼 살아야겠습니다."

청년은 곧바로 퇴원을 했습니다. 그런데 하루가 지난 후 다시 의사를 찾아와 말했습니다.

"선생님, 고양이가 너무 무서워서 도저히 살 수가 없습니다."

"고양이요? 당신은 이제 쥐가 아니라 사람입니다. 고양이를 전혀 두려워할 필요가 없어요!"

"네... 압니다. 저도 그것을...그런데...(말끝을 흐리던 청년이 마저 말을 이었습니다) 그런데 선생님, 제가 더 이상 쥐가 아니라는 사실을 고양이도 알까요?"

갇혀있는 몸을 꺼내주는 것보다 갇혀있는 생각을 꺼내주는 것이 훨씬 어려운 일입니다. 잘못된 생각으로 자신의 가능성을 제한하지 말고, 주님과 함께 높이 날아오르십시오.

🧡 주님! 하나님의 창조하신 소중한 작품이 나임을 알게 하소서!
🎴 부정적인 생각을 모두 버리고 발전적인 생각의 스위치를 켜십시오.

멋진 포장

● 잠 25:11 경우에 합당한 말은 아로새긴 은 쟁반에 금 사과니라

환자들에게 항상 딱딱하게 대하는 의사가 있었습니다.

의사는 단지 환자에게 사실만을 전달한다고 생각했지만, 병원 내에서 그 의사는 불친절의 상징이었습니다.

한번은 그 의사가 어떤 환자에게 시한부를 선고했습니다.

"살날이 얼마 남지 않았습니다. 고칠 수 있는 방법이 현재로선 없습니다. 남은 시간 동안 하고 싶은 일이 있으면 빨리 하는 게 좋을 겁니다."

의사의 말을 들은 환자의 표정은 일그러졌습니다. 짐작은 하고 있었지만 막상 현실로 다가오니 마음이 너무나 슬퍼졌던 것입니다. 그러나 의사는 환자의 괴로움을 외면했습니다.

"슬프지만 이것이 현실입니다. 누구 만나고 싶은 사람이 있으십니까? 미리 원무과에 연락을 해 놓겠습니다."

"네, 있습니다."

"누구입니까? 연락을 취해드리겠습니다."

"다른 의사요. 내 병 치료 여부와는 상관없이 당신과는 더 이상 대화하고 싶지가 않습니다."

같은 물건도 포장에 따라 가치가 달라집니다. 같은 말이라도, 같은 행동이라도 다르게 표현할 수 있습니다. 있는 그대로의 사실에만 신경 쓰지 말고 상대방을 배려하고 힘을 주는 포장을 하십시오.

♡ 주님! 상황에 맞는 합당한 말을 하는 지혜를 주소서!

🎴 같은 말이라도 최대한 부드럽게, 따스하게 전달하십시오.

세 가지 유형의 크리스천

●히 11:6 믿음이 없이는 하나님을 기쁘시게 하지 못 하나니 하나님께 나아가는 자는 반드시 그가 계신 것과 또한 그가 자기를 찾는 자들에게 상 주시는 이 심을 믿어야 할지니라

크리스천들은 대부분 세 가지 유형으로 나눌 수 있다고 합니다.

① 베드로형입니다. - 예수님과 가장 가까운 사이였지만 정작 예수님이 잡혀가실 때는 예수님을 3번 부인했던 베드로처럼 열정적이지만 나약한 인물입니다. 교회 생활을 열심히 하고, 얻은 깨달음을 실천하기 위해 노력하지만 결심이 오래가지는 않습니다.

② 롯의 아내형입니다. - 멸망해가는 성을 돌아보다 소금기둥이 된 것처럼, 교회에 몸을 담고 있지만, 또한 세상에 대한 미련을 버리지 못한 유형입니다. 이런 유형은 교회를 다니면서도 점과 궁합같은 미신을 아무렇지도 않게 보러 다닙니다. 새로운 직분을 받거나, 교회를 얼마 다니지 않은 신자의 경우가 많습니다. 대부분의 성도들이 이런 과정을 겪지만 또 반드시 극복해야할 과정이기도 합니다.

③ 바울 형입니다. - 기독교에 대해서 무관심하거나 오히려 적대적인 사람들이 회심하는 경우입니다. 이런 유형은 '사람이 완전히 변했다'는 말을 주위 사람들에게 들으며, 아무런 미련 없이 지난 삶을 청산하고 주님께 몸을 내던지는 사람들입니다.

물론 이런 유형들은 인물의 한 특징만 강조했기에 절대적인 것은 아닙니다. 그러나 자신의 현재 위치와 신앙의 문제점을 파악함으로 올바른 신앙생활을 하는 데는 도움을 줄 수 있습니다. 어떤 유형에 있든지 약점을 극복하고 하나님께 더 나아가는 과정으로 삼으십시오.

♡ 주님! 하나님과 더 가까이하는 것이 삶의 목표가 되게 하소서!
🎨 신앙생활의 단점을 발판 삼아 더 성장하십시오.

용도를 모를 뿐

 ● 히 5:14 단단한 음식은 장성한 자의 것이니 그들은 지각을 사용하므로 연단을 받아 선악을 분별하는 자들이니라

　중세시대 사냥을 즐기는 한 귀족이 친구로부터 사냥개를 선물 받았습니다. 친구는 세상에 둘도 없는 명견이니 부디 잘 대해달라고 부탁했습니다. 귀족은 당당히 사냥개들을 데리고 토끼 사냥엘 나갔습니다. 그런데 친구의 말과는 달리 개들은 토끼를 몰아 오지도 않고, 귀족이 총을 쏴도 꿈쩍도 하지 않고 졸졸 쫓아만 다녔습니다.

　개들이 아직 적응이 안 되서 그런 줄 알고 며칠 뒤 귀족은 이번엔 새를 사냥하러 나갔습니다. 그러나 새를 사냥할 때도 개들은 마찬가지였습니다. 총에 맞은 새를 물어오지도 않고, 새를 쫓지도 않았으며 그저 주인만 따라다닐 뿐이었습니다. 일주일이 지나고 사냥개를 선물한 친구가 귀족을 찾아와 개가 잘 있냐며 묻자 귀족은 화를 내며 대답했습니다.

　"그 게을러빠진 사냥개들 말인가? 너무나 훌륭해서 토끼도 잡지 못하고, 새도 몰지 못하더군. 화가 나서 사냥터에서 다시 데리고 들어오지도 않았네, 살아있는지도 잘 모르겠군."

　그 말을 들은 친구는 매우 놀랐습니다.

　"이보게, 그 개들은 맹수와 사냥을 위해 훈련된 개들이라네. 그런데 버려버렸단 말인가?"

　귀족은 자신이 실수한 것을 깨달았지만 이미 늦어버렸습니다.

　세상에 쓸모없는 사람은 없고, 쓸모없는 물건은 없습니다. 아직 제대로 사용될 때를 만나지 못했을 뿐입니다. 나의 가능성을 인정하듯 다른 사람들의 가능성도 인정하십시오,

💜 주님! 제가 모르는 부분에 대해서도 겸손한 자세를 갖게 하소서!
🏮 다른 사람의 꿈과 포부를 폄하하지 마십시오.

하나님의 것이라는 증거

● 벧전 4:13 오히려 너희가 그리스도의 고난에 참여
하는 것으로 즐거워하라 이는 그의 영광을 나타내실
때에 너희로 즐거워하고 기뻐하게 하려 함이라

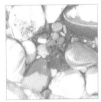

예수님을 믿지 않는 부자의 집에, 예수님을 잘 믿는 하인이 있었습니다.
부자는 하인이 신앙을 가진 것이 못마땅해 하루는 이렇게 말했습니다.

"나는 예수 믿지 않아도 이정도로 잘 산다. 그리고 너희가 말하는 시험
이나 고난도 당하지 않는다. 그런데 너는 예수를 믿으면서 생활도 어렵
고, 여러 가지 문제로 힘들어하는 것 같구나? 그럴 바에야 차라리 믿지 않
는 것이 낫지 않겠느냐?"

말을 들은 하인은 주인께 정중히 양해를 구하며 말했습니다.

"주인님 한 가지 예를 들 테니 노하지 말고 들어 주십시오. 사냥꾼에게
쫓기는 사슴 두 마리가 있었습니다. 한 마리는 화살에 맞아 즉사하고 한
마리는 다리에 맞아 피를 흘리며 도망간다면 주인께서는 어느 쪽 사슴을
쫓아가시겠습니까?"

"그야 죽은 놈은 일단 버리고 산 놈부터 쫓아가 잡아야지."

"맞습니다. 영혼이 죽은 사람은 이미 마귀의 것이기 때문에 내버려둡니
다. 그러나 하나님의 뜻대로 살려는 사람은 마귀가 온갖 노력을 다하니
시험을 당하는 것입니다."

마귀는 구원받은 성도들을 더욱 심하게 공격합니다. 마귀에게는 세상
사람들은 영이 죽어 있어 문제가 없지만, 영이 살아있는 성도들은 더욱
위협적인 존재입니다. 어려움과 환란이 찾아오는 것에 기뻐해야할 이유
가 여기에 있습니다. 주님이 모든 시험을 이길 힘 주심을 믿으십시오.

♥ 주님! 어떤 마귀의 시험에도 의연히 대처하게 하소서!
🔲 고난이 닥칠 때 주님이 이길 힘을 주신다는 사실도 함께 기억하십시오.

어둠을 없애는 방법

 ●눅 11:36 네 온 몸이 밝아 조금도 어두운 데가 없으면 등불의 빛이 너를 비출 때와 같이 온전히 밝으리라 하시니라

인디언들 구전동화 중 빛과 어두움에 대한 이야기가 있습니다.

"옛날에 해와 별, 그리고 어두움이 살았습니다. 별은 해와도 만날 수 있고, 어두움과도 만날 수 있었지만, 해와 어두움은 서로를 알지 못했습니다.

별은 해에게 어두움을 알려주기 위해서 노력했지만 해는 결코 어두움을 만날 수가 없었습니다.

빛이 전혀 없는 밤, 깜깜한 동굴에서도 해가 들어가기만 하면 곧 환해졌기 때문입니다.

결국, 별은 해에게 어두움을 보여줄 수가 없었습니다. 그리고 별은 어두움은 곧, 빛이 없는 상태일 뿐이라는 중요한 사실을 깨달았습니다."

이 세상에는 빛보다 어두움이 훨씬 많습니다. 그런데 어두움은 스스로 있는 것이 아니라 빛이 없을 때 나타나는 상태일 뿐이었습니다.

어두움은 진리의 빛을 모를 때 생깁니다. 빛이 생길 때 어두움이 저절로 사라지는 것처럼 세상에 어두움을 비추는 빛으로 사십시오. 세상의 빛이신 예수그리스도를 본 받아 사십시오.

♡ 주님! 어두움을 몰아내는 빛을 내는 성도가 되게 하소서!

🧩 세상의 어두운 곳에 실망하기보다 그 속에서 빛을 비추는 사람이 되십시오.

두 가지 반응

● 엡 4:26 분을 내어도 죄를 짓지 말며 해가 지도록 분을 품지 말고

문화인류학자인 에드워드 홀은 언어에 대해 연구하며 인간에게는 의사소통 방식을 10가지로 정의했습니다.

10가지의 대화 방법 중 홀이 가장 중요하게 생각한 것은 '침묵'을 활용한 의사소통입니다.

사람들은 의사소통의 방법이 주로 말을 통한 것이라고 생각하지만 실상 말이 차지하는 비중은 10%정도 밖에 되지 않습니다. 오히려 말이 아닌 몸짓이 57%로 말보다도 6배 가까이 비중이 높습니다.

예를 들어, 감정이 상해 화가 난 사람이 괜찮다고 대답한다면 그 말을 믿을 사람은 아무도 없습니다. 그 사람의 말보다 표정과 몸짓, 격앙된 목소리가 더욱 비중이 크게 다가오기 때문입니다. 바꿔 말하면, 침묵도 보이지 않는 부분이 어떻게 다가오느냐에 따라 정 반대의 모습으로 비춰진다는 뜻입니다.

겉치레뿐인 칭찬보다도 따스한 미소 한번, 격려의 손길 한 번이 더욱 효과적입니다.

남을 대하는 작은 표정과 손길 하나에도 사랑을 담아 표현하십시오. 사랑의 실천은 수많은 노력 끝에 이루어지는 것입니다. 섣부른 감정의 표현보다도 더욱 해야 할 일을 하기 위해 노력하십시오.

💜 주님! 진정한 친절을 베풀 수 있는 온유함을 갖게 하소서!

🎴 불쾌한 상황에도 무례함보다는 친절로 대응하십시오.

사람은 혼자살 수 없다

●시 133:1 보라 형제가 연합하여 동거함이 어찌 그리 선하고 아름다운고

버클리 대학의 연구팀은 무리와 건강의 상관관계에 대한 연구를 진행했습니다. 먼저 실험용 흰쥐를 3가지 집단으로 나누었습니다.

첫 번째 집단은 서로 독방에 갇혀 혼자서 먹이를 먹고 생활하는 집단이었습니다. 두 번째 집단은 5마리의 쥐들을 무리지어 방에 넣고 함께 생활하게 했습니다. 세 번째 집단은 무리를 나누지 않고, 적절한 수의 쥐들을 함께 넣었습니다. 그리고 사람이 직접 먹이를 주고 쓰다듬어 주며, 가끔 놀아주기까지 했습니다.

첫 번째 집단의 쥐들은 실험 시작과 같은 크기의 뇌를 가진 상태로 평균적으로 약 2년을 살았습니다.

두 번째 집단의 쥐들은 첫 번째 집단보다 뇌의 크기가 조금 더 컸는데 무리 짓는 생활을 통해 발달된 것으로 보였습니다. 두 번째 집단의 쥐들은 2년을 조금 넘게 살았습니다.

세 번째 집단의 쥐는 가장 발달된 뇌를 가지고 약 3년을 살았습니다.

먹이도 같고, 실험 환경도 같고, 쥐의 상태도 모두 같았지만, 생활방식에 따라 생명의 기간과 질이 판이하게 달라졌습니다.

사람이 밉고 세상이 원망스러울 때가 많이 있습니다. 그러나 미우나 고우나 사람은 결국 함께 살아야 합니다. 삶의 관계가 하나님이 바라시는 모습으로 긍정적으로 변화될 때 정말로 가치 있는 삶을 살게 됩니다. 주위 사람들에 대한 원망과 불평을 거두어들이십시오.

♡ 주님! 문제에 체념하기보다는 해결을 위해 노력하게 하소서!

▨ 믿음과 사랑을 통한 아름다운 연합으로 하나님을 높여드리십시오.

가짜 자유

● 진리가 너희를 자유케 하리라

호주 시드니의 한 교도소에 탈옥을 계획하는 죄수가 있었습니다.

주방에서 일을 했던 그는 매일 빵을 납품하러 오는 지입차가 일정한 시간에 왔다 간다는 사실을 알고는 그 차를 통해 탈옥을 하기로 계획을 세웠습니다.

배식이 끝나기 전 간수들의 감시를 피해 몰래 짐 싣는 곳에 탄 죄수는 잠시 후 찾아올 자유를 꿈꾸며 차가 멈추기만을 기다렸습니다. 마침내 차는 멈추었고, 죄수는 운전사가 짐을 나르는 틈을 이용해 몰래 차에서 내렸습니다.

하지만 그는 곧 좌절할 수밖에 없었습니다. 차가 도착한 곳은 다른 지역에 위치한 교도소였기 때문입니다. 그는 곧 간수들에게 체포되어 이송되었고, 더 무거운 형량을 받았습니다.

하나님이 없는 곳에서 자유를 꿈꾸는 사람들의 모습이 이와 같습니다. '죄'의 문제를 해결하지 못한 이상 그 어떤 즐거움과 종교에도 진정한 자유란 없습니다. 지금까지 살아온 자신의 삶과 생각들을 조금만 돌아봐도 '죄'가 없는 사람은 아무도 없음을 알 수 있습니다. 진리의 말씀을 통해 참된 자유를 얻으십시오.

♥ 주님! 자유와 방종을 착각하지 않게 하소서!

오직 그리스도의 복음을 통해서만 자유케 됨을 잊지 마십시오.

10월

여호와는 네게 복을 주시고
너를 지키시기를 원하며
여호와는 그의 얼굴을 네게 비추사
은혜 베푸시기를 원하며
여호와는 그 얼굴을 네게로 향하여
드사 평강 주시기를 원하노라

민6:24-26

감사는 항상 할 수 있다

● 시 97:12 의인이여 너희는 여호와로 말미암아 기뻐하며 그의 거룩한 이름에 감사할지어다

영국의 에든버러 지역의 휘테라는 목사님이 있었습니다.

목사님은 '항상 감사하는 사람'으로 유명했는데, 모든 예배 중에 항상 일상에서 일어난 감사의 조건들을 찾아 기도드렸기 때문입니다.

한번은 에든버러 지역에 강력한 태풍이 지나간 적이 있었습니다. 태풍은 거의 일주일 내내 에든버러 지역에 영향을 미쳐서 피해를 입지 않은 가구가 한명도 없었습니다. 그 주간 예배를 드리러 주일날 모인 성도들은 이번만큼은 목사님도 감사를 드리지 못할 것이라고 예상했습니다. 예배가 시작되고 목사님이 기도할 차례가 되자 모든 성도들은 목사님의 기도를 듣기 위해 귀를 기울였습니다.

"하나님. 감사합니다. 지난 한 주간은 강력한 태풍이 우리 마을을 지나갔습니다. 그로인한 피해가 실로 끔찍할 지경입니다. 그러나 주님 그와 같은 최악의 순간이 항상 일어나지 않음을 감사드립니다. 그리고 충분히 복구할 수 있는 좋은 날과 시간들을 다시 주심을 감사드립니다."

성도들은 목사님의 기도를 통해 감사란 실제로 언제나 드릴 수 있는 것임을 깨달았습니다.

우리의 마음가짐이 항상 감사에 초점이 맞춰져 있다면 감사에는 아무런 조건도 필요 없습니다. 환난 중에나 고난 중에나 하나님의 크신 은혜를 깨닫고 감사하십시오.

💗 주님! 어떤 상황 속에서도 감사의 조건을 찾는 기도의 사람이 되게 하소서!

🧩 매일 감사함으로 감사의 습관을 들이십시오.

하나님께 하는 아부

● 요 12:48 나를 저버리고 내 말을 받지 아니하는 자를 심판할 이가 있으니 곧 내가 한 그 말이 마지막 날에 그를 심판하리라

'칭찬'과 '아부'를 구별하는 법에 대해서 한 신학자는 이렇게 말했습니다. "칭찬은 상대방의 모습 그대로를 높이는 것이지만, 아부는 무언가를 얻어내기 위해서 꾸미는 행위이다."

같은 내용이더라도 의도에 따라 칭찬과 아부로 나뉜다는 뜻입니다. 그런데 사람들은 '아부'를 사람에게만 하는 것으로 생각합니다. 그러나 이보다 더욱 위험한 것은 하나님께 아부하는 것입니다. 사람들이 하나님께 하는 아부는 크게 세 가지가 있습니다.

① 마음이 아닌 입으로만 드리는 찬양입니다.

하나님을 향한 진심이 담겨 있지 않다면 아무리 좋은 노래라 하더라도, 아무리 열정적으로 부른다 하더라도 찬양이 될 수 없습니다.

② 지키지도 못할 약속을 서원하는 것입니다.

많은 사람들이 기도를 통해 이런 서원을 합니다. 대부분 자신이 바라는 바를 하나님께 구하며 요구를 합니다. 그러나 하나님은 만홀히 여김을 받으실만한 분이 아닙니다.

③ 아무 생각 없이 하나님의 뜻을 구하는 것입니다.

실행할 생각도 없이 그냥 하나님의 뜻을 구하는 사람은 하나님을 기만하는 것입니다. 이런 기도가 겉으로는 있어 보이고, 또 자기 자신의 신앙의 만족감을 높여 줄지는 모르지만, 하나님은 이런 기도를 기뻐하지 않으십니다.

하나님께 아부하지 마십시오. 하나님은 당신의 마음을 알고 계십니다. 하나님께 온전한 마음을 드리십시오.

♡ 주님! 정직하고 온전한 마음을 주님께 드리게 하소서!
🎑 사람들 앞에나 하나님 앞에나 허위와 허식을 부리지 마십시오.

만족이 없는 위선

● 눅 11:46 이르시되 화 있을진저 또 너희 율법교사여 지기 어려운 짐을 사람에게 지우고 너희는 한 손가락도 이 짐에 대지 않는도다

미국의 어떤 사람은 11년간 매일 아침 사람이 가장 많이 다니는 거리로 나와 커피를 마시며 신문을 읽었습니다.

그의 이웃들은 그가 시사와 정치에 관심이 많은 유식한 사람일 것이라고 생각했습니다.

그러나 사실 그는 글을 전혀 모르는 문맹이었습니다. 자신이 문맹이라는 사실을 감추기 위해서 11년 동안이나 매일 아침 신문을 읽는 흉내를 낸 것입니다.

단 몇 개월만 투자해도 충분히 글을 배울 수 있었을 테지만, 무시받는 것에 대한 두려움으로 인해 그 남자는 너무나 큰 희생을 치렀습니다. 하지만 더욱 중요한 것은 이런 위선이 자기 자신에게조차 아무런 만족감을 주지 못했다는 사실이었습니다.

그럴싸하게 남을 속이는 행위는 결코 오래가지 못합니다. 그리고 그런 행위는 자기 자신에게도 아무런 유익이 없습니다. 사람들 앞에 진실하지 못한 사람은 하나님에게도 진실하지 못합니다. 실수가 밝혀지는 것보다, 정직하지 못한 자세를 더욱 두려워하십시오.

💜 주님! 약함을 당당히 말하는 것이 진정한 용기임을 알게 하소서!
🔲 우리의 약점도 강하게 사용하실 주님을 믿으십시오.

가장 귀한 것

● 출 20:6 나를 사랑하고 내 계명을 지키는 자에게는
천 대까지 은혜를 베푸느니라

　　미국의 '백화점 왕' 존 워너메이커는 200억이 넘는 재산을 모았고, 그 중 대부분을 기부했습니다.

　　200억 달러는 지금으로는 20조가 넘는 정말로 큰 액수입니다.

　　이런 부를 축적한 그에게 많은 사람들이 돈에 관한 질문을 했습니다. 한 사람이 워너메이커에게 가지고 있는 재산 중에 가장 귀한 것이 무엇이냐고 물었습니다.

　　"저는 배운 것도 없는 가난한 소년이었지만, 하나님의 도움으로 많은 재산을 모았습니다. 얼추 계산해도 200억 달러가 넘습니다. 지금은 좋은 집과 여러 건물들, 그리고 많은 재산을 소유하고 있지만 그럼에도 그 중 가장 귀하고 아끼는 것은 11살 때 정확히 2달러 75센트를 주고 산 빨간 성경책입니다. 그 성경이 오늘날 저를 만들었기 때문입니다."

　　워너메이커는 성경을 묵상하고 말씀을 늘 실천하던 사람이었습니다. '백화점 왕' 워너메이커의 또 다른 별명은 '십일조의 사람'이었습니다.

　　성경을 묵상하고 실천하려고 노력하는 사람에게는 하나님께서 많은 복을 주십니다. 세상 모든 것을 잃어도 하나님만 있다면 괜찮습니다. 세상의 모든 것을 얻어도 하나님이 없다면 아무 소용이 없습니다. 그리스도의 구원과 영생이 가장 귀하고 가장 필요한 것임을 잊지 마십시오.

💙 주님! 세상의 어떤 것보다 주님의 말씀이 최고임을 알게 하소서!
🏯 언제나 주님의 말씀에 인생의 최고 가치를 부여하십시오.

이미 늦었다

● 롬 11:29 하나님의 은사와 부르심에는 후회하심이 없느니라

　독일의 한 철학자는 무엇이든 실행에 옮기기 전에 철저히 공부하고 연구를 해야 한다고 생각했습니다.

　그에게는 사귀고 있는 연인이 있었는데 하루는 여인이 먼저 청혼을 했습니다. 철학자 역시 자신의 연인을 사랑했지만, '결혼'이 정말로 할 만한 것인지는 아직 확신이 서지 않았습니다. 철학자는 여인에게 "잠시만 기다려 주십시오. 나는 당신을 사랑하지만 결혼에 대해서는 잘 알지 못합니다. 평생이 걸린 일입니다. 생각을 좀 해보겠습니다."

　철학자는 집에 돌아가 그날부터 결혼에 대해서 연구를 시작했습니다. 결혼이 시작된 유래, 각 나라의 결혼 풍습, 그리고 결혼을 찬성하는 사람과 반대하는 사람들의 책과 논문을 읽으며 깊은 생각에 잠겼습니다. 오랜 시간 끝에 그는 결국 여인과 결혼을 하기로 결정했습니다.

　그러나 때는 너무 늦었습니다. 그 여인은 이미 다른 남자의 아내가 되어 두 아이와 함께 가정을 꾸렸기 때문입니다.

　가슴의 응답을 무시하고 머리로만 이해하려고 하면 때는 이미 늦습니다. 사랑의 감정, 성령님의 임재와 같은 것들은 머리로 이해해서 되는 것도 아니고, 또 머리로만 이해할 수도 없는 것들입니다. 하나님의 부르심에 뜨겁게 가슴으로 응답하십시오.

♡ 주님! 온전한 부르심에 뜨겁게 응답하게 하소서!

▨ 가슴 속의 확신이 있다면 망설이지 말고 바로 행동하십시오.

사랑의 메신저

● 롬 15:16 이 은혜는 곧 나로 이방인을 위하여 그리 스도 예수의 일꾼이 되어 하나님의 복음의 제사장 직분을 하게 하사 이방인을 제물로 드리는 것이 성 령 안에서 거룩하게 되어 받으실 만하게 하려 하심 이라

20세기 들어서 개발된 무기 중에서 가장 무서운 것은 핵폭탄입니다.

핵폭탄은 그 자체의 위력도 엄청나지만, 폭발이 일어난 이후에도 엄청 난 피해를 남깁니다.

핵폭탄은 일반적으로 4차례의 폭파 과정을 거치는 데, 먼저 피폭 지역 으로부터 수십 킬로미터 내에 있는 모든 것들을 파괴합니다. 그리고 폭발 이 일어난 후에는 그보다 몇 배는 훨씬 넓은 반경을 방사능 낙진으로 오 염시켜 불모지로 만들어버립니다.

그 지역이 다시 이전처럼 돌아오기 위해서는 백년에 가까운 오랜 시간 이 필요합니다. 이처럼 핵폭탄의 파괴력은 엄청납니다.

그러나 강력한 핵폭탄보다도 더 위력이 넘치는 것은 예수님의 사랑입 니다. 예수님의 사랑은 핵폭탄보다도 널리 퍼지고 오래가며 또한 무엇이 든 치유하는 놀라운 능력이 있습니다.

예수님이 이 땅에 오신지 2천년이 지났지만 아직도 그 사랑의 영향력이 전 세계 곳곳으로 퍼지고 있습니다. 그 사랑을 더욱 더 널리 알릴 하나님 의 메신저가 되십시오.

♥ 주님! 주님의 놀라운 사랑을 전하는 메신저가 되게 하소서!

📖 하루에 최소 한 명에게 하나님의 사랑을 전하십시오.

옛것을 버리라

● 골 3:10 새 사람을 입었으니 이는 자기를 창조하신 이의 형상을 따라 지식에까지 새롭게 하심을 입은 자니라

이스라엘에서는 전통적으로 포도주를 양가죽 부대에 넣어 보관했습니다.

사용하기 전의 양가죽은 매우 부드럽고 신축성이 좋습니다.

포도주는 부대에 담기면 발효가 되어 부피가 처음에 비해 늘어나게 되지만 그만큼 부대도 늘어나기 때문에 안전하게 포도주를 보관할 수 있습니다.

그러나 이런 가죽부대도 여러 번 사용하다 보면 점차 굳어지게 됩니다. 포도주가 안에 있는 당분이 점점 쌓이면서 가죽을 뻣뻣하게 만듭니다. 가죽이 딱딱해지기 시작하면 부대를 새로 구입해야 하지만, 부대를 아끼기 위해서 포도주를 넣으면 포도주의 팽창하는 힘을 이기지 못하고 부대가 터지게 됩니다. 결국 포도주와 부대를 모두 잃게 되는 상황이 벌어집니다. 새 술은 새 부대에 담아야 하는 것은 이런 이유입니다.

사람들은 말씀의 교훈을 시대적인 상황으로만 이해합니다. 그러나 그보다 더 중요한 것은 보이지 않는 우리의 마음과 습관에 대한 것입니다. 이전에 몰랐던 하나님의 말씀과 진리를 과거의 내 모습과 생각으로 받아들이고 이해하려 하면 안 됩니다. 변화를 방해하는 좋지 않은 과거의 습관들을 과감히 버리십시오.

♡ 주님! 과감한 결단으로 구습을 버리게 하소서!

📷 날마다 말씀을 좇음으로 주님의 형상을 따라 가십시오.

실패 10계명

● 삿 6:23 여호와께서 그에게 이르시되 너는 안심하라 두려워하지 말라 죽지 아니하리라 하시리라

　강철왕 카네기는 노년에 자신의 경험에 비추어 실패한 사람들에 대해서 많은 연구를 했습니다. 그는 오랜 연구 끝에 실패한 사람들의 10가지 공통점을 찾아냈습니다.

① 모든 책임을 다른 사람에게 돌리며, 자신의 잘못엔 항상 핑계를 댄다.

② 큰 열등의식에 빠져 있으며 자기 비하가 심하다.

③ 삶의 목표가 없고, 막연한 성공을 동경한다.

④ 조그만 방해물만 나타나도 쉽게 포기한다.

⑤ 이미 지나간 과거에 지나치게 연연한다.

⑥ 자신만의 일을 하기보다는 다른 사람의 일을 흉내내고 따라한다.

⑦ 생활에 계획과 규칙이 없고, 무절제하게 살아간다.

⑧ 성공을 위해 노력은 하지 않고 지름길을 찾기 위해 시간을 허비한다.

⑨ 자신의 능력을 믿지 못하고 남에게 더욱 의지한다.

⑩ 실패로부터 아무것도 배우지 못하고 그대로 인정해버린다.

　카네기는 10가지 위의 공통점을 많이 가진 사람일수록 성공하지 못한다고 말했고, 그 중 가장 영향력이 큰 것은 10번째 공통점이라고 말했습니다.

　10가지 공통점 중 몇 가지나 해당되십니까? 실패가 없는 성공은 없습니다. 실패를 두려워하지 말고 당당히 도전하십시오.

💙 주님! 주님과 함께 함으로 어떤 것도 두려워하지 않게 하소서!

🖼 새로운 도전을 두려워하지 말고 실패로부터는 배우려는 자세를 가지십시오.

고독이 만든 사회현상

● 나 2:10 니느웨가 공허하였고 황폐하였도다 주민이 낙담하여 그 무릎이 서로 부딪히며 모든 허리가 아프게 되며 모든 낯이 빛을 잃도다

일본의 지역 신문 '아사히 뉴스'에서는 최근 일본에서 말하는 인형이 잘 팔리는 현상에 대한 기사가 나왔습니다.

말하는 인형이란 공기나 실리콘으로 사람과 똑같이 만들어진 인형 안에 기계를 넣어 버튼을 누를 때마다 말을 하는 인형입니다. 대부분 성인용으로 만들어진 이 인형은 주로 오래 독신생활을 한 회사원들이 많이 주문한다고 합니다.

그런데 최근 추세는 이런 성인 남성들 뿐 아니라, 오래 동안 혼자 산 노인 분들과 친구가 없는 학생들까지 말하는 인형이 인기라고 합니다.

사람들은 인형을 통해 '그런 일은 신경 쓰지 마세요.', '다 잘 될 거예요.', '당신은 분명히 할 수 있어요'라는 말을 듣기 위해 구입한다고 합니다.

경제가 잘 발달되고 풍요의 나라라 할지라도 사람들 마음에 생긴 고독의 병은 어쩔 수가 없습니다. 물질의 풍요는 결코 마음의 풍요를 가져다 주지 못합니다. 사랑의 부재는 결코 물질로 해결할 수 없습니다.

고독은 사람을 비참하게 만듭니다. 우리 주변에는 사랑이 필요한 많은 고독한 사람들이 있습니다. 그런 사람들에게 사랑의 하나님을 전하고, 직접 사랑의 행동을 실천 하십시오.

♡ 주님! 사랑이 없는 이 땅에 주님의 사랑만이 해결책임을 알게 하소서!

🌸 주변의 사랑을 필요로 하는 사람을 찾아가 안부를 전하고 위로하십시오.

떠난 후 남는 것

● 벧전 1:7 너희 믿음의 확실함은 불로 연단하여도 없어질 금보다 더 귀하여 예수 그리스도께서 나타나실 때에 칭찬과 영광과 존귀를 얻게 할 것이니라

애플의 창업자이자 혁신의 아이콘이었던 스티브 잡스가 세상을 떠났습니다. 아이팟으로 부터 시작한 애플 열풍은 아이폰과 아이패드까지로 이어지며 전 세계와 더불어 한국에도 '스마트 신드롬'을 일으켰습니다. 전 세계의 많은 사람들이 스티브 잡스의 죽음을 애도한 것은 그의 족적에 걸맞은 모습이었습니다.

네티즌 뿐 아니라 버락 오바마 미국 대통령부터 수많은 사회적 명사들이 그의 죽음을 추모했는데, 심지어 스티브 잡스에 대해서 잘 모르는 사람들조차 자신이 '애플'의 제품을 쓴다는 이유로 그의 죽음을 추모했습니다. 인터넷에서는 이런 잡스를 영웅으로 생각하는 사람들과 그렇지 않은 사람들과의 설전이 심심찮게 일어났습니다.

미국에는 애플이 어떤 제품을 만들어도 반드시 구매하는 열성팬이 200만 명이나 있다고 합니다. 잡스의 극적인 삶과 그가 남긴 획기적인 'IT 제품'들이 사람들에게 그만큼 큰 영향력을 주었기 때문입니다. 실제로 많은 언론들도 스티브 잡스의 죽음을 보도하며 잡스는 'IT 세상'을 남겼다고 일제히 보도했습니다.

스티브 잡스처럼 유명하지는 않아 많은 사람들에게는 아니더라도, 모든 사람은 죽은 뒤에 가까운 사람들에게 어떤 영향력을 미칩니다. 비록 신문에는 나오지 않고 모든 사람이 추모하지는 않더라도 영혼을 살리는 선한 믿음의 영향력을 미치는 사람이 천국에서는 최고로 값진 사람입니다. 육신은 떠나도 영혼은 남는다는 것을 잊지 마십시오.

💙 주님! 부끄럽지 않은 믿음의 유산을 남기게 하소서!

🧩 주변 사람들을 구원으로 인도하는 멋진 성도의 삶을 사십시오.

사랑의 줄

●호 11:4 내가 사람의 줄 곧 사랑의 줄로 그들을 이끌었고 그들에게 대하여 그 목에서 멍에를 벗기는 자 같이 되었으며 그들 앞에 먹을 것을 두었노라

곤충학자 배스티언(S.L.Bastian)은 거미를 관찰하는 중에 아주 신기한 현상을 목격했습니다.

배스티언이 관찰중인 거미는 나뭇가지나 덤불에 새끼들을 낳아 놓고, 잠시 그곳에서 자리를 떠나더라도 새끼들에게 위험이 닥치면 재빨리 돌아오곤 했습니다.

멀리 떨어진 곳에서 새끼들의 위험을 어떻게 감지할 수 있는지 궁금했던 배스티언은 더욱 자세하게 거미의 행동을 관찰하고는 그 이유를 알아내었습니다.

어미 거미는 새끼들에게 아주 가는 실을 달아 자신의 몸과 연결시켜 두었습니다. 만약 새끼들이 위협을 받거나 동요해 평소와 다른 움직임을 하게 되면, 다르게 움직이는 실의 진동을 통해 위험을 감지하고 새끼들을 보호하러 돌아옵니다.

우리는 주님과 한 몸입니다. 주님은 우리의 모든 것을 알고 계시고, 우리의 모든 것에 관심을 가지고 지켜보고 계십니다. 하나님과 연결된 사랑의 줄을 통해 마음의 큰 위안을 얻으십시오.

💛 주님! 우리의 모든 일에 주님이 함께 동참하고 계심을 깨닫게 하소서!

🔳 하나님은 결코 우리를 버리지 않으신다는 사실을 기억하십시오.

작은 것이 기본이다

● 요 15:12 내 계명은 곧 내가 너희를 사랑한 것 같이 너희도 서로 사랑하라 하는 이것이니라

    세계 제일의 부자 중 한 명인 워런 버핏은 한 고등학교의 졸업식에 연사로 초청되어 부자가 되는 비결에 대해 말했습니다.

    "여러분이 앞으로 사회에 나가 부자가 되고 싶다면 제일 먼저 해야 할 일이 있습니다. 그것은 신용카드를 만들지 않는 것입니다."

    또 워런 버핏은 미국의 빈부격차를 줄이기 위한 비법으로 4가지 방법을 말했습니다.

    ① 신용 카드를 사용하지 말라.

    ② 직장생활이나 결혼생활 등, 새로운 출발을 할 땐 빚을 지기 보다는 검소히 저축하라.

    ③ 보수를 생각하지 말고, 적성에 맞는 직업을 선택하라.

    ④ 창의력을 발휘해 돈을 벌라. 아이디어엔 세금이 부과되지 않는다.

    실제로 워런 버핏은 바닥에 떨어진 10원 짜리까지 주워서 저축을 할 정도로 절약을 생활화 했습니다. 그리고 자신이 모르는 상품에 대해서는 절대 돈을 투자하지 않는다고 합니다.

    그가 대표를 맡고 있는 투자회사 버크셔 해서웨이는 원래 방직 공작이었으나, 버핏이 인수를 한 후 새로운 회사로 탈바꿈 시켰습니다. 그리고 버핏의 투자 수익률은 일 년에 15%~20%의 수익으로 사람들의 생각만큼 높지 않습니다. 그러나 안정된 상품에 투자함으로 20년 이상 꾸준히 투자 수익을 거두고 있는 것이 그가 부를 축적한 비결이었습니다.

    신앙도 재테크도 아주 작은 것이 기본이자 모든 것입니다. 신앙생활의 아주 기본적인 것들을 더욱 철저히 지키십시오.

♡ 주님! 하나님을 알고 서로 사랑하게 하는 것이 전부임을 알게 하소서!

🎑 작은 것이 가장 중요합니다. 신앙의 기본을 점검하십시오.

꿈을 이루는 사람

● 시 37:4 또 여호와를 기뻐하라 그가 내 마음의 소원을 네게 이루어 주시로다

고고학자 슐레이만은 자신의 8살 생일 때 아버지가 선물해주신 '어린이 세계사' 책을 읽고는 고고학자가 되기를 꿈꿨습니다.

특히 그는 그 책에 나온 호메로스의 시를 좋아했습니다.

그는 어른이 되어서 반드시 호메로스의 시에 나오는 '트로이'를 자신의 손으로 찾겠다고 다짐했습니다. 그러나 유물 발굴을 하기 위해선 돈이 많이 필요했습니다.

그는 열심히 공부를 했고, 또 사업도 성공해 많은 돈을 벌었습니다.

현실에 안주할 만했지만 슐레이만은 고고학자였던 자신의 꿈을 잊지 않고, 그간 벌은 돈을 가지고 발굴 작업을 하러 떠났습니다. 신화에나 나오는 땅을 찾아 간다고 그를 알던 사람들은 모두 비웃었으나, 그는 포기하지 않고 자신의 꿈을 위해 노력했습니다.

시간이 흐른 후 슐레이만은 땅 속에서 황금 주전자를 발견했습니다. 그 부분을 더욱 파보자 거대한 도시 유적이 나오기 시작했습니다. 그리고 조사 결과 슐레이만이 발견한 도시는 '트로이'라는 것이 밝혀졌습니다.

꿈을 이루는 사람에겐 두 가지 특징이 있습니다. 첫째, 어떤 상황에서도 꿈을 잊지 않는 것과, 둘째, 꿈의 실현 가능성을 의심하지 않는 것입니다. 선한 마음을 가지고 하나님과 사람들을 만족시키는 꿈을 이루는 사람이 되십시오.

💙 주님! 주님의 뜻을 알고, 그 뜻으로 큰 비전을 품게 하소서!

🏮 선한 소망을 결코 포기하지 말고 반드시 이뤄주실 주님을 믿으십시오.

유일한 통로

● 고후 1:7 너희를 위한 우리의 소망이 견고함은 너희가 고난에 참여하는 자가 된 것 같이 위로에도 그러할 줄을 앎이라

　미국의 로버트 게이츠 국방장관은 퇴임을 앞두고 기자들과 고별회견을 가졌습니다.

　이 자리에서 그는 그동안 자신과 정부를 공격한 언론들에 대해서 감사의 뜻을 표했습니다.

　"국방장관의 자리에서 민감한 정보가 가끔 새어나갈 때는 신경이 많이 쓰였지만, 그래도 국민을 대신해 감시하는 역할을 언론이 충실하게 수행했다고 생각합니다. 저는 언론인들을 아주 존경하며, 그들의 전문성과 거친 질문, 그리고 몸을 아끼지 않는 수고로움에 대해 매우 고맙게 생각합니다."

　보통 정부의 기밀과 정보를 알아내려고 하는 언론인들과 그것을 지키려고 하는 정부 관료들의 사이는 좋지 않기 마련입니다. 언론을 적으로 생각하는 관료들도 많았습니다. 따라서 게이츠 국방장관이 고별회견을 통해 기자들에게 할 말이 있다고 했을 때, 회견장의 기자들도 매우 긴장된 표정을 지었습니다. 그러나 사실 게이츠 국방장관은 언론 보도가 군 내부의 문제점을 알려주는 유일한 통로라고 언급했고, 그로 인해 정책에 도움을 받기도 했습니다. 게이츠 국방장관은 따끔한 충고는 비록 귀는 따갑지만 성장에 반드시 필요하다는 사실을 알고 있었습니다.

　고난과 충고는 우리의 약점을 알게 해줍니다. 칭찬밖에 모르는 사람은 자신의 단점이 무엇인지 알 수가 없습니다. 귀에 쓴 충고와 힘든 고난도 우리의 마음과 인생에 도움을 주는 약으로 생각하십시오.

💛 주님! 때로는 어려움이 우리를 성장시킴을 이해하게 하소서!
🏵 힘들어도 도움이 될 만한 충고는 진심으로 받아들이십시오.

사람을 변화시키는 힘

●롬 12:9 사랑에는 거짓이 없나니 악을 미워하고 선에 속하라

월터 반게린은 1980년 뉴욕 타임즈에서 선정한 어린이를 위한 최고의 동화작가 상을 수상한 사람입니다. 그는 자신의 아들과의 아름다운 일화를 자신의 책에 소개했습니다.

9살이 된 월터의 아들 매튜가 하루는 도서관에서 책을 훔쳐온 일이 발각되었습니다. 오직 사랑으로만 키웠던 월터는 아들의 행동에 매우 큰 실망을 했습니다.

"매튜, 너도 알다시피, 아빠는 아직까지 너를 때린 일이 없었단다. 그러나 오늘은 도둑질하는 것이 얼마나 나쁜 일인가를 가르쳐 주어야만 되겠다."

월터는 아이에게 정직에 대해서 가르친 뒤 호되게 매를 들었습니다. 그러나 너무 마음이 아파 매를 때리자마자 밖으로 나가서 눈물을 훔쳤습니다. 그날 매튜는 어느새 의젓한 학생이 되었습니다.

"엄마, 저는 그날 이후로 다시는 도둑질을 안 했어요. 그리고 앞으로도 결코 도둑질은 안할 거예요."

어머니는 이유를 물었습니다.

"그래? 아버지가 널 정말 아프게 때리셨나 보구나?"

"그게 아니에요. 엄마, 사실 전 그때 문 밖에서 아버지가 우시는 소리를 들었어요."

사람을 변화시키는 힘은 진정한 사랑에서 나옵니다. 진정한 사랑은 진심을 전하고, 옳은 일을 이해시킵니다. 사람을 변화시키는 것은 오직 사랑뿐임을 기억하십시오.

♡ 주님! 미움과 분노가 아닌 사랑의 동기로 모든 일을 행하게 하소서!

▨ 잘못된 길을 가고 있는 사람에게 진실한 사랑으로 책망하십시오.

수험생 10계명

● 고전 12:31 너희는 더욱 큰 은사를 사모하라 내가
  또한 가장 좋은 길을 너희에게 보이리라

수험생이 있는 집은 비상 사태일 때가 많습니다.

크리스천 수험생과 부모님이 함께 적용할 수 있는 열 가지 수칙을 봤습니다.

① 믿음의 말을 한다.

② 수험시간에 맞춰서 생활 리듬을 만든다.

③ 다른 친구들과 비교하지 말고, 자신의 페이스대로 공부한다.

④ 수험생이라 보호받고 관리 받아야 한다는 특권의식을 버린다.

⑤ 등교하기 전 기도하는 습관을 들인다.

⑥ 공부하기 전 성경을 묵상하고 하루에 한 장씩 잠언을 읽는다.

⑦ 교회의 선생님들과 부모님들에게도 기도를 부탁한다.

⑧ 쾌적한 공부환경을 위해 부모님께 협조를 부탁한다.

⑨ TV 시청을 자제하고, 컴퓨터는 정해진 시간만 사용한다.

⑩ 자신만의 긴장해소법을 만들고, 식사는 거르지 않는다.

어른이 되기 전 학생들에게 가장 힘든 시기는 수험을 치러야 하는 고3 시기입니다. 진학이 아닌 취직을 준비하는 학생들에게도 고3 시기는 가장 힘들고 또 의미 있는 시간입니다.

인생의 진로가 결정되는 이때에 학생들에겐 큰 사랑이 필요합니다. 또한 그들을 돌봐주는 사람들의 역할도 매우 중요한데, 특히 하나님이 주신 달란트대로 잘 성장할 수 있게 해달라고 기도로 도우십시오.

♡ 주님! 세상의 성공이 아닌 주님의 뜻을 따르는 수험생들이 되게 하소서!

▨ 수험생들에게 따스한 말과 격려를 전해주십시오.

참을성 없는 사회

● 잠 15:18 분을 쉽게 내는 자는 다툼을 일으켜도 노하기를 더디 하는 자는 시비를 그치게 하느니라

버스에서 60대 남자를 폭행한 50대 남자의 이야기가 한 때 인터넷을 떠들썩하게 만들었습니다.

남자가 폭행을 한 이유는 옆에 있던 자신의 아내에게 자리를 양보한 것이 기분이 나빴기 때문이라고 했습니다.

대구의 한 아파트에서는 층간 소음으로 생긴 다툼이 커져 결국 살인까지 발생하는 일이 벌어졌습니다. 아이들이 뛰는 것을 가지고 이해를 못해 주는 것이 도저히 참을 수 없었다는게 살인의 동기였습니다.

미국에서는 1000원도 되지 않는 작은 돈을 가지고 실랑이를 벌이다가 상대방을 살인한 사건도 벌어졌습니다. 평소에 알고 지내던 이웃 간이었기에 충격은 더욱 컸습니다. 동전의 소유가 누구 것이었든 간에 결코 총으로 상대방을 쏠 만한 큰 일은 아니었습니다.

시대가 변하면서 사람들의 인내심이 점점 사라지고 작은 다툼들이 흉악한 범죄로 번지고 있습니다. 그러나 마음속의 분노를 다스릴 줄 알아야 사소한 피해를 막을 수 있고, 진정한 사랑을 실천할 수 있습니다. 화를 참고 마음을 다스릴 줄 아는 사람이 되십시오.

♥ 주님! 분을 참게 해 주시고, 실수하지 않게 하소서!

🖼 화가 날 때는 먼저 생각할 시간을 충분히 가진 뒤 행동하십시오.

노력이 부르는 행운

● 시 128:2 네가 네 손이 수고한 대로 먹을 것이라 네가 복되고 형통하리로다

과학 부문에서 노벨상 수상자 중 가장 큰 이슈가 되었던 것은 화학상을 수상한 다나카 고이치 씨입니다.

노벨상 수상자는 보통 높은 학력과 천재성을 인정받은 과학자들이 많이 수상합니다. 그러나 다나카 씨는 대학교 졸업이 최종학력이며 나이도 43세였습니다.

다나카 씨는 '박사'도 아니었고 '교수'도 아니었습니다. 그냥 일반 회사에서 실험을 주로 하는 연구원이었습니다.

그러나 다나카 씨는 화학을 좋아했고 실험실에서 연구를 하는 자신의 일을 사랑했습니다.

경력을 쌓은 다나카 씨를 회사에서는 여러 차례 관리직으로 승진시켜 주려 했지만 다나카 씨는 자신은 연구를 하는 일이 즐겁다며 승진을 수차례나 거절했습니다.

다나카 씨가 노벨상을 탈 수 있었던 것은 실수로 용액을 잘못 떨어트려 얻은 성과였는데, 그 결과물로 인해 암의 조기 진단과 신약 개발의 가능성이 열렸습니다.

다나카 씨의 노벨상 수상을 그저 우연이 가져다 준 행운으로 볼 수도 있지만 그런 행운 역시 끝없이 노력하는 사람에게만 찾아옵니다. 행운을 만드는 것 역시 노력입니다. 요행을 바라지 말고 더욱 노력하십시오.

💜 주님! 일확천금의 꿈을 버리고 현재에 더욱 충실하게 하소서!
🧩 노력에 합당한 대우를 받는 것에 만족하십시오.

상처와 사랑

● 요일 5:2 우리가 하나님을 사랑하고 그의 계명들을 지킬 때에 이로써 우리가 하나님의 자녀를 사랑하는 줄을 아느니라

유기견 천상이에게는 끔찍한 과거가 있습니다.

진돗개라는 좋은 품종에 영리한 머리를 가지고 있었지만 주인을 잘못 만나 끔찍한 학대를 당했습니다. 턱과 이빨이 부러져 혀를 입안에 넣을 수도 없었고, 온몸이 만신창이가 되어 성한 곳이 한 군데도 없는 모습으로 거리에 버려졌습니다. 당시 구조된 천상이를 수술하며 치료해준 수의사 선생님은 몸도 문제지만 마음의 상처가 더욱 걱정이라고 말했습니다. 천상이는 구조된 뒤 치료를 받은 후에도 사람만 보면 몸을 심하게 떨며 두려워했습니다.

그러나 이런 상처받은 천상이의 마음을 치료해준 것 역시 사람이었습니다. 사설 유기견 보호소를 운영하고 있는 정경원 씨는 천상이의 가슴 아픈 사연을 듣고 자신이 직접 데려다가 보살펴 주었습니다. 천상이는 사람을 믿지 못했기에 먹이도 뱉어내고 정 씨로부터 도망가기 위해 안간힘을 썼습니다. 그러나 그럴 때마다 정 씨는 천상이를 쓰다듬어주고 보듬어 주었습니다. 물론 지금은 정 씨의 꾸준한 사랑 덕분에 천상이는 정 씨를 믿고 따르고 마음의 상처도 많이 회복되었습니다. 다행히 천상이는 좋은 사람을 만나 상처를 치유 받을 수 있었지만 지금도 심하게 학대받은 동물들이 아무렇게나 버려지는 일들이 빈번히 일어나고 있다고 합니다.

세상에는 몸과 마음이 상처받은 많은 사람들이 있습니다. 하나님의 사랑과 그 사랑을 전하는 사람들을 통해서만이 그들의 상처를 치료할 수 있습니다. 상처를 주는 사람이 아니라, 상처를 치유하는 사람이 되십시오.

♡ 주님! 주님의 사랑으로 사람들의 마음의 상처를 치료하게 하소서!

🎴 주변의 상처받은 사람들에게 진정한 관심을 보이고 위로하십시오.

깊은 묵상

● 시 19:14 나의 반석이시요 나의 구속자이신 여호와
  여 내 입의 말과 마음의 묵상이 주님 앞에 열납되기
  를 원하나이다

워싱턴의 링컨 기념관에는 링컨의 읽던 성경책이 전시되어 있습니다.

링컨은 기도를 많이 한만큼 성경 역시 끊임없이 묵상하던 대통령이었습니다.

링컨은 성경 중에서도 특히 시편을 많이 묵상했습니다.

시편에만 유난히 손 때가 묻어 있을 정도였습니다. 링컨은 시편 중에서도 특히 34편 4절 말씀을 자주 묵상했다고 합니다.

"내가 여호와께 구하매 내게 응답하시고 내 모든 두려움에서 나를 건지셨도다."

링컨의 삶속에서 숱한 고난을 만날 때마다 의지했었던 것이 이 말씀이었고 극복할 힘을 주었던 것도 이 말씀이었다고 합니다. 한 구절의 말씀이었지만 이 말씀이 링컨을 지탱했고 어두움의 빛이 되었습니다. 숱한 역경을 딛고 훌륭한 대통령이 될 수 있었던 것은 한 구절의 말씀 때문이었습니다.

성경에는 진리를 깨닫게 하고 세상의 역경을 극복하게 해주는 놀라운 힘이 있습니다. 성경의 능력을 입으로만 고백하지 말고 깊은 묵상으로 직접 체험하십시오.

🖤 주님! 귀한 성경 말씀을 더욱 자주, 깊이 묵상하게 하소서!

🖼 인생의 힘이 되는 말씀을 정한 뒤 암송하고 자주 묵상하십시오.

무엇을 기대하는가?

● 요 2:16 비둘기 파는 사람들에게 이르시되 이것을 여기서 가져가라 내 아버지의 집으로 장사하는 집을 만들지 말라 하시니

　어떤 교회의 예배시간에 외국에 계시던 선교사님이 오셔서 설교를 했습니다.

　선교사님은 험한 선교지에서 있었던 일들과 그런 곳에서도 일어나는 하나님의 역사를 힘차게 간증했습니다.

　또 선교사님은 잃어버린 영혼들을 찾기 위해 헌신할 사람을 하나님께서 부르신다고 증거했습니다.

　예배가 끝난 후 한 어린 학생이 선교사님께 질문이 있다고 찾아왔습니다. 선교사님은 '아까 설교를 듣고 이 아이가 선교에 관심이 생긴 모양이구나'라고 생각하며 무엇이든 물어보라고 했습니다.

　학생은 잔뜩 기대감을 가진 얼굴로 물었습니다.

　"선교사님은 외국에서 오래 생활하셨다고 했잖아요? 제가 우표를 수집하는 것이 취민데 혹시 외국 우표를 좀 얻을 수 없을까요?"

　선교사님의 깊은 경험과 간증도 아이에게는 단지 우표 수집의 수단으로밖에 보이지 않았습니다.

　신앙생활을 통해 무엇을 기대하고 계십니까? 구원의 기쁨과 은혜로 충분히 만족하고 계십니까? 복음은 그 자체로 목표가 되어야지 수단이 되어서는 안 됩니다. 다른 목표달성을 위한 수단으로 신앙을 도구로 사용하려는 마음을 버리십시오.

💜 주님! 생명을 살리는 말씀의 능력을 온전히 깨닫게 하소서!
🎴 복음의 가치를 다른 것들과 겸하여 섬기지 마십시오.

자부심을 가져라

● 유 1:20 사랑하는 자들아 너희는 너희의 지극히 거룩한 믿음 위에 자신을 세우며 성령으로 기도하며

미국 캘리포니아의 최첨단 기술을 개발하는 한 회사가 있습니다.

회사 임원진들은 각 부서 중 어떤 곳이 가장 효율적으로 일하고 만족도가 높은지 알기 위해 외부 컨설팅 업체에 조사를 의뢰했습니다. 그 결과 최우수 부서는 시설부로 보고되었습니다.

시설부는 이 회사의 기술개발과 공정에 필요한 여러 가지 설비들이 고장 나지 않게 관리하는 부서였습니다. 그들은 주로 전기의 배선이나 배수로와 같은 설비들을 보수하고 관리했습니다. 그러나 다른 첨단 기술을 다루는 부서에서는 시설부를 '잡부', '배관공'으로 폄하해 부르며 인정해 주지 않았습니다.

그런데 어떻게 높은 효율성과 만족도를 낼 수 있었을까요? 컨설팅 업체의 조사 결과 그 비결은 '자부심'이었습니다. 시설부의 모든 직원들은 작업을 나갈 때 외과 의사들이 입는 것과 같은 녹색 가운을 입습니다. 사람의 혈관을 책임지는 외과의사와 같이 회사의 혈관을 책임지는 외과의사가 자신들이라는 생각으로 일하기 때문이었습니다. 주변의 평가와 자신들의 업무는 아무런 상관이 없었습니다. 시설부의 자부심은 대단했고, 그 자부심으로 인해 연구실과 회사 전체는 아무런 이상도 없이 잘 가동될 수 있었습니다.

하나님이 우리를 인정하고, 그 말씀대로 올바로 살아가고 있다면 세상의 인정과 사람들의 관심을 받지 못한다고 슬퍼할 필요가 없습니다. '하나님의 자녀'이자 '세상을 비추는 빛'으로의 자부심을 가지십시오.

💙 주님! 거룩한 자부심으로 더욱 세상을 환하게 비추게 하소서!
🎋 세상의 빛과 소금으로써, 하나님의 자녀로써의 자부심을 가지십시오.

같은 모습, 다른 목적

● 고전 15:33 속지 말라 악한 동무들은 선한 행실을 더럽히나니

　거리를 질주하는 두 대의 차량이 있었습니다.

　두 차량 모두 속도제한과 신호를 무시한 채 거리를 질주하고 있었습니다. 얼핏 보면 두 차량은 별다를 점이 없지만 한 대는 음주운전을 하던 차량이고, 한 대는 응급한 환자를 태우고 달리는 앰뷸런스였습니다.

　한 대의 차량에는 술 취한 운전자가 아무 생각 없이 위험하게 차를 운전하고 있었으나, 앰뷸런스의 운전사는 사람의 목숨을 살리기 위해 자신의 모든 신경을 집중해 헌신하고 있었습니다.

　겉으로 보기에는 같은 차량이지만, 무슨 일을 위해 가고 있느냐, 누가 운전하느냐에 따라서 전혀 다른 결과가 나오게 됩니다.

　자신을 위해 열심히 사는 사람들과 말씀의 비전을 갖고 사는 그리스도인들의 모습이 겉으로는 비슷할 수 있습니다. 그러나 그리스도인은 복음을 위해 살고 있고, 하나님께 운전대를 맡긴 사람들입니다.

　하나님께 의지하고 그분의 뜻대로 사는 것이 그리스도인들의 해야할 일이며 삶의 목적임을 기억하며 생활하십시오.

♡ 주님! 복음의 방향을 어긋나게 하는 잘못된 가르침에 속지 않게 하소서!
🧩 진실한 마음에서 나온 행동을 표현하십시오.

성경에서 찾은 해답

●빌 3:8 또한 모든 것을 해로 여김은 내 주 그리스도 예수를 아는 지식이 가장 고상하기 때문이라 내가 그를 위하여 모든 것을 잃어버리고 배설물로 여김은 그리스도를 얻고

영화감독 배창호 씨는 1980년대 한국의 스티븐 스필버그로 불렸습니다. '깊고 푸른 밤', '고래 사냥'과 같이 배 감독이 만들기만 하면 극장가에서 1위를 달렸습니다. 얼마안가 배 감독은 충무로의 확실한 흥행보증 수표로 자리 잡았습니다. 그러나 연달은 성공 뒤에 예술로써의 표현과 상업적인 성공을 놓고 배 감독은 심각한 갈등을 겪었습니다.

이후에도 몇 편의 영화를 만들었고, 그럭저럭 성공도 했지만 도무지 마음이 편치 않았습니다. 그렇게 괴로워하며 방황하고 있던 배 감독을 구원했던 것은 성경이었습니다. 어렸을 때 막연히 엄마를 따라 나간 교회에서 '영화감독이 되게 해달라'고 자신의 소원을 빌었던 배 감독은 괴로운 마음 중에 성경을 묵상함으로 인생의 길을 찾았습니다. 그리고 자신의 영화에 대한 해답도 얻었습니다. 이후 발표한 배 감독은 대부분 기독교적 관점의 구도와 진리를 담은 영화만을 만들었습니다. 한 영화평론가는 배 감독의 영화를 보고 "배 감독이 한국 영화에 쿠테타를 일으켰다. 하지만 성공할지는 모르겠다."라고 평했습니다. 관객들은 외면했고, 지금은 과거의 명성에서 점점 멀어져 사실상 독립영화 감독이 되었습니다. 세상 사람들은 그를 '바보'라고 불렀습니다. 그러나 배창호 감독은 전혀 아랑곳 하지 않고 자신이 깨달은 것을 실천하는 삶을 살고 있습니다.

비록 세상에서의 명성은 예전 같지 않지만 주님을 통한 참된 구원을 얻었기 때문입니다. 하나님의 인정을 받는 세상의 바보가 되십시오.

💛 주님! 말씀 안에 모든 것이 있음을 깨닫게 하소서!

🈳 어려움이 닥칠 때마다 성경을 통해, 기도를 통해 문제를 해결하십시오.

하나님의 마음

 ● 고후 1:3 찬송하리로다 그는 우리 주 예수 그리스도
의 하나님이시요 자비의 아버지시요 모든 위로의 하
나님이시며

어떤 청년이 출석 교회의 목사님을 찾아와 고민을 털어놓았습니다.

"목사님. 저는 교회가 두렵고 하나님이 무섭습니다. 저는 하나님의 말
씀이 진리라는 사실을 알지만 그대로 살 용기가 아직 없습니다. 저는 하
나님이 저의 이런 모습을 알고 실망하실까봐 두려워요. 만약 제가 하나님
께 온전히 헌신한다고 해도, 하나님이 저에게 무리한 일을 시키신다면 도
저히 감당해낼 자신이 없습니다."

목사님은 청년을 안심시키며 말했습니다.

"하나님은 그런 분이 아니십니다. 하나님은 문 밖에서 떨고 있는 작은
새를 그냥 두지 않으십니다. 하나님은 작은 새를 방안으로 들이시고 따뜻
하게 품어주심으로 피난처가 되어주시는 분이십니다. 무리한 요구를 하
는 분은 더더욱 아니십니다. 하나님의 말씀을 믿는다면 그분의 사랑과 자
비도 믿으십시오. 하나님은 감당치 못할 시험을 주지 않으십니다."

하나님의 마음은 자비와 사랑의 마음입니다.

하나님의 사랑은 결코 작지 않고 그 기다림은 결코 짧지 않습니다. 하나
님의 마음을 이해하고 또 그 마음을 품으십시오.

♥ 주님! 우리를 위로하고 안아주시는 하나님의 마음을 알게 하소서!

▨ 하나님 아버지의 마음을 알고 하나님 아버지의 사랑을 품으십시오.

지혜롭게 쓸 줄 아는 사람

● 고전 14:20 형제들아 지혜에는 아이가 되지 말고 악에는 어린 아이가 되라 지혜에는 장성한 사람이 되라

근대화 시기의 한국에 백 선행 여사라는 분이 있었습니다.

백 여사는 14살 때 결혼을 했으나 이년 뒤 남편이 세상을 떠나 과부가 되었습니다. 남겨진 재산도 별로 없고, 기댈 친척도 없었기에 그저 악착 같이 살면서 돈을 벌었습니다. 할 수 있는 일은 다하고, '안 먹고, 안 입고, 안 쓰며' 많은 돈을 벌었습니다. 백 여사는 이렇게 힘든 돈을 말년에 들어 아이들의 교육과 불쌍한 사람들을 구제하는데 전부 사용했습니다.

백 여사는 그 이유에 대해 이렇게 말했습니다.

"저는 돈을 벌 줄은 알았지만 쓸 줄을 몰랐습니다. 기껏 열심히 일해 많 은 돈을 벌었지만 어떻게 써야 잘 쓰는 것인지는 알 수가 없었습니다. 그 런데 내가 보기에 민족의 스승인 조만식 선생은 돈을 매우 잘 쓰는 사람 같았습니다. 조만식 선생이라면 이 돈을 잘 사용해줄 것 같았습니다. 그 래서 나의 전 재산을 맡기고 맘껏 가져다 쓰라고 했습니다."

백 여사는 돈을 버는 행동뿐 아니라 올바른 돈에 대한 생각도 가지고 있었습니다. 자신의 꿈과 편안한 노후를 위해서 돈을 벌려고만 하는 사람 들이 대부분인 오늘날 특히나 더욱 교훈이 되는 마음가짐인 것 같습니다.

그리스도인은 항상 수단보다 올바른 목적에 초점이 맞춰져 있어야 합 니다. 재물에도 예외는 없습니다. 하나님이 원하시는 방법대로 재물을 사 용하십시오.

♥ 주님! 주님이 주신 물질을 주님을 위해 잘 사용하게 하소서!
▥ 돈을 버는 일과 돈을 쓰는 일을 잘 하고 있는지 점검하십시오.

우연이란 없다

● 엡 1:11 모든 일을 그의 뜻의 결정대로 일하시는 이의 계획을 따라 우리가 예정을 입어 그 안에서 기업이 되었으니

프랑스의 과학자 파스퇴르는 1897년 콜레라에 대해 연구를 하다가 우연히 '백신 처방 방법'이란 것을 발견했습니다. 요즘도 시행하고 있는 백신 예방법은 이 때 파스퇴르가 발견한 것입니다. 파스퇴르는 이 사실을 발견한 뒤 세상에 공표했습니다. 특허를 취득하면 막대한 돈을 벌수도 있었지만 인류의 이익이 더 중요하다고 생각했습니다.

그러나 파스퇴르를 질투한 한 동료 과학자는 파스퇴르의 업적을 무시하는 발언을 퍼트렸습니다.

"파스퇴르의 발견은 우연일 뿐이네. 그런 우연을 발견해서 돈을 받는 것이야 말로 못할 짓이지. 파스퇴르는 우연히 발견한 사실을 세상에 전했을 뿐인데, 왜 세상 사람들이 그를 칭송하는지 모르겠네."

나중에 큰 연회장에서 파스퇴르와 그 과학자가 만난 적이 있었습니다. 파스퇴르는 그 자리에서 청중들을 모아놓고 이렇게 말했습니다.

"여러분, 인생에 우연이라는 것은 없습니다. 오로지 한 곳을 파십시오. 그러면 생각지 않던 놀라운 선물을 발견할 것입니다. 제가 한 우물을 파지 않았다면 백신 예방법은 발견하지 못했을 것입니다. 물론 그것이 우연이라는 사람들도 있지만, 이 우연같은 필연은 받을 준비가 된 사람에게만 주어지는 것입니다."

세상에 우연이란 없습니다. 모든 크고 작은 일들은 다 하나님의 뜻과 계획이 있습니다. 다만 하나님의 뜻에 다르게 반응하는 사람들만이 있을 뿐입니다. 많은 선택 속에서 하나님의 뜻대로 바른 선택과 옳은 행동을 하십시오.

💛 주님! 하나님의 뜻을 따라 사는 삶이 되게 하소서!

🎴 세상의 모든 것이 하나님의 계획하심의 일부임을 기억하십시오.

신뢰의 회복

●엡 4:12 이는 성도를 온전하게 하며 봉사의 일을 하게 하며 그리스도의 몸을 세우려 하심이라

프린스톤 대학의 종교 연구팀에서 미국 국민들이 가장 신뢰하는 단체나 매체에 대해서 대대적으로 조사한 적이 있습니다.

11년간 수차례에 걸쳐 조사된 이 자료의 결과는 다음과 같습니다.

●미국 국민이 신뢰할 수 있다고 생각한 단체(중복 표기 가능)

①교회(64%) ②군대(58%) ③은행 ④대법원 ⑤공립학교 ⑥신문 ⑦회사 내의 노동조합들 ⑧대기업의 발표…

이 신빙성 있는 조사가 나온 지는 벌써 10년이 지났습니다. 11년 간의 조사기간은 이 결과의 신뢰도를 말해줍니다. 그러나 오늘날의 교회의 모습은 사람들에게 신뢰를 주지 못하고 있는 것이 사실입니다.

오늘날 한국에서 이런 조사를 한다면 어떤 결과가 나올까요? 매스미디어의 과장되고 오도된 기사의 문제도 있겠지만 그래도 가장 중요한 것은 그리스도인들이 진실되고 사랑이 담긴 행동으로 보여주는 것입니다.

교회의 신뢰와 권위가 점점 떨어지고 있는 안타까운 이 시대에 진리에 대한 세상 사람들의 신뢰를 회복시킬 수 있는 귀한 그리스도인이 되십시오.

💜 주님! 세상에 그리스도의 의를 보이는 성도가 되게 하소서!

🎗 하나님을 영화롭게 하는 성도로의 삶을 사십시오.

하나님의 사랑

 ●딤전 2:6 그가 모든 사람을 위하여 자기를 대속물로 주셨으니 기약이 이르러 주신 증거니라

미국 보스턴의 한 보건소에서 있었던 일입니다.

늦은 밤, 한 청년이 보건소에 들어와 다짜고짜 흉기를 들고 의사를 위협했습니다.

마약중독자인 청년은 더 이상 마약을 구할 수 없자, 메사인과 모르핀과 같은 약품을 구하기 위해서 보건소를 찾아왔습니다.

당직을 서던 의사는 환자와 간호사들의 안전을 위해, 순순히 청년이 달라는 대로 약을 주었습니다. 청년은 약을 보자마자 급하게 챙긴 뒤 한 구석에 가서 마약을 복용하기 시작했습니다. 그러나 약을 너무 많이 복용해 호흡이 멎은 채 실신을 하고 말았습니다. 분명 죽을 수밖에 없는 상황이었지만 청년은 목숨을 구할 수 있었습니다. 그가 위협했던 의사가 중화제와 적절한 처방을 통해 청년의 목숨을 살렸기 때문입니다.

제이슨 호버라는 청년은 사실 죽을 작정으로 약을 복용한 것이었지만 자신의 목숨을 살린 의사의 행동에 큰 감명을 받고는 힘겨운 재활을 마치고 다시 정상적인 삶을 살아가게 되었습니다.

하나님의 사랑은 하나님의 생명이 없는 우리에게 생명을 주신 구원입니다. 구원은 죄에 중독된 우리의 영혼을 해독시킵니다. 악한 영을 씻겨주시고 살려주신 하나님의 사랑을 묵상하며 감사하는 하루가 되십시오.

♥ 주님! 예수님의 보혈로 죄가 씻겼음을 늘 기억하게 하소서!
🖼 예수님의 보혈의 능력을 묵상하는 하루가 되십시오.

착한 소비의 경제학

● 딤전 1:19 믿음과 착한 양심을 가지라 어떤 이들은 이 양심을 버렸고 그 믿음에 관하여는 파선하였느니라

　최근 여러 기업의 마케팅부서에서는 '명품보다 선품'이라는 말이 유행처럼 번지고 있습니다. '선품'이란 물건의 정당한 가치를 부여하거나, 금액의 일정액을 환경과 어려운 이웃을 위해 기부하는 시스템을 가진 상품들을 말합니다. 당연히 일반 상품보다 금액도 비싸고 아무데서나 구하기도 쉽지 않지만 그래도 정당한 물건을 구입하겠다는 소비자들의 관심은 점점 늘고 있습니다.

　선품을 대표하는 것은 친환경 소비, 공정무역, 로컬 푸드 등이 있는데, 친환경 소비는 비닐이나 합성 재질의 포장을 사용하지 않고, 구입금액의 일부분을 나무를 심거나 환경을 보호하는 데 사용합니다. 공정무역 커피는 주로 커피재배가 이루어지는 대부분의 제 3세계의 어린이와 가난한 농가들에게 정당한 금액을 지불하고 구입한 커피를 말합니다. 그동안 가난한 농가를 상대로 폭리를 취하기 위한 다국적 기업의 행태가 문제가 되었는데, 이제는 소비자들의 착한 소비에 대한 관심 때문에 대형 프랜차이즈에서도 속속 공정무역 거래를 통해 구입한 커피를 판매하고 있습니다.

　로컬 푸드는 먼 곳에서 식품이나 상품을 운반하며 낭비되는 기름과 그로 인한 매연의 피해를 막기 위해 되도록 거주지에서 가까운 산지에서 나온 물건을 소비하는 운동입니다. 기업들은 소비자들의 이런 '윤리적 소비'와 '합리적 소비'에 대한 관심이 커질 것으로 예상하고 있습니다.

　그리스도인들은 소비를 통해서도 선행을 실천할 줄 알아야 합니다. 작은 금액의 이득에 마음을 뺏기지 말고 정당한 소비, 다른 사람에게 도움을 주는 현명한 소비를 하십시오.

♡ 주님! 평범한 일상생활 속에서도 양심을 속이지 않게 하소서!
🕮 경제적 소비에서 윤리적 소비로 전환하십시오.

무관심이라는 재앙

●막 8:18 너희가 눈이 있어도 보지 못하며 귀가 있어도 듣지 못하느냐 또 기억하지 못하느냐

　뉴질랜드의 케링턴 대학의 명예 총장인 로렌스 고울드 박사(Laurence M. Gould)는 사회의 가장 큰 문제는 무관심이라고 말했습니다.

　"저는 미래의 위험이 핵폭탄이나 국가적 재난에 의해 일어난다고 생각하지 않습니다. 우리의 문명은 그런 위험한 사고나 심각한 전쟁으로 끝나지는 않을 것입니다. 다만, 사람들이 더 이상 사회의 어떤 것에도 신경 쓰지 않을 때 멸망이 찾아올 것입니다."

　역사학자 아놀드 토인비는 지금껏 멸망한 21개의 문명 중 19개의 문명은 외부의 침략이 아닌 내부의 문제로 멸망했다고 말했습니다.

　내부의 문제란 조국에 대한 무관심이었습니다.

　멸망한 문명의 특징은 국민들이 자기 나라에 대한 어떤 관심과 국민이라는 정체성도 없다는 점이었습니다.

　무관심은 생각할 수 있는 가장 안 좋은 결과를 초래합니다.

　사회적으로도 사람들이 어떤 사항에 대해서 전혀 무관심하고 안이한 태도를 지닐 때 큰 사건들이 벌어졌습니다. 자신에 대한, 이웃에 대한, 교회에 대해 큰 관심과 애정을 가지십시오.

💜 주님! 사회에 대한 외면은 하나님의 뜻이 아님을 알게 하소서!

🖼 소속한 모든 기관들에 대해 지속적인 관심을 가지십시오.

11월

내게 구하라
내가 이방 나라를
네 유업으로 주리니
네 소유가 땅 끝까지 이르리로다
시2:8

자유의 최후

● 약 5:5 너희가 땅에서 사치하고 방종하여 살륙의 날에 너희 마음을 살찌게 하였도다

미국의 한 지역에 '자유'라는 이름의 마을이 세워졌습니다.

세상의 여러 가지 가치에 염증을 느낀 사람들이 모여서 세운 마을이었습니다. 이곳은 정말로 자유로운 곳이라 자유를 제한하는 어떤 것도 존재할 수가 없었습니다. 어떤 사람은 이곳을 들어 '미국에서 유일하게 하나님, 교회, 목사, 지옥, 혹은 악마가 존재하지 않는 곳'이라고 평했습니다.

'자유'에 온 사람들은 모두 무신론자였습니다. 그뿐 아니라 '법'과 '규율'에 대한 반감을 가진 사람들이었습니다. '자유'마을은 곧 '참된 자유'를 찾겠다는 사람들의 도피처가 되었고 많은 사람들이 몰려 들기 시작했습니다. 그러나 '자유' 마을은 처참한 실패작이 되었습니다. 어떤 규율과 법도 없었던 마을에는 남의 자유를 침해하는 것조차 자유의 표현으로 여겨졌습니다. 매일 사람들이 죽고 죽이는 사건이 일어났고, 남자들은 아무 죄책감이 없이 여자들을 겁탈했기에 여자들은 도저히 살 수 없는 마을이 되었습니다. 당연히 마을은 곧 해체됐고 그곳은 '자유'라는 이름으로 모인 타락한 사람들의 안식처일 뿐이었음이 밝혀졌습니다.

무신론자가 때로는 지적이고, 자유분방하고, 합리적인 사람으로 보일지 모릅니다. 그러나 무신론자들끼리 구성된 사회에서는 어떤 것도 정립이 안되고 이룰 수 없습니다. 하나님께 속하고 말씀대로 사는 것이 진정한 자유임을 깨달으십시오.

🤍 주님! 인간 뜻대로의 자유는 곧 죄의 방종임을 알게 하소서!
🎴 진정한 자유는 악에 대한 것임을 잊지 마십시오.

편리한 종교

● 약 3:14 그러나 너희 마음 속에 독한 시기와 다툼이
있으면 자랑하지 말라 진리를 거슬러 거짓말하지 말
라

한 도둑이 도둑질을 한 뒤 양심의 가책을 느껴서 교회에 나갔습니다.
도둑은 예배를 드리고 목사님을 만나 물었습니다.

"자세히 말을 할 순 없지만 저는 심각한 죄인입니다. 이런 저도 회개할
수 있을까요?"

"물론입니다. 하나님은 어떤 죄인이든 다 용서하십니다."

도둑은 목사님의 말대로 회개를 하고, 다음 날 또 도둑질을 했습니다.
주일날 교회에 다시 나와 목사님에게 물었습니다.

"목사님, 그만 또 죄를 짓고 말았습니다. 주님이 저를 다시 용서해주실
까요?"

"물론입니다. 주님은 회개하는 마음을 기쁘게 받아주십니다."

도둑은 교회를 나오면서 기분좋게 웃으며 혼잣말을 했습니다.

"죄를 아무리 지어도 용서가 된다니... 기독교란 참 편리한 종교야."

그러나 도둑은 착각한 것입니다. 회개는 죄를 피하기 위한 수단이 될 수
없습니다. 회개란 죄에서 벗어나 하나님의 자녀가 되기 위한 목적입니다.
참된 회개란 죄의 편에서 돌아서기 위한 결심을 얘기하는 것이지 마음의
평안을 위한 면죄부가 아닙니다. 하나님은 우리의 마음도 모두 알고 계십
니다. 하나님을 시험하지 말고 진실한 마음의 회개를 하십시오.

💗 주님! 잘못된 마음으로 하나님을 기만하지 않게 하소서!

🖼 예화의 도둑과 같은 삶을 살고 있지 않은지 반성해보십시오.

도로에 깔린 고마움

●딤전 2:1 그러므로 내가 첫째로 권하노니 모든 사람을 위하여 간구와 기도와 도고와 감사를 하되

　지금 우리가 사용하는 도로라는 개념이 생긴 것은 19세기 초입니다.

　도로 이전의 길은 그냥 그저 이동에 방해물이 되는 풀과 돌들을 정비를 해놓는 정도에 불과했습니다.

　그러다 영국의 머캐덤이라는 토목 기술자가 길에 잘게 깨트린 자갈을 까는 방식으로 공사를 시작했습니다. 작은 자갈은 울퉁불퉁한 바닥을 평평하고 단단하게 만들어줬고, 이런 새로운 방식의 길을 통해 자동차들은 더 빨리 달릴 수 있었고 사람들의 보행로도 안전하게 확보되었습니다. 이 기술을 토대로 오늘날의 도로 포장 기술이 발전되기 시작했습니다.

　당시 이 공사법을 발명한 머캐덤은 주위 사람들에게 영웅대접을 받았습니다. 머캐덤과 그의 세 아들은 도로를 개발하고 설치하기 위해서 본래 직업도 포기할 정도로 열정과 노력을 쏟았는데 그 고마움을 다른 사람들도 모두 알았기 때문입니다.

　오늘 날 도로가 있음에 감사하는 사람은 아무도 없습니다. 세월이 지나며 그의 헌신과 열정이 사람들에게서 점점 잊혀졌기 때문입니다. 그러나 도로뿐 아니라 우리가 누리는 모든 것들에는 어떤 사람의 희생과 노력이 담겨있음을 기억하십시오.

💜 주님! 하나님에 대한 감사도 기약이 없음을 깨닫게 하소서!

🖼 다른 사람의 헌신과 노력이 있었기에 우리의 생활이 가능함을 기억하십시오.

로마의 멸망

● 요일 2:7 사랑하는 자들아 내가 새 계명을 너희에게
쓰는 것이 아니라 너희가 처음부터 가진 옛 계명이
니 이 옛 계명은 너희가 들은 바 말씀이거니와

에드워드 기븐이 1787년에 출간한 '로마제국의 몰락'은 로마의 몰락에
크게 영향을 준 직접적인 5가지 원인에 대해서 나와 있습니다.

① 이혼율의 급속한 증가 - 이혼이 많아졌다는 것은 사회의 근간인 가
정이 건강하지 못하다는 뜻이고, 이것은 곧 다음 세대의 주역이 될 자녀
들에게도 좋지 않은 영향을 끼친다는 뜻입니다.

② 높아진 세금과 인기를 끌기 위한 정책 - 로마 정부는 재정적자를 줄
이기 위해서 세금을 높였습니다. 그리고 사람들의 불만을 잠재우기 위해
서 번화가에서 무료로 곡예 공연을 벌였고, 음식을 나누어졌습니다. 시간
이 흐를수록 재정의 적자는 점점 커질 수밖에 없었습니다.

③ 비인간적인 스포츠의 인기몰이 - 점점 더 강한 쾌락을 찾는 사람들
에 의해 퇴폐적인 유흥문화가 생겨나기 시작했고, 스포츠는 점점 잔인해
지고 야만스러웠습니다.

④ 군비의 확충 - 로마는 이미 상당한 영토를 정복한 뒤에도 군비를 계
속해서 늘렸습니다. 그러나 늘어난 영토에 비해 내정에 대한 투자를 전혀
하지 않았습니다.

⑤ 기독교의 쇠퇴 - 신실한 성도들이 있을 때 국가는 종교를 탄압했습
니다. 그러나 다시 국가가 종교를 인정했을 때에는 성직자들과 신도들이
타락해서 더 이상 예전의 빛을 발하지 못했습니다.

로마 멸망에 대한 이야기지만 현재 우리의 상황에 대해서도 말해주고
있습니다. 역사를 통해 교훈을 얻고 배우십시오.

💚 주님! 실수로부터 소중한 경험을 배우게 하소서!
🎴 지난 실수를 반복하지 말고 미리 대비하는 사람이 되십시오.

초대교회의 열정

 ● 계 14:12 성도들의 인내가 여기 있나니 그들은 하나님의 계명과 예수에 대한 믿음을 지키는 자니라

그리스의 철학자 플라톤의 제자였던 아리스토텔레스는 스승 못지않게 훌륭한 철학자였습니다.

그런 아리스토텔레스가 기원후 125년쯤에 쓴 것으로 추정된 편지가 있는데, 그 편지에서 아리스토텔레스가 기독교인에 대해서 언급한 내용이 나옵니다.

"기독교라는 새로운 종교가 생긴 것 같다. 내가 생각하기에 기독교인들은 정말 이해하기 힘든 집단인 것 같다. 사람이 죽으면 슬퍼하지 않고 오히려 기뻐하며 하나님이라고 불리는 그들의 신에게 감사를 드린다. 그들의 장례 행렬은 마치 즐거운 소풍과도 같다. 즐거운 노래와 감사를 외치며 행진한다."

당시 그리스의 철학자들도 죽음은 인간의 삶에 중요한 선물이라고 생각을 했습니다. 그러나 실제로 죽음 앞에서 저렇게 기뻐하고 감사하는 초대 그리스도인들의 삶을 보자 이해를 할 수가 없었습니다.

철학적 논리로만 죽음과 영생을 이해하는 것과 그리스도의 부활을 믿고 가슴으로 받아들인 사람의 삶에는 이토록 큰 차이가 납니다. 예수님을 믿는다는 사실을 통해 초대교회 성도들의 느꼈던 감격을 느끼십시오.

💙 주님! 살아있는 말씀을 믿는 참된 성도가 되게 하소서!
🕯 믿음의 열정이 살아있는 생명력이 넘치는 하루를 사십시오.

영원한 가치

● 요 4:14 내가 주는 물을 마시는 자는 영원히 목마르지 아니하리니 내가 주는 물은 그 속에서 영생하도록 솟아나는 샘물이 되리라

히틀러의 경호원 중에 쿠르트 바그너라는 사람이 있었습니다. 쿠르트 바그너는 자신의 모든 인생을 히틀러를 위해 바쳤습니다. 그에게는 히틀러가 삶의 목표였고, 하나님과도 같은 존재였습니다.

그런데 2차 대전이 끝날 무렵 히틀러가 자살로 생을 마감하자 바그너의 삶도 혼란에 빠지게 되었습니다. 그동안 믿어왔던 신념이 무너지자, 바그너는 자신의 삶을 더 이상 버틸 수 없다고 생각하고 스스로 목숨을 끊고자 했습니다.

자살을 생각하며 커피를 한잔 마시던 바그너에게 책상위에 놓인 '요한복음'이 눈에 들어왔습니다. 책장을 한 장 한 장 넘기던 바그너는 요한복음을 읽으며 복음을 깨닫게 되었고 주님을 영접했습니다.

바그너의 이후의 삶에 대해서는 잘 알려지지 않았습니다. 그러나 그는 히틀러의 경호원으로 살았던 때의 삶과 정 반대의 삶을 살았다고 합니다.

변하지 않는 영원한 삶의 가치는 하나님뿐입니다. 사람은 실수하고, 변하고, 죽게 됩니다. 재물 역시 영원하지 않습니다. 한 사람의 인생을 걸고 변화시킬 수 있는 가치는 오직 하나님의 사랑뿐입니다. 그리스도를 진정한 나의 삶의 구세주로 받아들이십시오.

♡ 주님! 세상 끝날까지 믿을 수 있는 것은 오직 주님 한분뿐임을 알게 하소서!
🎴 변하지 않는 하나님의 사랑에 올인 하십시오.

인생의 시기

 ●전 3:1 범사가 기한이 있고 천하 만사가 다 때가 있나니

    로스앤젤레스 대학교의 심리학 교수 로저 굴드 박사는 성인의 발달 과정을 7단계로 구분했습니다.
   ① 도망의 시기 - 16~17세로, 사회와 가정의 통제로부터 벗어나려는 시기.
   ② 탐색의 시기 - 18~22세로, 자신의 인생의 가능성을 알아보고 계획을 세우는 시기.
   ③ 투쟁의 시기 - 23~28세로, 사회에 본격적으로 발을 들이고 자신의 분야에서 모든 에너지를 쏟게 되는 시기.
   ④ 회의의 시기 - 29~34세로, 인생의 문제에 대해서 깊게 생각하는 시기. 보통 입사 3-5년차인 이 시기에 이직이 가장 많이 일어납니다.
   ⑤ 불안의 시기 - 35~43세로, 인생의 위기를 느끼고 초조함을 느끼게 되는 시기.
   ⑥ 회고의 시기 - 44~50세로, 심각한 질환이 가장 많이 발견되는 시기. 시간에 더욱 예민해지고 육체적, 정신적으로 큰 변화가 일어납니다.
   ⑦ 성숙의 시기 - 50세 이상으로, 건강에 대한 관심이 커지는 시기. 그 전까지의 위기를 슬기롭게 넘긴 경우에는 그간 터득한 인생의 지혜를 나누는데 열심을 냅니다.
    인생의 모든 시기의 문제들을 지혜롭게 극복해 나갈 때 훌륭한 사람으로, 지혜로운 사람으로 성장할 수 있습니다. 인생의 모든 시기를 주님과 함께 성장해 나가기를 기도하십시오.

💙 주님! 시절을 쫓아 열매를 맺는 나무가 되게 하소서!
🀫 지금 내가 제대로 살아가고 있는지 기도하며 생각해 보십시오.

곁에 계시는 주님

● 시 73:23 내가 항상 주와 함께 하니 주께서 내 오른 손을 붙드셨나이다

노벨문학상을 받은 하인리비 빌의 '그리고 아무 말도 하지 않았다'라는 소설에 나오는 이야기입니다.

독일의 퀼른 시는 2차 세계대전으로 인해 폐허가 되었습니다. 도시에는 독실한 신앙인인 프랑케 부인과 그 집의 부엌방에 세 들어 사는 케테라는 여인이 나옵니다. 케테의 인생은 온통 비극뿐입니다. 남편은 세 자녀를 두고 도망갔으며, 프랑케 부인은 신앙인이었지만 케테 가정에게는 조금의 자비도 베풀지 않습니다. 오히려 세 자녀들이 너무 시끄럽다고 매일 같이 신경질을 냅니다. 집 안에서도 밖에서도 쉴 곳이 전혀 없는 케테는 우연히 집을 나간 남편의 소식을 전해 듣고, 한달에 한번씩 남편을 만나게 됩니다. 가난 때문에 집을 나간 남편이었으나, 여전히 가난했고, 건강까지 악화되어 있었습니다. 그런 남편에게 케테는 묻습니다.

"당신은 왜 이 절망적 상황에서 기도하지 않나요? 기도만이 유일한 희망임을 당신도 알잖아요."

남편은 쓴웃음을 짓습니다.

"주님은 내게서 너무 멀리 계셔."

"천만에요. 여보, 주님은 지금 우리 곁에 계세요."

고단한 인생 속에서도 포기하지 않고 버틸 수 있었던 것은 주님이 함께 하신다는 믿음과 그 주님을 향한 기도였습니다. 기도하는 사람은 희망의 사람이며, 어떤 고난에서도 일어설 준비가 된 사람입니다. 어떤 상황에서도 기도할 수 있음을 잊지 마십시오.

♡ 주님! 기도할 수 있다는 사실을 통해 어려움을 이겨내게 하소서!

🎴 기도함으로 희망을 얻고, 위로를 얻으십시오.

3가지 내면

● 고전 3:16 너희는 너희가 하나님의 성전인 것과 하나님의 성령이 너희 안에 계시는 것을 알지 못하느냐

　정신분석학자 프로이트는 인간이라면 누구나 마음의 세 가지 모습을 가지고 있다고 말했습니다.
　① 이타적이고 법과 도덕을 지켜야 된다고 생각하는 청교도적인 성직자의 모습입니다.
　② 남을 속이고 이득을 보려는 야비한 사기꾼의 모습입니다.
　③ 감정과 정욕대로 이끌려 사는 짐승과도 같은 모습입니다.
　누구나 이런 세 가지의 마음을 갖고 있고 상황에 따라 다르게 다른 모습이 마음을 차지한다고 프로이트는 생각했습니다.
　인간이 이중적인 성향을 띄고 마음의 평안을 얻지 못하고 괴로워하는 것도 바로 인간의 3가지 내면이 공존하기 때문이라고 프로이트는 말했습니다.
　우리 마음 속의 여러 가지 생각이 공존할 때는 절대로 평안을 얻을 수 없습니다. 오직 그리스도만이 우리 마음의 주인이 되실 때 마음의 평안이 찾아오고 진정한 우리 모습을 찾게 됩니다.
　그리스도가 없는 우리의 마음에 어떤 일들이 일어나는지 우리는 이미 잘 알고 있습니다. 육체의 소욕을 이기고 마음을 그리스도께 내어드리십시오.

💙 주님! 주님을 마음 중심에 모심으로 참된 평안을 누리게 하소서!
🧩 마음속 성령님의 소리에 더욱 귀를 기울이십시오.

맞서는 훈련

●롬 12:21 악에게 지지 말고 선으로 악을 이기라

외아들을 끔찍이 사랑하는 사냥꾼이 있었습니다.

용감하고 활달한 성격의 아들은 아버지의 가업을 잇고 싶어 했지만 아버지는 아들이 맹수에게 혹여나 공격당할까봐 절대로 사냥을 나가지 못하게 했습니다. 아버지는 사냥을 나갈 때마다 아들을 방 안에 두고 말했습니다.

"너는 우리 가문의 유일한 혈통이란다. 사냥은 목숨을 잃을 수도 있는 위험한 일이니 여기 있어라."

아버지는 사냥을 나갈 때마다 아들에게 바깥세상의 위험성을 상기시켰습니다. 아버지의 말을 듣고 방안에 오래 있을수록 아들의 용감한 성격은 점점 사라졌습니다. 아들은 결국 겁쟁이가 되었고, 방 안에만 있어 몸도 매우 병약해졌습니다.

어느 날 아버지가 집을 비운 사이에 맹수가 사냥꾼의 집을 습격했습니다. 맹수는 집 안의 아들을 발견하고 공격했으나, 아들은 눈앞에 나타난 맹수에게 아무런 저항도 하지 못하고 물려 죽고 말았습니다.

집으로 돌아와 그 광경을 목격한 사냥꾼은 눈물을 흘리며 후회했습니다.

"아들에게 맹수를 잡는 방법을 가르쳐주었으면 더 좋았을 것을..."

실전에서 강한 병사가 정말로 강한 병사입니다. 죄에 대해 피하기보다는 죄의 유혹에 맞서 이겨내는 강한 그리스도의 군사가 되십시오.

💚 주님! 믿지 않는 사람들을 피하지 않고 복음으로 이끌게 하소서!

🖼 세상에 담대히 나가는 그리스도인이 되십시오.

가장 큰 영향

● 갈 1:4 그리스도께서 하나님 곧 우리 아버지의 뜻을 따라 이 악한 세대에서 우리를 건지시려고 우리 죄를 대속하기 위하여 자기 몸을 주셨으니

환자가 병원을 찾는 이유에 대해서 조사한 연구가 있었습니다.

그 자료에 의하면 환자들이 병원을 찾는 가장 큰 이유는 의사를 만나기 위해서였습니다.

의사를 만나려는 목적이 주사를 맞거나 약을 받기 위한 목적보다도 훨씬 큰 비중을 차지했습니다.

거기에 더해 환자들의 치료에 가장 도움이 되는 것 역시 '의사와 대화를 나눴다는 사실'이라고 합니다.

병에 대한 전문가인 의사를 통해 자신의 증상과 치료법에 대해 들었다는 사실이 심리적으로 안정을 주고 곧 육체의 치유로 이어진 것입니다.

실제로 별다른 약과 처방을 내려주지 않아도 단지 진료를 받은 것만으로 대부분의 환자들의 통증이 경감되고 훨씬 더 몸이 좋아진 것을 느낀다고 연구 자료에 나와 있습니다.

사람들은 항상 전문가를 찾습니다. 그리고 전문가의 말과 처방을 통해 안도감을 느낍니다.

온 세상의 창조주인 주님과 함께할 때는 어떤 마음을 느끼십니까? 주님과 함께 라는 사실이 삶에 직접적으로 영향을 미치게 하십시오.

♡ 주님! 세상을 이기신 주님이 언제나 나와 함께 한다는 사실을 알게 하소서!

주님이 나의 삶에 어떤 영향을 미치는지 생각해 보십시오.

따라가는 사람, 따르게 만드는 사람

● 요삼 1:11 사랑하는 자여 악한 것을 본받지 말고 선한 것을 본받으라 선을 행하는 자는 하나님께 속하고 악을 행하는 자는 하나님을 뵈옵지 못하였느니라

로렌스라는 심리학자가 물고기를 가지고 실험을 했습니다.

송사리 크기의 물고기들을 어항에 가둔 뒤에 한 마리 물고기의 뇌에 전기 자극을 가해서 특정부분이 손상되게 했습니다.

뇌가 망가진 물고기는 잠시 뒤 어항에서 비정상적인 행동을 하기 시작했고, 제자리를 빙글빙글 끊임없이 돌기 시작했습니다. 주위의 물고기들은 갑자기 이상 행동을 보이는 물고기 주변에 잠시 서서 멈춰있었습니다. 비정상적인 물고기의 행동을 보며 어쩔 줄 몰라 하는 것 같았습니다. 그러나 시간이 어느 정도 흐르자 어항 속의 물고기들은 대부분 비정상적인 물고기를 따라 제자리를 미친 듯이 돌기 시작했습니다. 도는 이유를 알 수는 없지만 적극적인 한 마리의 행동이 다른 물고기에게 영향을 미친 것입니다.

로렌스의 실험은 적극적인 한 사람의 행동이 주변에 어떤 영향을 미치는지에 대해서도 잘 보여주는 실험입니다.

한 사람이 중요합니다. 단 한 명의 소신 있는 행동은 수많은 사람들에게 영향을 미칩니다. 성경에 나오는 아담과 아브라함, 모세, 예수님과 같은 인물들을 보며 단 한 사람의 영향력이 얼마나 큰 것인지 알 수 있습니다. 세상의 잘못된 기준에 따라 핑계를 대며 물드는 사람들과 같이 행동하지 말고 그 사람들을 거룩한 의의 길로 인도하는 깨어있는 사람이 되십시오.

♡ 주님! 나 하나의 중요성을 깨닫게 하소서!

🎨 다른 사람의 눈치를 보지 말고 상황에 맞는 바른 일을 하십시오.

불변의 진리

●요삼 1:4 내가 내 자녀들이 진리 안에서 행한다 함을 듣는 것보다 더 기쁜 일이 없도다

　마틴 루터가 종교 개혁을 일으켜, '오직 믿음으로만 구원받는다'라는 주장을 펼쳤을 때, 당시 가톨릭의 교황과 주교들은 루터에게 그 주장을 철회하라고 수많은 압박을 넣었습니다. 그러나 루터가 계속해서 의연한 자세를 취하자, 보름스 회의에 루터를 소환해 그의 주장이 담긴 모든 책을 쌓아놓고 목숨을 위협하며 자신의 주장이 잘못되었다는 것을 시인하라고 명령했습니다. 그러나 루터는 협박에 굴하지 않고 의연이 말했습니다.

　"물론 당신들의 주장이 맞을 수도 있습니다. 나는 하나님이 아니고 사람이기 때문입니다. 나의 주장이 성경적으로 위배되는 것인지를 설명해 준다면 나는 내 손으로 여기 있는 책들을 불태우겠습니다. 그러나 그것이 아니라면 나는 내가 한 말이 잘못되었다거나 이 주장이 사실이 아니라는 말을 절대로 할 수 없습니다."

　진리를 아는 사람은 어떤 상황에도 흔들리지 않습니다. 이 땅에서 누릴 수 있는 어떤 것보다도 중요한 것이 구원의 복음이기 때문입니다.

　진리는 언제나 그 자리를 지켰습니다. 진리를 공격하는 세대와 이론, 사람들과 단체는 계속해서 바뀌었지만 진리는 결코 변하지도 흔들리지도 않았습니다. 진리를 믿는 성도들도 불의와 마귀에 공격에 루터와 같이 의연한 자세로 대처해야합니다. 하나님과 구원의 진리는 영원불변함을 믿으십시오,

💜 주님! 예수님을 통한 구원이 유일한 복음임을 알게 하소서!
🎨 성경이 말하는 진리를 통해 하나님의 사랑과 은혜를 깨달으십시오.

시간을 허비하지 마라

● 전 11:10 그런즉 근심이 네 마음에서 떠나게 하며
악이 네 몸에서 물러가게 하라 어릴 때와 검은 머리
의 시절이 다 헛되니라

　러시아의 과학자 류비세프는 56년 동안 매일 자신의 시간노트를 쓰며
자신이 사용한 시간의 통계를 냈습니다.

　1분도 헛되이 쓰지 않으려는 그의 노력은 그가 저술한 70권의 학술 서
적과 12,500여 장에 달하는 연구논문을 통해 잘 알 수 있습니다.

　그의 생애를 다룬 '시간을 정복한 남자, 류비세프'라는 책에는 다음과
같은 말이 나옵니다.

　"나이를 먹으면서 우리에게 주어지는 시간은 계속해서 줄어들고 이에
반비례하여 시간의 가치는 더욱 높아집니다. 인간이 가진 것 중에서 가장
귀한 것은 바로 삶입니다. 그리고 삶 속에서 가장 중요한 것은 시간입니
다. 왜냐하면 삶을 이루고 있는 것이 바로 시간이기 때문입니다."

　시간을 낭비하는 것은 곧 삶을 낭비하는 것입니다.

　시간을 진정으로 값어치 있게 사용하려면 영혼을 살리고, 주님을 닮아
가는 성화에 사용해야 합니다.

　육체의 만족을 위한 것과 잠시의 쾌락을 위한 시간의 사용은 결국 남는
것 없이 결국 모두 흘러가고 맙니다. 시간을 바르게 사용함으로 삶을 낭
비하지 마십시오.

🖤 주님! 진정으로 값진 일에 시간을 사용하게 하십시오.

🏵 일주일간의 시간 통계를 내보십시오.

칠전팔기의 정신

 ●고후 4:16 그러므로 우리가 낙심하지 아니하노니 우리의 겉사람은 낡아지나 우리의 속사람은 날로 새로워지도다

　뉴질랜드의 에드먼드 힐러리 경은 8000m가 넘는 에베레스트 산을 목표로 등정을 시도했다가 실패했습니다. 그는 등정을 실패한 몇 주 뒤에 연설을 했습니다. 힐러리 경의 도전을 무모하다며 만류한 사람들은 그를 비웃기 위해 몰려들었지만 그는 당당히 연단 위로 올라와 연단 옆에 걸려 있는 에베레스트 산의 그림을 가리키며 말했습니다.

　"에베레스트! 너는 나에게 패배를 가르쳐주었다. 그러나 다음에는 반드시 내가 너에게 패배를 가르쳐 줄 것이다. 너는 더 이상 높아질 수 없지만, 나는 아직 성장하고 있기 때문이다!"

　그로부터 1년 뒤인 1953년 5월 9일, 힐러리는 자신이 말한 대로 에베레스트를 정복한 최초의 사람이 되었습니다. 또한 힐러리는 인간적으로도 훌륭한 모습을 보였습니다. 부와 명성을 얻은 힐러리는 마음만 먹으면 자신이 모든 영광을 독차지 할 수 있었겠지만 자신의 등정을 도왔던 셰르파의 업적을 인정하며 함께 등정한 것이 맞다고 순순히 인정했습니다. 그리고 자신이 올랐던 네팔과 세계의 환경보호를 위해 50년이 넘게 계속해서 봉사와 희생을 하며 인생을 마무리했습니다.

　모든 실패에 대해서 이런 도전적인 자세를 가질 때에 세상이 감당하지 못할 능력 있는 크리스천으로 우뚝 설 수 있습니다. 절대로 포기하지 않는 도전정신을 가지십시오.

♥ 주님! 낙담함이 없이 계속해서 천성을 향해 전진하게 하소서!

🧩 새로운 시도를 두려워하지 말고 주님과 함께 도전하십시오.

실패의 의미

● 롬 8:26 이와 같이 성령도 우리의 연약함을 도우시
나니 우리는 마땅히 기도할 바를 알지 못하나 오직
성령이 말할 수 없는 탄식으로 우리를 위하여 친히
간구하시느니라

'실패가 의미하는 것들'이라는 글이 있습니다.

"순간의 실패를 영원한 실패로 착각하고 있는 사람이 있는가?

실패는 당신이 실패자임을 의미하지는 않는다.

단지 당신이 아직 성공하지 않았다는 것을 의미할 뿐이다.

실패는 당신이 아무것도 이루지 못했다는 것을 의미하지는 않는다.

오히려 당신이 무언가 배웠다는 것을 의미한다.

실패는 당신이 소유하지 못한 것을 의미하지 않는다.

이제는 당신이 다른 방법으로 무언가 해야 한다는 것을 의미한다.

실패는 당신이 열등하다는 것을 의미하지는 않는다.

단지 당신이 완전하지 못함을 의미한다.

실패는 당신이 생을 낭비하였다는 것을 의미하지는 않는다.

다시 한 번 당신이 새 출발할 이유를 가졌음을 의미한다."

실패를 통해서 더욱 성장할 수 있고 더욱 배울 수 있습니다.

사실은 실패는 배움의 다른 이름일 뿐 다른 어떤 의미도 지니고 있지
않습니다.

우리의 모든 것을 지켜보고 응원하시는 주님을 생각하며 항상 힘을 내
십시오.

♥ 주님! 실패를 통해 더욱 성장하고 주님과 가까워지게 하소서!

🧩 실패는 곧 배움의 다른 말임을 기억하십시오.

만사형통

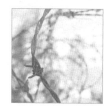

● 창 39:2 여호와께서 요셉과 함께 하시므로 그가 형통한 자가 되어 그의 주인 애굽 사람의 집에 있으니

후지겐 기타의 창업자 요코우치 회장은 자신의 자서전에서 "모든 성공은 다른 사람의 도움이 있어야 가능하다"라고 말했습니다. 그러나 그리스도인의 성공은 하나님의 도움이 있어야 가능합니다.

성경에서 가장 형통한 삶을 살았던 사람은 요셉인데 우리는 요셉의 삶을 통해 형통이 무엇인지 알 수 있습니다.

요셉의 삶은 사실 우리 생각의 형통과는 많이 다른 삶이었습니다.

형제들에게 노예로 팔리고, 누명을 쓰고 옥에 갇히고, 도와준 사람으로부터 잊혀 지기까지 고난뿐인 삶이었습니다. 그러나 하나님이 보시기에 정직했고 인생의 모든 것을 하나님의 뜻임을 인정하고 살았습니다. 그리고 그런 요셉을 하나님은 누구보다도 높은 위치에 세우셨고, 많은 백성들을 이롭게 하는 곳에 사용하셨습니다,

하나님을 인정하고, 어떤 상황에서도 하나님이 보시기에 옳은 선택을 하는 것이 형통입니다. 형통은 우리가 보기에 빠른 길로 가는 것이 아니라 언제나 하나님을 인정하는 것입니다. 우리가 하나님을 인정할 때 하나님이 정말로 우리의 삶을 형통케 하십니다. 하나님을 인정하고 그분의 뜻을 따르십시오.

♥ 주님! 주님을 인정할 때 삶이 형통케 됨을 알게 하소서!

📖 창세기 37장부터 41장을 읽고 요셉의 삶을 묵상하십시오.

치즈마을의 기적

● 욥 37:5 하나님은 놀라운 음성을 내시며 우리가 헤아릴 수 없는 큰 일을 행하시느니라

전북 임실군은 우리나라에서 최초로 치즈를 생산한 지역입니다.

금성리 일대의 치즈마을은 국내에서 가장 규모가 큰 치즈 생산지입니다. 1년에 6만 명이 찾는 관광지이기도 한 치즈마을은 1년 동안 13억에 이르는 순이익을 내고 있습니다. 그런데 이 치즈마을이 성공하게 된 주역은 교회였습니다. 1960년대 벨기에 출신 선교사에 의해 치즈 제조법이 임실제일교회에서 사역을 하시던 심상봉 목사님에게 전해졌고 심 목사님이 주민들에게 전파했기 때문입니다. 금성리의 주민들은 그날부터 심 목사님과 함께 농사대신 치즈를 개발하고 가공하는 일에 모두 뛰어들어 지금의 성공을 이루었습니다. 지금도 치즈마을의 중심에는 심상봉 원로 목사님이 계시지만 모든 운영과 회의 절차는 모두의 의견을 거쳐 민주적으로 진행되고 있답니다.

마을 공동체를 위해 목회자는 언제나 헌신할 줄 알아야 한다고 심 목사님은 말했습니다. 다행히 '마을의 모태는 하나님의 사랑'이라는 생각을 모든 주민들이 가지고 있어서, 치즈마을의 사람들은 모두 수익보다는 건강한 공동체 형성에 목적을 가지고 마을을 꾸리고 있습니다. 실제로 치즈마을의 모든 수익금은 지역사회에 여러 가지 방식으로 100% 환원되고 있습니다.

한가로운 농촌이 치즈의 명소가 된 것도 기적이며, 마을이 큰돈을 벌게 된 것도 기적입니다. 그러나 그 돈으로 하나님의 사랑을 위해 사용하고 교제의 기쁨을 모든 마을 사람들이 깨닫게 된 것이 가장 큰 기적입니다. 사랑을 위해 헌신할 줄 아는 그리스도인이 되십시오.

♡ 주님! 돈보다 더욱 가치 있는 일들을 좇게 하소서!

물질적인 것보다 높은 차원의 것들을 위해 헌신할 줄 아는 사람이 되십시오.

진정한 부자

●눅 12:30 이 모든 것은 세상 백성들이 구하는 것이라 너희 아버지께서는 이런 것이 너희에게 있어야 할 것을 아시느니라

빌리 그래함 목사님의 자서전에 나온 이야기입니다.

목사님이 사모님과 함께 지중해의 한 섬에 휴식을 취하러 갔었습니다. 휴식 중 엄청 부자로 보이는 다른 여행객이 목사님을 알아보고는 저녁을 대접했습니다. 자신의 나이를 75세이며 사업가라고 밝힌 그는 엄청 호화로운 식당에서 목사님을 대접했습니다. 그러나 어딘지 모르게 표정이 불행해 보이던 그는 결국 울음을 터트리며 말했습니다.

"목사님 저는 불행한 사람입니다. 밖에는 멋진 요트가 있습니다. 저는 개인용 비행기와 헬리콥터도 가지고 있습니다. 행복을 위해 필요하다고 생각한 것은 모두 다 가지고 있지만 조금도 행복하지가 않습니다. 저는 세상에서 가장 불행한 사람입니다."

다음 날, 목사님은 행복한 미소를 짓고 있는 한 노인을 만났습니다.

"어르신, 뭐가 그렇게 행복하십니까?" 노인이 대답했습니다. "나에겐 삶, 그 자체가 행복입니다. 비록 가진 것도 없고 내세울 것도 없지만 나는 이 섬에서 가장 행복한 사람입니다." 목사님은 노인과 헤어진 후 사모님에게 물었습니다. "어제 만난 분과 방금 만난 분, 누구의 삶이 더 행복할까?"

대답은 없었지만 두분 다 모두 대답을 알고 있었습니다.

철학자 플라톤은 인간의 욕망을 구멍 난 항아리로 표현했습니다. 성경은 그 이전에 이미 말씀하고 있고요. 어떤 것을 쏟아 부어도 절대 채워지지 않기 때문입니다. 하나님 없이는 그 누구도 항아리의 구멍을 메울 수 없습니다. 하나님을 통해 온전한 성취감과 행복을 경험하십시오.

♡ 주님! 어려운 일을 당하기 전에 깨닫고 바른 길을 가는 지혜를 주소서!

🦋 인간의 욕망은 끝이 없음을 알고, 욕심을 버려 마음을 가볍게 하십시오.

젊은 부자들의 발상

● 잠 11:25 구제를 좋아하는 자는 풍족하여질 것이요
남을 윤택하게 하는 자는 자기도 윤택하여지리라

　본격적인 IT시대가 도래하면서 미국 실리콘밸리에는 20, 30대의 어린 나이에도 아이디어 하나로 어마어마한 돈을 번 부자들이 많이 나오고 있습니다. 그러나 이런 신흥 부자들은 자신의 위한 사치를 부리지 않고, 남을 위해 어마어마한 돈을 사용하고 있습니다.

　서른 살에 인튜이트라는 금융 소프트웨어 기업의 최고경영자에 오른 아론 패처는 TV와 소파뿐인 20평 남짓의 소형 원룸에서 살고 있습니다. 그가 신는 신발은 아버지로부터 물려받은 39년 된 가죽 구두입니다. 차는 1996년에 나온 포드를 24만 km나 몰다가 최근 3천만원 짜리의 중형차로 바꾸었습니다.

　페이스북의 창업자로 20대에 억만장자가 된 마크 주커버그도 오랜 기간 월세를 살았습니다. 그러나 기부에는 인색하지 않아 공립학교들을 위해 천억 원을 기부했고, 빌 게이츠와 워런 버핏이 벌이는 기부 캠페인에도 참여해 전 재산의 절반을 기부하겠다고 선언했습니다.

　세계 최연소 억만장자인 더스틴 모스코비도 마찬가지입니다. 자전거로 출퇴근을 하며, 비행기도 일반석을 타는 그는 검소한 생활의 이유에 대해서 대중을 위한 좋은 것을 만들어내는 것이 훨씬 중요하기 때문'이라고 대답했습니다.

　남을 위한 기부와 선행은 결코 손해가 아니라 오히려 세상을 아름답게 하는 가장 기분 좋은 일이라는 사실을 깨달으십시오.

🩷 주님! 작은 것이라도 나눌줄 아는 용기를 갖게 하소서!
🏞 작은 금액이라도 기부할 계획을 세우고 실천하십시오.

책임을 다하라

●마 18:14 이와 같이 이 작은 자 중의 하나라도 잃는 것은 하늘에 계신 너희 아버지의 뜻이 아니니라

영국의 유명한 역사가 토머스 칼라일이 자신의 진로를 놓고 고민하는 한 청년에게 이런 말을 했습니다.

"그대가 하는 일이 미천하다고 낙심하지 마십시오.

그대가 하는 일은 하나님께서 그대에게만 맡기신 가장 중요한 일입니다. 집안을 정리하는 단순한 일일지라도 마음먹고 그 일을 잘하기 위해 노력하십시오. 만일 그대가 맡고 있는 책임의 범위가 넓고 관계되는 일도 많다면 더더욱 그래야 합니다.

부모와 가족이 있다면 그들에 대한 책임이 얼마나 큰 것인지 잊지말고 책임을 다하십시오. 우리가 최선을 다하는 것은 곧 세상의 여러 가지 불행이 생기지 않게 하는 최선의 방법입니다."

사람들이 모르는 곳에서도 자신의 일을 다 하는 사람이 진정으로 큰 사람입니다. 생명을 살리는 일에 힘쓰는 사람은 더욱 그러합니다. 일의 크고 작음이 아니라 항상 자신의 일에 책임을 다하는 삶, 영혼을 살리기 위해 애쓰는 삶을 사십시오. 세상이 알아 주지 않아도 하늘에서 크고 위대한 사람으로 알아주는 일을 하십시오.

♡ 주님! 땅이 아닌 하늘의 영광을 바라보고 노력하게 하소서!
🖼 작은 일에 충성하고 작은 자를 위해 기도하십시오.

소용없는 일

● 잠 30:8 곧 헛된 것과 거짓말을 내게서 멀리 하옵시며 나를 가난하게도 마옵시고 부하게도 마옵시고 오직 필요한 양식으로 나를 먹이시옵소서

관광을 하던 3명의 친구들이 호텔로 돌아왔는데, 불행히도 엘리베이터가 고장 나서 걸어 올라가게 되었습니다. 계단으로 30층을 올라가는 것은 쉬운 일이 아니었기에 세 사람은 힘든 것을 잊기 위해서 서로에 대해서 이야기하기 시작했습니다.

첫 번째 사람은 자신에 대해 이야기하며 자신이 얼마나 성공했는지에 대해 먼저 이야기했습니다.

두 번째 사람은 아무리 돈이 많아도 사람과의 관계가 더 중요하다면서 자신의 인맥에 대해서 자랑하기 시작했습니다.

마지막 사람은 '식도락'을 모르면 인생의 절반은 헛산거라며 자신의 미각과 그간 먹어본 진귀한 음식들에 대해서 얘기했습니다.

서로 자신의 인생을 자랑하던 도중 힘들게 30층에 있는 방에 도착 했는데, 그 중 한친구가 말했습니다.

"이런, 프런트에서 열쇠를 가져오질 않았네."

그제야 사람들은 가장 중요한 것이 무엇인지 알았습니다.

비유는 좀 달라도, 결국 인생이란 길고 긴 여행입니다. 30층 계단을 오르든 여행을 하던 그 시간 동안에 많은 일이 일어납니다. 때로는 즐겁고, 때로는 슬프기도 합니다. 그러나 가장 중요한 것은 이 여행이 끝난 뒤의 새로운 삶을 시작할 '열쇠'를 가지고 있어야 한다는 사실입니다. 믿음으로 천국의 열쇠를 하나님께 받으십시오.

♥ 주님! 다른데 한눈이 팔려 중요한 것을 놓치지 않게 하소서!
🎴 삶의 열쇠를 가지고 있는지 생각해 보십시오.

감정의 전염

● 갈 5:9 적은 누룩이 온 덩이에 퍼지느니라

　미국 콜롬비아 대학교의 심리학 연구팀은 사람의 감정과 선행에 대한 실험을 진행했습니다.

　실험은 매우 간단했습니다. 거리에 지갑을 떨어트려 놓고, 사람들이 얼마나 지갑을 돌려주는지를 조사했습니다. 연구팀은 사람들 개개인의 교육수준이나, 성별, 연령대와 같은 자료들과 선행의 실천이 관계가 있을 것이라고 생각했습니다. 평균적으로 지갑을 돌려준 확률은 45% 정도였지만 연구팀은 충격적인 사실을 발견하게 되었습니다.

　케네디 대통령이 암살당해 모든 국민들이 슬퍼하던 날의 지갑 회수율이 0%였기 때문입니다. 그동안 편차가 아무리 심한 날이어도 45%를 크게 밑돌지는 않았지만 그날만큼은 아무도 주은 지갑을 돌려주지 않았습니다.

　연구팀은 이 결과를 통해 사회적으로 부정적인 소식이 사람들에게 매우 안좋은 영향을 미칠수 있다는 것을 발견했습니다. 실험에서 보이듯이 때로는 교육과 생활수준, 그리고 성별과 인성과 같은 모든 결과를 무시하고 더 큰 능력을 발휘하기도 했습니다.

　희망적이고 긍정적인 소식이 마음을 즐겁게 하듯이, 좋지 않은 소식도 정 반대의 힘을 가지고 있습니다. 안 좋은 소식은 듣기만 해도 좋지 않은 영향을 미칩니다. 다른 사람들에게 부정적인 소식을 전하는 것도 좋지 않은 일임을 기억하십시오.

♥ 주님! 말과 행동을 통해서도 선한 영향력만을 미치게 하소서!

🖼 전하지 않아도 되는 좋지 않은 소식들은 주위에 전하지 마십시오.

진정한 최선

● 요 5:44 너희가 서로 영광을 취하고 유일하신 하나님께로부터 오는 영광은 구하지 아니하니 어찌 나를 믿을 수 있느냐

　어떤 회사에 물건을 주문하는 공장의 생산라인에 문제가 생겨서 해외에 납품하는 물건을 제때 보내지 못할 상황에 처했습니다.

　소식을 가장 먼저 접한 사원은 재빨리 부서의 담당자에게 그 사실을 알렸습니다. 업무부서에서 10년 이상 경력을 쌓은 담당자는 '이번에 문제를 잘 해결해서 실력을 인정을 받아야겠군'이라고 생각하며, 더 상위부서에 도움을 청하지 않고 자신이 그간 쌓은 경험으로 일을 수습하기 시작했습니다. 그러나 자신의 능력을 총동원해도 일을 해결할 수가 없었습니다. 결국 시간에 맞춰 해외에 물건을 보낼 수가 없었고, 뒤늦게 담당자의 보고를 받은 상부에서 깜짝 놀라 찾아왔습니다.

　"죄송합니다. 저도 보고를 받자마자 최선을 다했지만 도저히 수습할 수가 없었습니다."

　"최선을 다했다고? 잘도 그런 말을 하는군. 당신에게 최선은 보고를 받자마자 나에게 알리는 것이었네. 공장에 문제가 생긴 것은 자네의 책임이 아니지만 보고를 받고난 뒤 행한 어리석은 행동에 대해서는 분명히 책임을 지게 될 걸세."

　문제의 해결을 위해서 무엇이 가장 필요한지 파악해야 합니다. 자신의 능력으로 최선을 다하는 것도 좋지만 먼저 하나님께 아뢰고 도움을 요청할 줄 알아야 합니다. 모든 문제를 해결하실 주님을 믿음으로 도움을 구하십시오.

💛 주님! 어려움이 있을 때 항상 주님에게 먼저 가게 하소서!

🙇 일상의 어려움들을 기도로 주님께 먼저 아뢰십시오.

표정관리 합시다

●마 6:17 너는 금식할 때에 머리에 기름을 바르고 얼굴을 씻으라

영국의 수상까지 역임했던 존 메이어는 매우 가난한 가정에서 태어났습니다.

결국 16살 때 학업을 중단할 수밖에 없었고, 집안의 가계를 위해 공장에서 일을 하기 시작했습니다. 이른 새벽부터 일터에 나가 해가 질 때까지 일을 해야 겨우 생계를 유지할 수 있었습니다. 그가 영국의 수상이 된 뒤 이런 역경을 어떻게 극복했는지에 대해서 묻는 사람들이 아주 많았습니다. 그럴때면 존은 언제나 이렇게 대답했습니다.

"저는 그 어떤 상황에서도 비관적인 생각을 하지 않으려고 노력했습니다. 물론 쉽지는 않았지만 항상 희망을 갖고 일을 열심히 하면 부정적인 생각이 자연스레 사라지곤 했습니다. 표정이 밝고 긍정적인 사고를 가진 사람은 어떤 일이든 극복할 수 있습니다. 하나님은 이런 사람들을 도와주십니다. 그리고 사람들도 마찬가지입니다."

생각을 바꾸면 표정이 바뀌고, 행동까지 바뀝니다. 항상 희망을 가지고 있는 사람에게는 언제나 가능성이 존재합니다. 남들에게 보이는 생각과 표정, 말투까지도 신경 쓰십시오. 염세적인 생각은 행복을 방해한다는 사실을 기억하십시오.

♡ 주님! 감당할 수 있는 시험만 주시는 주님의 말씀을 기쁨으로 받게 하소서!
🐾 언제나 얼굴에 희망의 빛을 잃지 마십시오.

어울리지 않는 인생

● 대상 16:29 여호와의 이름에 합당한 영광을 그에게 돌릴지어다 제물을 들고 그 앞에 들어갈지어다 아름답고 거룩한 것으로 여호와께 경배할지어다

권력과 권모술수에 대한 내용들을 집대성한 책 '군주론'은 중세 시대 바티칸에 의해 금서로 지정되었습니다.

책의 저자 마키아벨리는 군주가 나라를 통치하기 위해서는 수단과 방법을 가리지 않아야 된다고 주장하며 때로는 불성실, 무자비, 몰인정해야 하며 종교까지도 스스럼없이 이용하라고 적었습니다. 그러나 정작 마키아벨리는 자신이 저술한 책의 내용과는 다르게 조금도 남을 속일 줄 모르는 순박한 공무원이었습니다.

마키아벨리는 친구들이 돈을 빌려달라고 하면 거절을 하지 못했고, 그 돈을 갚지 않아도 아무 말도 하지 않았습니다. 나중에 그의 이런 심성을 친구들이 이용해 그의 생활은 점점 궁핍해져 갔지만 그래도 빚을 독촉하거나 돈을 빌려달라는 요구를 거절하지 않았습니다. 오히려 나중에는 그런 친구들이 죽은 후 자식들까지 극진히 보살펴줄 정도였습니다.

마키아벨리가 이런 삶을 살았던 이유는 모르지만 그는 자신이 믿는 대로 실천하는 삶을 살지는 못했습니다. 그리고 다행히 그 방향은 더 나은 방향이었지만 그 반대의 상황이 일어나지 않게 우리 역시 늘 조심해야 합니다.

아는 것과 행함은 늘 일치 되어야 합니다. 아무리 옳은 주장이더라도 행함이 없다면 설득력을 잃고 맙니다. 주위 사람들이 복음을 거절한다면 무엇보다도 나의 삶을 돌아봐야합니다. 말씀을 소중히 여기며 성경의 진리대로 주변에 복음이 참된 것임을 알리십시오.

♡ 주님! 말씀을 담고 보여줄 수 있는 깨끗한 영을 갖게 하소서!

🦋 믿는 말씀과 나의 행하는 바가 일치하는지 돌아보십시오.

명마의 조건

 ● 고후 4:17 우리가 잠시 받는 환난의 경한 것이 지극히 크고 영원한 영광의 중한 것을 우리에게 이루게 함이니

아라비아 반도의 한 왕이 자신이 탈 명마를 구해오라고 신하에게 지시했습니다.

신하는 아라비아뿐 아니라 인근의 여러 지역까지 돌아다니며 명마로 소문난 말들을 모두 데려왔습니다. 왕은 그 말들 중에서 네 마리를 뽑았습니다. 네 마리 모두 힘도 좋고 늠름한 외양을 지녀 왕이 타기에 손색이 없었습니다. 왕은 자신이 탈 말을 직접 뽑기 위해 한 가지 시험을 준비했습니다. 말들을 마구간에 넣은 뒤 하루 동안 식사와 물을 주지 않았습니다. 말들은 거의 탈진 상태에 이르렀습니다.

왕은 다음날 마구간에서 조금 떨어진 곳에 물과 먹이를 놓고 말들을 풀어주라고 명령했습니다. 말들은 마구간에서 나오자마자 물과 먹이를 향해 맹렬히 달려갔습니다. 그 순간 왕이 휘파람을 길게 불며 멈추라는 명령을 내렸습니다. 평상시에는 모두 왕의 명령에 복종하던 말들이었지만 대부분은 배가 고픈 나머지 왕의 명령을 무시하고 먹이를 향해 달려갔고 한 마리만 그 자리에 멈춰 섰습니다. 왕은 매우 흡족해하며 신하에게 말했습니다.

"어려운 상황에서도 나의 명령을 먼저 듣는 저 말이야말로 나를 태울 자격이 있다. 저 말을 데려가 먹이와 물을 주고 왕의 말에 어울리는 대우를 해주게나."

악조건에서 명마의 능력을 알아볼 수 있습니다. 이와 같이 고난 속에서도 그리스도의 말씀을 순종하는 아름다운 그리스도의 사람이 되십시오.

♡ 주님! 모진 시련에도 주님을 향한 사랑을 더욱 키우게 하소서!

▨ 어려운 상황 속에서도 변치 않는 믿음을 주님께 드리십시오.

진정한 축복

● 고전 10:16 우리가 축복하는 바 축복의 잔은 그리
  스도의 피에 참여함이 아니며 우리가 떼는 떡은 그
  리스도의 몸에 참여함이 아니냐

　뉴욕시의 '신체장애 의료협회' 건물에 들어서면 남북전쟁 때 어떤 병사
가 쓴 것으로 알려진 시가 적힌 현판이 걸려 있습니다.
　"나는 하나님께 성공할 수 있는 강함을 달라고 기도했습니다.
　그러나 주님은 나를 약하게 함으로 겸손함을 가르치셨습니다.
　나는 많은 일을 할 수 있는 건강을 달라고 기도했습니다.
　그러나 주님은 가치 있는 일에 집중할 수 있는 약함을 주셨습니다.
　나는 행복에 필요한 많은 돈을 달라고 기도했습니다.
　그러나 주님은 가난함을 통해 진짜 행복을 알 수 있는
　지혜를 주셨습니다.
　나는 삶을 누릴 수 있는데 필요한 모든 것을 달라고 기도했습니다.
　그러나 주님은 삶을 주시고 모든 것을 누리라고 말씀하셨습니다.
　나의 부탁은 하나도 이루어지지 않았지만
　주님은 나의 기도를 모두 들어주셨고, 많은 선물을 주셨습니다."
　하나님의 존재를 알고 믿는 사람이 진정으로 축복받은 사람입니다. 필
요한 것이 하나도 없고 인생의 불만을 느낄 때는 언제나 이 시를 읽고, 주
님께 감사하는 마음을 품으십시오.

💙 주님! 진정한 축복이 무엇인지 깨닫는 현명함을 주소서!
🖼 주님이 나에게 주신 것을 헤아려보시고 그것에 깊이 감사하십시오.

부드러움 속의 강함

 ●눅 6:32 너희가 만일 너희를 사랑하는 자만을 사랑
하면 칭찬 받을 것이 무엇이냐 죄인들도 사랑하는
자는 사랑하느니라

　자칭 기독교 근본주의자라고 밝힌 노르웨이의 한 정신이상자 안데르
슨 베링 브레이빅은 중동 사람들에 대한 심한 적대감과 우익 성향을 지닌
자로 91명이나 되는 무고한 사람들을 죽여 놓고는 자신의 할 일을 했다며
웃으며 말했습니다.

　노르웨이는 이 사건으로 많은 위기를 맞을 뻔했습니다. 그러나 관용과
자유의 나라로 알려진 노르웨이에 찾아온 심각한 위기 속에서 스톨텐베
르그 노르웨이 총리의 리더십이 빛을 발했습니다. 총리는 테러 희생자의
추모행사장에 나타나 조금도 흥분하지 않고 흔들리지 않는 모습으로 추
모사를 읽었습니다.

　"여러분, 한 사람이 이처럼 많은 증오를 만들어 낼 수 있다면 우리가 만
들어 낼 수 있는 사랑은 얼마나 크겠습니까?....비극이 일어났지만 관용과
자유의 정신을 잊지 말아야 합니다...노르웨이는 한 명의 정신이상자에
지지 않을 것입니다. 우리는 더욱더 개방적이고 관용적인 사회로 다시 태
어날 것입니다."

　총리가 연설을 마치자 시민들은 추모의 뜻을 담은 장미를 흔들며 환호
를 보냈습니다. 외신들은 스톨텐베르그 총리의 이런 행보를 두고 '위기
속에 더욱 빛나는 부드럽지만 강한 리더십'이라며 찬사를 보냈습니다.

　모든 것을 이해하고 용서할 수 있는 사랑의 마음을 품기 위해 노력하십
시오.

♥ 주님! 모든 폭력과 무지를 사랑으로 덮게 하소서!
▧ 주님의 사랑을 생각하며 느낀 점을 실천하는 하루가 되십시오.

인생을 좀먹는 7가지 습관

● 딤후 2:15 너는 진리의 말씀을 옳게 분별하며 부끄러울 것이 없는 일꾼으로 인정된 자로 자신을 하나님 앞에 드리기를 힘쓰라

신학자이자 심리학 박사인 존 베리에 의하면 다음의 7가지 습관이 인생에 가장 나쁜 영향을 미친다고 합니다.
① 다른 사람에게는 큰 부탁을 하고, 자신은 전혀 도와주지 않는 습관.
② 다른 사람에게는 높은 도덕적 기준을 요구하고 자신의 실수는 언제나 합리화하는 습관.
③ 어려운 일을 당할 때, 실패를 인정하지 않고 주변 탓을 하려는 습관.
④ 발전에 필요한 배움을 무조건 피하려는 습관.
⑤ 다른 사람의 단점을 먼저 보고, 장점은 나중에 보는 습관.
⑥ '작은 잘못', '작은 실수', '작은 거짓말'...등 뭐든지 '작은'이 들어가면 괜찮다고 생각하는 습관.
⑦ 다른 사람의 재능을 인정하지 않는 습관. 기독교인의 경우 하나님이 다른 사람에게 주신 은사를 인정하지 않으려는 습관.
존은 이런 습관은 자신의 인생에도 좋지 않지만, 특히나 교회가 건전한 공동체로 유지되는데 큰 방해물이 된다고 말했습니다.
하나님이 아닌 자신의 생각으로 사람과 세상을 바라볼 때 많은 문제들이 생깁니다. 하나님이 나를 귀하게 창조하신 것처럼 다른 사람도 존귀한 존재임을 인정하고 언제나 성경이 요구하는 도덕적 기준을 양심의 나침반으로 삼으십시오.

💙 주님! 서로 인정하고 세워주는 삶이 곧 천국의 삶임을 알게 하소서!
🎴 7가지 습관 중 나에게 해당하는 사항이 있는지 확인하십시오.

12월

사랑하는 자여
네 영혼이 잘됨같이 네가 범사에 잘되고
강건하기를 내가 간구하노라
요삼1:2

꽃과 나비, 그리고 은혜

● 갈 1:6 그리스도의 은혜로 너희를 부르신 이를 이같이 속히 떠나 다른 복음을 따르는 것을 내가 이상하게 여기노라

어떤 목사님이 설교시간에 성도들에게 질문을 던졌습니다.

"여러분, 꽃이 나비를 선택한다고 생각하십니까? 아니면 나비가 꽃을 선택한다고 생각하십니까?"

한 성도가 대답했습니다.

"꽃은 그 자리에서 움직일 수가 없으니 아무래도 나비가 꽃을 선택하는 것 같습니다."

"얼핏 보기에는 방금 대답한 성도님 말씀이 맞습니다. 그러나 가만 보면 꽃이 향기를 냄으로 나비가 찾아올 수 있습니다. 향기가 없는 조화에는 나비가 날아오지 않습니다. 설령 잠시 날아온다 해도 그것은 꽃인 줄 알고 와서 그냥 잠시 머무는 것뿐입니다."

목사님은 이어서 은혜에 대해서 설교를 해나갔습니다.

"하나님의 은혜가 바로 이와 같습니다. 얼핏 보면 우리가 하나님을 선택한 것으로 생각됩니다. 그러나 예수 그리스도의 복음의 향기로 인해 우리라는 나비가 날아갈 수 있었던 것입니다. 우리의 모든 것들이 하나님께 거저 받은 은혜인 것을 모든 성도님이 깨달으시길 바랍니다."

예수님께서 먼저 우리를 부르시고 택하셨기에 우리가 그 부르심에 응답할 수 있었습니다. 모든 것이 하나님의 은혜임을 깨닫고 감사하는 생활을 사십시오.

♡ 주님! 받은 은혜에 감사할 줄 알고, 말씀대로 순종하게 하소서!

🖼 주님의 은혜를 묵상하며 감사하는 마음으로 사십시오.

한가지 정답

● 살전 5:18 범사에 감사하라 이것이 그리스도 예수
안에서 너희를 향하신 하나님의 뜻이니라

한 성도가 목사님을 찾아 상담을 요청했습니다.

"목사님, 사업에 큰 문제가 생겼습니다. 어떻게 하면 좋을까요?"

자초지종을 모두 들은 목사님이 말했습니다.

"하나님께 감사하십시오."

다음 날 다른 성도가 목사님을 찾아와 상담을 요청했습니다.

"목사님, 하나님께 드린 기도의 응답을 기다리는 중인데, 너무나 초조
합니다. 어떻게 하면 좋을까요?"

목사님은 어제와 똑같은 말을 했습니다.

"하나님께 감사하십시오."

다음 날 또 다른 성도가 목사님을 찾아와 상담을 요청했습니다.

"목사님 지난 번 말씀드렸던 문제가 거의 해결되었습니다. 잘 마무리를
짓고 싶은데 좋은 방법이 없을까요?"

목사님은 다시 한번 말했습니다.

"하나님께 감사하십시오."

하나님께 감사하는 것이 모든 문제의 정답입니다. 세상의 무엇 하나도
하나님을 통하지 않고 생긴 것이 없고, 세상의 작은 일 하나도 하나님의
섭리가 아닌 것이 없습니다. 그런 하나님을 진정으로 믿는다면 남는 것은
감사뿐입니다. 하나님께 감사하십시오.

🩷 주님! 온전한 믿음에서 온전한 감사가 나옴을 알게 하소서!

🔲 하나님을 백퍼센트 인정함으로 참된 감사를 드리십시오.

성령의 반응

●롬 8:27 마음을 살피시는 이가 성령의 생각을 아시
나니 이는 성령이 하나님의 뜻대로 성도를 위하여
간구하심이니라

CNN의 인터넷판 뉴스기사에서 스마트폰 사용자들의 습관에 대한 이
야기가 나온 적이 있습니다.

인터넷에 실시간으로 연결되어 있는 스마트폰의 특성상 트위터나, 페
이스북 같은 온라인 관계가 활발해지면서 스마트폰을 들여다보는 경향
이 있다는 내용이었습니다.

CNN은 스마트폰 사용자들이 별다른 글이 올라오지 않음에도 습관적
으로 자신의 트위터와 페이스북 계정을 확인하는 '확인 습관'을 가지고 있
으며 하루에 평균 34회를 확인했고, 심한 경우 10분마다 한 번씩 확인을
한다고 전했습니다.

캘리포니아 대학의 신경과학자인 로렌 프랭크 박사는 스마트폰 사용자
들의 이런 습관은 '깨닫지 못할 정도의 무의식'에서 일어나기 때문에 자신
이 그런 습관을 가지고 있는지도 모를 수 있다고 말했습니다. 또한 이런
습관이 사람들과의 진정한 상호작용에 방해가 될 수도 있기 때문에 스마
트폰 사용자들은 이런 습관을 고치기 위해 노력이 필요할 것이라고도 말
했습니다.

스마트폰은 10분에 한번씩 확인하는 사람들이지만 성령님의 감화에는
하루에 한번도 반응하지 않습니다. 하나님은 성령님을 통해 늘 우리에게
말씀하시고 계십니다. 그 말씀에 귀를 기울여 하나님이 기뻐하시는 일을
행하는 아름다운 자녀가 되십시오.

♥ 주님! 성령과 교통하는 정결한 마음을 갖고 살게 하소서!
🦋 그 무엇보다도 성령의 음성에 더욱 귀를 기울이십시오.

살아있는 말씀

● 눅 8:15 좋은 땅에 있다는 것은 착하고 좋은 마음으로 말씀을 듣고 지키어 인내로 결실하는 자니라

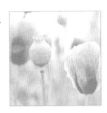

　덴마크의 아버지로 불리는 니콜라이 그룬트비 목사님은 덴마크 역사에 없어서는 안 될 중요한 인물입니다.

　목사님은 문학, 사회학, 교육학, 정치학, 신학과 같이 다양한 분야에 큰 업적을 남겨 많은 사람들의 존경을 받았습니다. 특히 목사님이 중요하게 생각했던 것은 어린이와 청소년들을 위한 교육이었습니다. 목사님은 많은 어린이, 청소년들을 대상으로 강의를 해, 국민교육에 큰 기여를 했습니다. 목사님의 강의는 몇 가지 특징이 있었습니다. 절대로 강의 내용을 적지 못하게 했고, 오로지 자신에게만 집중하게 했습니다. 또한 자신의 이름으로 어떠한 책도 남기지 않았습니다. 하루는 목사님의 강의를 듣고 감명받은 한 청년이 찾아와 말했습니다.

　"저는 지금까지 목사님이 하신 강의는 대부분 찾아가 들었습니다. 목사님의 강의를 들을 때마다 저의 가슴은 정말로 뜨거워졌지만 한가지 아쉬운 것은 내용을 전부 기억하지 못한다는 사실입니다."

　목사님은 청년을 향해 부드러운 미소를 지으며 대답했습니다.

　"씨앗을 좋은 땅에 심었다면 어디에 있는지 몰라도 괜찮네. 언젠가는 자라나서 누구나 알 수 있게 된다네. 내 말이 자네에게 정말로 감명 깊었다면 비록 기억은 하지 못해도 자네의 삶에서 아름답게 열매를 맺을 것이라고 생각하네."

　살아있는 말씀은 반드시 결실을 맺습니다. 살아있는 말씀을 마음에 심으십시오.

💗 주님! 살아있는 말씀의 능력을 체험하게 하소서!

🖼 하나님의 말씀이 결실을 맺는 삶을 사십시오.

바위는 바위다

● 히 6:17 하나님은 약속을 기업으로 받는 자들에게 그 뜻이 변하지 아니함을 충분히 나타내시려고 그 일을 맹세로 보증하셨나니

어떤 등산로 입구에 엄청 커다란 바위가 있었습니다.
한 등산객이 그 앞을 지나며 말했습니다.
"그 바위 참 잘 생겼다! 크고 웅장한 게 아주 호랑이 같이 멋지군!"
잠시 다른 등산객이 그 앞을 지나며 말했습니다.
"그 바위 참 못 생겼군! 바위가 저렇게 뚱뚱해서 어디다 쓸꼬?"
등산로 입구의 관리인이 그 모습을 보며 말했습니다.
"바위는 그냥 바위일 뿐인데 말이야..."
바위는 누가 뭐래도 그냥 바위입니다. 사람들이 아무리 뭐라고 말한들 바위의 본질 자체는 변하지 않습니다. 마찬가지로 사람들이 아무리 뭐라고 한들, 그리스도의 복음의 본질은 절대로 변하지 않습니다. 아무것도 아닌 일에 너무 빠져 있거나 편견을 가질 필요는 없습니다. 하나님 외에는 누구도 사람과 사물의 본질을 제대로 이해할 수 없기 때문입니다. 우리가 확실히 붙들어야 할 것은 변하지 않는 그리스도의 복음 뿐입니다.
믿음의 주요 또 우리를 온전케 하시는 예수님을 바라보고 믿음으로 살아가십시오.

♡ 주님! 세상의 말에 시험 들지 않고 온전히 주님만 바라보게 하소서!
🖼 세월이 아무리 지나도 복음의 본질은 영원함을 기억하십시오.

결국 만나게 되는 것

● 롬 8:2 이는 그리스도 예수 안에 있는 생명의 성령의 법이 죄와 사망의 법에서 너를 해방하였음이라

마술에는 탈출마술이라는 분야가 있습니다.

마술사의 온몸을 속박시켜 놓고 불가능한 상황에 마술사를 빠트립니다. 마술사는 생명이 걸린 위급한 상황에서 사람들이 보란 듯이 모든 장애물을 해결하고 무사히 무대 위로 올라옵니다.

탈출마술은 크리셀라라는 마술사가 매우 유명했습니다.

그는 TV에서도 종종 자신의 마술을 선보였는데, 두 손을 묶은 채로 밀폐된 금고에서 탈출한 적도 있고, 온 몸에 쇠사슬을 묶고 거대한 어항 속에 빠트려도 모두 풀고 나왔습니다. 심지어는 5m 깊이로 땅을 파고 관 속에 넣은 뒤 그 위에 시멘트를 덮어도 무사히 빠져나왔습니다.

바로 앞에서 본 관객들도 모두 자신의 눈을 의심했습니다. 그러나 보통 사람이라면 몇 번을 죽었을 이런 엄청난 위기를 평생 헤쳐 왔던 그 역시 평범한 죽음을 맞이했습니다. 사람에게 죽음이란 누구도 피할 수 없는 관문입니다.

죽음이란 속박에서 피할 수 있는 유일한 방법은 그리스도입니다. 주님은 우리의 생명이며, 영원한 안식처이며, 피난처가 되십니다. 죽음으로부터 해방된 성도의 축복을 기쁨으로 누리십시오.

💜 주님! 죽음에서 우리를 해방시켜주신 은혜에 감사하게 하소서!
🎴 천국의 삶을 보장받은 기쁨을 누리며 사십시오.

감사와 불평을 만드는 것

●유 1:16 이 사람들은 원망하는 자며 불만을 토하는 자며 그 정욕대로 행하는 자라 그 입으로 자랑하는 말을 하며 이익을 위하여 아첨하느니라

큰 회사의 임원을 맡고 있는 한 남자가 아침 식사를 하러 한 레스토랑에 들렀습니다.

입구에 들어가던 남자에게 잠시 나와서 쉬고 있는 웨이터의 목소리가 들렸습니다.

"젠장, 당장 5만원만 있어도 삶이 참 행복할 텐데..."

남자는 웨이터에게 무슨 딱한 사정이 있나 싶었습니다. 그래서 식사를 마치고 웨이터를 불러 5만원을 팁으로 주었습니다. 식사를 마치고 나오던 남자는 웨이터가 다시 휴식을 취하러 나온 것을 보고 그가 어떤 말을 하나 귀를 기울여보았습니다.

"젠장, 10만원이라고 말을 했어야 했는데!"

기도를 들어주신 하나님께 오히려 불평과 불만을 쏟아 놓은 적은 없으십니까? 탐욕은 우리의 감사의 길을 막고 결코 만족함을 모르게 만듭니다. 탐욕을 버릴 때 감사할 수 있는 마음이 생깁니다.

감사와 불평을 만드는 것은 작은 태도입니다. 주님의 기도응답에 확실히 감사를 표현하는 성도가 되십시오.

💛 주님! 작은 일에도 감사하고, 믿음으로 기다리는 성도가 되게 하소서!
🌿 기도제목과 응답사실을 알 수 있게 수첩에 적으십시오.

구원의 시간

● 막 15:43 아리마대 사람 요셉이 와서 당돌히 빌라 도에게 들어가 예수의 시체를 달라 하니 이 사람은 존경 받는 공회원이요 하나님의 나라를 기다리는 자 라

시간에는 세 가지 종류가 있습니다.

첫째, 천문학적인 시간입니다.

이것은 자연적으로 존재하는 시간으로 하루, 한달, 일년과 같이 정확히 측정되는 시간입니다. 우주가 돌고, 해가 뜨고 지면서 자연적으로 결정되는 천문학적 시간은 대부분의 사람들이 생각하는 시간입니다.

둘째, 생물학적 시간입니다.

사람뿐 아니라 모든 생명체의 몸에는 시간을 통해 생체리듬을 조절하는 장치가 있습니다. 조금씩 개인의 편차는 있지만 사람이나 동물이나 서로 평균 수명은 비슷하다는 사실을 통해 수명도 생물학적 시간의 일부분임을 알 수 있습니다. 천문학적 시간은 누구에게나 똑같으나 생물학적 시간은 사람마다 모두 다르게 느낍니다.

셋째, 하나님의 시간입니다.

하나님의 시간은 시공간을 초월하는 차원이 다른 세계입니다. 말씀을 통해 우리는 그것에 대해 어렴풋이 알 수는 있지만 이 땅에서는 누구도 정확하게 이해할 수 없습니다. 하나님의 시간은 현재도 미래도 없는 영원불멸의 시간입니다.

첫째, 둘째 시간의 한계에서 벗어나 하나님의 시간으로 건너가기 위해서는 반드시 구원이 필요합니다. 하나님의 아들 예수 그리스도를 믿어야 하나님의 시간으로 옮겨가는 모든 준비가 끝납니다. 구원의 시간을 준비하십시오.

💜 주님! 하나님의 시간을 생각하며 사는 자가 되게 하소서!

🎴 믿음으로 천국에 가게됨을 감사 하십시오.

지금 할 수 있는 일

● 마 4:20 그들이 곧 그물을 버려 두고 예수를 따르니라

기원전 280년에 그리스 북부의 왕인 피루스는 전쟁 전문가로 불릴 만큼 풍부한 경험과 강한 군사력을 가지고 있어 로마를 두려워하지 않아 전쟁을 선포했습니다. 피루스의 신하인 키네아스는 로마와의 전쟁이 국력을 크게 소모시킬 것이라고 생각해 왕을 찾아가 전쟁을 단념시키려 했습니다.

"폐하, 로마와 전쟁을 해서 이긴 다음에는 무엇을 하실 것입니까?"

"로마를 정복하면 바로 건너에 있는 시칠리아 섬을 정복해야지. 시칠리아 섬을 발판 삼아 아프리카로 가서 카르타고를 정복할걸세."

"폐하, 그렇게 전쟁을 벌여 얻으려는 것이 무엇입니까?"

"키네아스, 주변의 나라들을 모두 정복하면 우린 정말로 편히 앉아서 인생을 즐길 수 있을 거라네."

"폐하, 원하는 것이 그것이라면 전쟁을 할 필요가 없습니다. 우린 지금 그렇게 할 수 있습니다."

그러나 피루스 왕은 키네아스의 말을 듣지 않고 전쟁에 참여했습니다. 피루스는 로마를 상대로 계속해서 승리했습니다. 그러나 피루스가 입은 피해도 점점 커져갔고, 거의 모든 전쟁에서 승리했음에도 불구하고 결국 로마에게 무릎을 꿇고 말았습니다. 이 때문에 역사가들은 아무것도 남는 것이 없는 승리를 표현할 때 '피루스의 승리'라고 표현합니다.

참된 행복은 멀리 있는 것이 아니라 항상 느낄 수 있는 가까운 곳에 있습니다. 주님과 함께 라는 행복을 항상 누리십시오.

♡ 주님! 현재를 말씀대로 사는 것이 최선의 삶임을 알게 하소서!

🔲 요즘의 삶이 말씀 가운데 살고 있는지 돌아보십시오.

조건 없는 구제

● 엡 1:6 이는 그의 사랑하시는 자 안에서 우리에게 거저 주시는 바 그의 은혜의 영광을 찬송하게 하려 는 것이라

청주에 있는 '주님의 교회'는 지역 주민들에게 슈퍼마켓 교회로 알려져 있습니다.

교회 바로 옆에 약 50평 남짓의 공간에는 '사랑의 나눔 마켓'이라는 장소가 있습니다. 각종 생필품과 식품들이 빼곡히 차있는 이곳에서는 지역 주민들이 쉴 새 없이 찾아옵니다. 시간을 불문하고 항상 3,4명의 손님은 이곳을 찾아왔습니다.

사랑의 나눔 마켓은 지역의 어려운 이웃을 돕기 위해 지어졌습니다. 심지어 '신앙과 관계없이' 이웃사랑이 이루어지고 있습니다. 주서택 담임목사님과 성도들은 매년 발행하는 쿠폰 1억 원을 대부분 교회를 다니지 않는 사람들에게 나눠줍니다. 또한 교회 예산의 50% 이상을 선교와 교회 밖의 이웃사랑을 위해 사용합니다. 성도들은 교회에서 매달 나눠주는 5만원 상당의 상품권을 들고 소외된 이웃을 찾아가 꾸준히 사랑을 실천합니다. 교인들 '끼리끼리'만 잘되는 것이 아니라 세상과 소통하는 실천의 장으로 교회를 가꾸자는 주 목사님과 주님의 교회 성도들의 선행은 이제는 자부심이 되었습니다. 그래서인지 이 교회와 슈퍼마켓을 이용하는 80%의 사람들은 신자가 아닌 일반인이라고 합니다.

그리스도인의 삶은 맡은 것을 지혜롭게 관리하는 청지기의 삶이 되어야 합니다. 거저 받은 것들을 복음을 위해 지혜롭게 사용하는 멋진 그리스도인이 되십시오.

♡ 주님! 지혜로운 나눔을 실천하게 하소서!

🎑 사랑을 전하고 구제하는 데에는 아무런 조건을 달지 마십시오.

다이빙의 즐거움

● 엡 2:7 이는 그리스도 예수 안에서 우리에게 자비하심으로써 그 은혜의 지극히 풍성함을 오는 여러 세대에 나타내려 하심이라

리처드 바크 박사는 '날개의 선물(Gift of Wings)'이라는 자신의 저서에서 성취를 향해 달려가는 사람과 다이빙의 관계를 빗대어 이야기했습니다.

처음 다이빙을 하는 사람은 다이빙 보드로 올라가기 전에 결정을 한다고 합니다. 높은 곳에 있는 다이빙 보드만 봐도 올라갈 용기를 내지 못하는 사람들이 대부분이지만 그 과정에서 올라가기로 결심한 몇몇은 다이빙대를 향해 계단을 올라갑니다.

물론 아직도 심한 갈등을 느끼고 있습니다. 결단은 내렸으나 확신이 없는 단계입니다. 그리고 마지막으로 다이빙 보드 위에 서서 뛸지 말지를 결정합니다. 이때는 심리적 불안감이 최고조인 단계로 이 단계까지 도달한 사람에겐 2가지 선택밖에 없습니다.

하나는 두려움을 극복하지 못하고 올라온 계단을 내려가는 단계로 '패배의 계단'이라고 불립니다. 다른 하나의 선택은 당당하게 물속으로 뛰어내리는 것으로 '승리의 다이빙'으로 불립니다. 뛰어내리기 전만 해도 식은땀이 나고 심장이 쾅쾅거리지만 일단 한 번 뛰고 나면 두려움이 사라지고 그 희열을 느끼기 위해 다시 계단을 오르게 됩니다.

뭐든지 처음이 어렵습니다. 그러나 수많은 결단을 통해 한번 은혜의 바다로 몸을 던진 사람은 주님 안의 삶이라는 크나큰 기쁨을 누리게 됩니다. 은혜의 바다 속으로 몸을 과감히 던지십시오.

♡ 주님! 온전히 헌신하는데 방해가 되는 모든 두려움을 물리쳐 주소서!
▨ 은혜에 몸을 맡김으로 충만한 기쁨을 누리는 하루가 되십시오.

신앙의 위기가 찾아올 때

● 롬 4:20 믿음이 없어 하나님의 약속을 의심하지 않고 믿음으로 견고하여져서 하나님께 영광을 돌리며

　영국의 유명한 목사님인 조셉 파커는 68세가 될 때까지 한번도 자신의 신앙과 믿음에 대해서 의심해본 적이 없다고 고백했습니다. 그동안 사람들 앞에서 하나님의 말씀을 전하고 많은 사람들을 전도할 때 했던 말들은 그가 흔들림 없이 믿던 사실들이었습니다. 그러나 조셉 목사님의 사모님이 돌아가셨을 때 신앙의 첫 번째 위기가 찾아왔습니다.

　목사님은 그 때를 회상하며 '당시 거의 무신론자가 돼 있었다'라고 회상했습니다. 너무나 사랑하던 사모님의 죽음을 목사님은 받아들일 수가 없었습니다. 자신의 기도를 무시하고 아내를 데려간 하나님이 자신을 경멸하는 것처럼 느껴졌습니다.

　그러나 며칠이 지난 후 목사님의 신앙은 다시 원래대로 회복되었습니다. 이 땅의 사람은 모두 죽을 수밖에 없고, 누구도 예외는 있을 수 없다는 사실을 깨달았습니다. 목사님은 신앙의 위기로 고민하는 사람들에게 조언했습니다.

　"그리스도를 따라가십시오. 마귀의 유혹에 빠져도 절망할 필요는 없습니다. 단지 두 눈을 그리스도에게서 떼지만 않는다면 여러분도 곧 저처럼 시험에서 벗어날 수 있게 됩니다."

　신앙의 위기가 찾아올 때는 곧 하나님이 주신 것들에 '나의 소유', '나의 것'이라는 생각이 들어갈 때입니다. 우리는 맡은 청지기라는 것을 잊지 말고 다만 모든 삶을 통해 주님의 선함을 나타내게 해달라고 기도하십시오.

💚 주님! 이 땅에 우리 것은 아무것도 없음을 잊지 않게 하소서!

🧩 어떤 상황에서도 항상 시선은 주님께로 고정하십시오.

아름다운 나눔

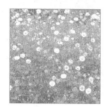 ● 골 3:22 종들아 모든 일에 육신의 상전들에게 순종하되 사람을 기쁘게 하는 자와 같이 눈 가림만 하지 말고 오직 주를 두려워하여 성실한 마음으로 하라

치과의사 박윤규 씨는 성실한 납세를 인정받아 국세청으로부터 '아름다운 납세자'로 선정됐습니다. 그러나 박 씨는 세금뿐 아니라 봉사와 나눔에까지 아름다운 실천을 하는 사람입니다.

원래 박 씨는 철도공무원이었습니다. 1984년 불의의 사고를 당해 한쪽 다리를 잃게 되고 심한 정신적 충격을 받았지만, 그래도 다른 곳이 멀쩡하다는 생각에 감사함으로 고난을 극복했습니다.

4년 동안 열심히 노력한 박 씨는 치대에 입학하게 됐고, 무사히 졸업한 뒤 마산에 치과를 개원했습니다. 박 씨는 성실한 납세뿐 아니라 매년 2명씩 모교의 형편이 어려운 대학생들을 선발해 장학금을 주는 나눔을 15년째 실천하고 있습니다.

때로는 교도소나 해외의 어려운 이웃들을 찾아가 무료로 틀니 시술을 해주는 등, 자신에게 있는 모든 달란트를 남을 위해 소중히 사용하고 있습니다. 박 씨가 이처럼 선행을 실천하는 것은 '능력으로 번 것은 돈이든 선행이든 일부분은 남에게 돌려줘야 한다'는 생각을 갖고 있기 때문입니다. 능력 있는 사람들은 더욱 나눔에 열중하고, 그 나눔만큼 인정받고 대접받는 세상이 박 씨가 꿈꾸는 세상입니다.

하나님의 말씀을 따르며 세상의 의무에 충실한 것은 그리스도인의 당연한 도리입니다. 진리를 믿는다는 자만심에 빠지지 말고 진리를 겸손하게 전하는 사람이 되십시오.

♡ 주님! 말보다 행동이 소리가 크다는 사실을 알게 하소서!

▨ 작은 나눔을 통해 나눔의 참다운 기쁨을 깨달으십시오.

누구일까요?

● 골 3:25 불의를 행하는 자는 불의의 보응을 받으리니 주는 사람을 외모로 취하심이 없느니라

어떤 목사님이 설교시간에 성도들에게 폭탄선언을 했습니다.

다음 주부터 새로운 목사님이 부임한다는 것이었습니다. 목사님은 미리 준비해온 약력을 읽었습니다.

"다음 주에 오시는 목사님은 연세가 50정도 되십니다. 설교 경력은 3년 정도 밖에 없지만 저는 그분이 아주 큰일을 할 수 있다고 생각합니다. 선교지에서 일어난 폭동으로 잠시 사역을 하지 못했던 순간도 있었지만 지혜롭게 위기를 넘겼습니다. 과거에는 성질이 불같이 급해서 여러 일에 휘말렸지만 지금은 완전히 새사람이 되셨습니다. 3,4번의 투옥 이력이 있고 많은 협박과 공갈로 피해도 입었지만 그래도 주님을 향한 열정은 여전합니다. 참고로 이분이 세례나 침례를 받았는지는 잘 모르겠습니다. 그러나 이 분도 그런 것은 신경 쓰지 말라고 말씀하셨습니다. 그리고.."

이야기를 듣던 중 한 성도가 언성을 높였습니다.

"아니, 도대체 세상에 그런 목사가 어디 있습니까? 도대체 그 사람이 누구입니까?"

목사님이 대답했습니다.

"바울입니다. 왜 사람의 겉모습과 살아온 환경을 보고 판단하면 안 되는지 여러분에게 알려드리고 싶었습니다."

성경의 위인들의 환경과 모습, 세간을 떠들썩하게 만든 유명 인사들의 스캔들을 보십시오. 누구나 바뀔 가능성이 있고, 누구나 미끄러져 실수할 수 있습니다. 사람들과의 관계에 모든 가능성을 열어 놓으십시오.

💜 주님! 사람에 대한 기대와 편견으로 상처주지 않게 하소서!

🎁 사람은 불완전하다는 사실을 깨닫고 전적으로 의지하지 마십시오.

생각이 미치는 영향

● 히 10:32 전날에 너희가 빛을 받은 후에 고난의 큰 싸움을 견디어 낸 것을 생각하라

　연세대 총장을 지냈던 박대선 박사는 '실력 발휘'를 위해 가장 중요한 것은 실력 자체보다도 마음 자세와 신념이라고 늘 주위에 말했습니다.

　박 박사님은 학생 시절에 유도 선수 생활을 했습니다. 선수 생활을 오래 하게 되면 다른 선수들에 대해서 많은 정보를 갖게 되는데, 상대가 정해지자마자 '저 사람은 실력이 뛰어난 선수다', '저 사람이라면 해볼 만하다'라는 생각이 저절로 들었습니다. 그리고 실제로 그 생각대로 경기가 잘 풀리고, 안 풀리고가 결정되었습니다. 실력이 뛰어나다고 알려진 상대와의 경기에서는 연습 때보다도 몸의 움직임이 좋지 않았고, 해볼 만한 상대로 생각되는 선수와의 경기에서는 연습 때보다도 오히려 좋은 모습을 보였습니다.

　이후로 박 박사는 어떤 선수랑 붙어도 '해볼 만하다'는 생각을 가지고 경기에 임했는데, 그 결과 훨씬 좋은 성과를 거둘 수가 있었습니다. 물론 가장 중요한 것은 실력입니다. 하지만 마음의 자세와 믿음 또한 실력의 큰 부분을 차지합니다.

　사실이든 아니든 생각을 통해 더 좋은 결과를 낼 수 있습니다. 상상할 수 있는 최선의 방법을 구상하고 생각하십시오. 최선을 바라는 마음과 행동에는 100의 손해를 볼 것도 50으로 줄여주는 힘이 있습니다. 삶에 더 도움이 되는 방향으로 항상 생각하십시오.

♥ 주님! 생각을 바르고 정결하게 도와주소서!
🖼 최선의 생각으로 최선의 결과를 끌어내십시오.

훌륭한 목수

● 출 4:11 여호와께서 그에게 이르시되 누가 사람의 입을 지었느냐 누가 말 못 하는 자나 못 듣는 자나 눈 밝은 자나 맹인이 되게 하였느냐 나 여호와가 아니냐

바이올리니스트 정혜지 씨는 미국에서 가장 유명한 음대인 줄리아드와 더불어 뉴욕의 명문 맨해튼 음대에 합격해 화제를 일으켰습니다. 심지어 노스텍사스대학과 캠벨스빌대학은 정 씨에게 전액 장학금까지 제안했습니다.

이 사실이 알려지면서 더욱 주목을 받은 것은 정 씨의 바이올린이었습니다. 정 씨가 이런 놀라운 성과를 거둘 수 있게 도와준 바이올린은 낡아 빠진 고물 바이올린이었기 때문입니다. 그나마 어려운 가정 형편에 좋은 악기를 구할 수 없어 도움을 받아 장만한 것이었습니다. 출석교회인 부산 수영로 교회의 선배 음대생들의 도움을 조금 받은 것을 빼면 기본적인 레슨도 받지 못했습니다. 유명한 연주자들의 동영상과 시디를 듣고 따라서 한 반복연습이 거의 전부였습니다.

고등학교도 다니지 못하고 검정고시를 봐야 했지만 전액 장학금을 제안한 캠벨스빌대가 있어서 유학을 갈 수 있었습니다. 그러나 담당 교수인 필립 루이스는 '미국에서 1%에 드는 영재이니 더 좋은 곳에서 배우라'며 더 명문인 맨해튼 음대에 추천서를 써주었습니다. 고물 바이올린에 나 홀로 할 수밖에 없었던 연습이지만 재능을 꽃피우는 데에는 아무런 문제도 되지 않았습니다.

시도도 해보기전에 핑계를 대며 포기하지 마십시오. 하나님의 뜻이고 진정한 비전이라면 어떤 어려움도 극복할 수 있습니다.

하나님이 열어주시면 불가능이란 없음을 믿으십시오.

💙 주님! 하나님께 불가능은 없음을 확고히 믿게 하소서!
🀫 나를 만드신 분이 주님임을 항상 기억 하십시오.

없어도 줄 수 있는 것

 ● 빌 2:4 각각 자기 일을 돌볼뿐더러 또한 각각 다른 사람들의 일을 돌보아 나의 기쁨을 충만하게 하라

영국의 유명한 화가이자 문화비평가인 존 러스킨은 재물이 없어도 나눌 수 있는 5가지가 있다고 말했습니다.

① 몸을 가지고 남의 어려움을 돕는 봉사.

② 안위를 걱정하는 따뜻한 마음.

③ 미소를 부르는 평온한 눈길

④ 마음을 안심시키는 온화한 표정

⑤ 친절하고 따뜻한 말의 선행

요즘 우리 사회에서도 '재능 기부' 라는 말이 많이 회자되고 있습니다. 하나님은 우리 모두에게 맞는 재능이나 은사를 주셨기 때문에 나눌 것이 없는 사람은 한 명도 없습니다. 봉사를 물질로만 연관 짓지 말고 더 넓은 시야를 가지십시오.

눈에 보이는 게 전부가 아니고 가진 게 없어서 주지 못하는 것이 아닙니다. 형편이 어렵더라도 다른 사람들을 위해 충분히 도움을 줄 수 있는 많은 방법이 있습니다. 작은 호의라도 일상에서 나눔을 실천하며 사십시오.

♥ 주님! 친절이 몸에 배어있는 그리스도인 되게 하소서!

🔳 호의를 베푸는 하루를 통해 기쁨을 느껴 보십시오.

이상한 희망사항

● 눅 10:6 만일 평안을 받을 사람이 거기 있으면 너희의 평안이 그에게 머물 것이요 그렇지 않으면 너희에게로 돌아오리라

　　찰스 알렌이라는 신학자가 미국의 여러 지역의 교회를 대상으로 성도들의 신앙생활에 대해서 조사를 했습니다.

　　설문 대상 모두는 자신을 기독교인이라고 생각했습니다.

　　조사 결과 20%의 사람들은 대부분 주일 성수를 제대로 하지 않고 있었습니다.

　　25%의 신자들은 일주일 중 기도하는 시간이 전혀 없다고 응답했으며, 그보다 10%나 높은 35%의 신자들은 전혀 성경을 읽지 않는다고 응답했습니다.

　　40%의 성도들은 헌금생활에 전혀 관심이 없다고 응답했으며, 75%의 교인들은 교회 출석 외에 어떤 일도 맡은 것이 없다고 응답했습니다.

　　그러나 설문에 응한 사람들 100%는 자신들이 천국에 갈 것이라고 생각했습니다.

　　믿으면 구원받는 것은 변함없는 사실입니다. 그러나 구원받은 사람에겐 반드시 하나님의 자녀로써 합당한 삶으로의 변화가 일어납니다. 구원받은 사람으로서 하나님이 보시기에 합당한 사람이 되도록 믿음과 생활을 점검하십시오.

♥ 주님! 바라는 마음만큼 신앙의 성장에도 신경 쓰게 하소서!

▩ 하나님의 축복과 구원을 받을만한 삶을 사는지 확인해보십시오.

참된 신앙의 위력

●요 4:23 아버지께 참되게 예배하는 자들은 영과 진리로 예배할 때가 오나니 곧 이 때라 아버지께서는 자기에게 이렇게 예배하는 자들을 찾으시느니라

로마의 콘스탄티누스 황제가 밀라노 칙령을 발표해 기독교를 국교로 선포했습니다. 그러나 당시의 로마 내 기독교인 수는 전체의 9%의 불과했습니다.

이런 적은 분포로도 국교로 공인될 수 있었던 것은 굳이 정치적 이유뿐만이 아니라 당시 신앙인들이 지녔던 생명력과 사회 윤리를 바람직한 방향으로 이끌어갈 능력을 인정받았기 때문입니다.

그러나 영국이 중국을 상대로 무분별하게 아편을 판매하며 중국을 암흑의 길로 이끌었을 때 영국 국민의 97%가 기독교인이었습니다. 참된 진리를 증명하는 것은 신자의 수가 아닌 신자가 보여주는 능력입니다.

오늘 날 기독교인이라는 이름을 달고 많은 범죄가 일어나는 것은 신자들이 교회를 다닌다는 사실에만 안도하고 정작 하나님과 함께하는 삶을 살지 않기 때문입니다.

하나님과 동행하고 참된 믿음을 가진 사람은 세상 법보다는 하나님의 법을 따라 살아야 합니다. 참된 신앙인의 모습을 보이는 살아있는 그리스도인이 되십시오.

♥ 주님! 변명하지 않고 당당히 진리를 행하는 삶을 살게 하소서!
▨ 껍데기가 아닌 내실을 다지는 그리스도인이 되십시오.

성령의 열매

● 갈 5:22,23 오직 성령의 열매는 사랑과 희락과 화평
과 오래 참음과 자비와 양선과 충성과 온유와 절제
니 이같은 것을 금지할 법이 없느니라

성경에는 그리스도인이 거둬야 할 성령의 열매가 나옵니다.

① 사랑 - 하나님의 성품을 가장 잘 나타내는 단어가 사랑입니다. 하나님의 사랑은 그 무엇도 바라지 않는 초월적인 사랑입니다(요일4:16) ②, ③ 희락과 화평 - 화평은 마음의 평온을 말합니다. 마음의 평온을 얻은 사람이라야 근심과 두려움을 이기고 진정으로 기뻐하게 됩니다(빌3:1/마5:9) ④ 오래 참음 - 인내는 분노와 억압 같은 안 좋은 감정들 속에서 자신을 다스릴 수 있는 힘을 줍니다. 성경은 욥의 인내를 본받으라고 말하고 있습니다(약5:10-11) ⑤,⑥ 자비와 양선 - 자비와 양선은 한 마디로 나누는 삶입니다. 자비와 양선은 서로 비슷한 뜻입니다. 악에 대해서도 선한 모습을 보이는 것이 진정한 선입니다(창50:15-21) ⑦ 충성 - 창조주 하나님의 말씀을 따라 사는 것이 충성된 삶입니다. 예수님께서도 하나님께 충성하는 충성의 표본이 된 삶을 사셨습니다(계1:5) ⑧ 온유 - 성경이 말하는 온유는 부드러움보다는 길들여짐입니다. 모세와 같이 나의 의지가 아닌 하나님의 뜻에 따라 순종하는 자세가 온유입니다(민12:1-16) ⑨ 절제 - 세상의 모든 욕망에 대해 행동을 조절하는 것이 절제입니다. 사도 바울은 경주에서 이기는 사람이 훈련하는 것처럼 우리도 절제해야 한다고 말했습니다(잠26:28)

예수님을 닮기 위해선 성령의 열매가 나의 삶에 열려야 합니다. 성령의 열매를 바라고 맺는 삶을 위해 노력하십시오.

💜 주님! 성령의 열매가 있게 하소서!
🖼 성령의 열매 중 나에게 부족한 부분을 채우려고 노력하십시오.

한가지 모순

 ● 고후 3:5 우리가 무슨 일이든지 우리에게서 난 것 같이 생각하여 스스로 만족할 것이 아니니 우리의 만족은 오직 하나님께로부터 나느니라

어떤 부자가 신문에 다음과 같은 광고를 냈습니다.

'자신의 생활이 정말로 만족스럽다는 사람은 저에게 오십시오. 당신이 정말로 그것을 증명한다면 1억을 드리겠습니다'

그 광고를 본 많은 사람들이 부자의 집에 몰려들었고, 며칠간 부자의 집 앞에는 긴 행렬이 늘어서게 되었습니다.

그렇게 한 달이 지났지만 일억을 받은 사람은 한 명도 나오지 않았고, 더 이상 찾아오는 사람들도 없었습니다.

부자의 집에 찾아온 사람들은 저마다 자신이 얼마나 인생에 만족하고 있는지 열변을 토했지만, 다음 부자의 한 가지 질문에 대해서는 아무도 대답하지 못했기 때문에 돈을 받지 못했습니다.

"당신이 정말로 생활에 만족하고 있다면 왜 1억을 받으러 나에게 오셨습니까?"

주님만으로 만족한다고 입으로 고백하고는 정작 세상의 다른 즐거움과 만족을 좇는 많은 사람들이 있습니다. 이것만큼 명백한 모순은 없습니다. 주님에 대한 감사의 고백을 삶으로 증명하십시오.

💜 주님! 삶의 모든 만족이 주님으로부터 나오게 하소서!

🏮 오늘 하루 일어나는 모든 일들을 통해 주님께 감사를 돌리십시오.

하나님이 인정하는 사람

● 히 11:6 믿음이 없이는 하나님을 기쁘시게 하지 못하나니 하나님께 나아가는 자는 반드시 그가 계신 것과 또한 그가 자기를 찾는 자들에게 상 주시는 이심을 믿어야 할지니라

한 단체에서 신앙생활을 오랫동안 해온 청년 1만 명을 대상으로 설문조사를 진행했습니다.

첫 번째 질문은 '하나님께 인정받기 위해 필요한 것이 무엇이라고 생각하십니까?'였는데 응답자의 60%가 '착하게 살기 위해 노력하는 것'이라고 대답했습니다.

두 번째 질문은 '우리가 어떤 삶을 살 때 하나님이 만족하실까요?'라는 비슷한 질문이었는데 70%의 응답자가 '성경대로 살기 위해 최선을 다할 때'라고 응답했습니다.

연구를 진행한 사람 중 한 명인 스트로먼은 이 자료의 결과를 통해 '이 설문 조사를 통해 우리는 교회 안에 얼마나 공로주의가 만연한지 깨달았다. 사람들은 아직도 하나님이 우리의 노력을 보고 기뻐하신다고 생각한다'라는 사실을 알게 되었다고 발표했습니다.

하나님이 인정하는 사람은 자기 죄를 인정하고 주님께 도우심을 구하는 믿음있는 사람입니다. 하나님은 우리를 노력과 업적으로 평가하지 않으십니다.

세상에서 아무리 대단한 일을 하고, 착하게 살았다고 하더라도 그것은 하나님께 아주 작은 일일 뿐입니다. 자신을 내세우지 말고 믿음을 내세우십시오.

💛 주님! 모든 것이 주님의 은혜임을 깨닫게 하소서!

🖼 구원과 은혜는 노력으로 얻을 수 있는 것이 아님을 기억하십시오.

철저한 준비

● 잠 24:27 네 일을 밖에서 다스리며 너를 위하여 밭에서 준비하고 그 후에 네 집을 세울지니라

　이스라엘의 국토 대부분은 강우량은 연간 100ml도 되지 않는 척박한 사막입니다.

　게다가 그 마저도 겨울의 1~2달 동안에 비가 집중적으로 내리고 여름에는 매우 적게 내립니다. 땅에도 염분 성분이 많이 포함되어 있어 식물을 키우기가 좋은 환경이 아니지만 그럼에도 이스라엘은 발달된 농업 국가이자 축산 국가로 세계의 주목을 받고 있습니다.

　처음엔 오렌지 하나로 농업을 시작했지만 이제는, 훨씬 많은 특산물들이 생겼고, 각종 제품뿐 아니라 농법과 기술까지 전 세계로 수출하고 있습니다.

　척박한 사막에서 이런 일이 일어날 수 있었던 것은 철저한 준비덕분이었습니다. 이스라엘의 농업을 개발하던 사람들은 먼저 땅을 철저히 분석했습니다. 이스라엘의 토양의 성질과 일 년 중 우기, 강수량들을 철저히 조사해, 그에 맞는 품종들을 먼저 들여와 키웠습니다. 또한 각종 고등 기술들을 농업에 접목시켜, 상상도 못할 정도로 높은 효율을 이루어냅니다. 이런 영향을 받아서인지 이스라엘에서는 농업에 종사하는 사람들 대부분이 매우 높은 수준의 교육을 받은 고학력자이며, 농축산업과 함께 컴퓨터 산업이 함께 연계되어 발달하고 있습니다.

　비전 성취를 위한, 그리고 미래를 위한 철저한 준비를 하십시오. 그러나 결국 이 땅에서의 모든 것도 천국을 위한 준비라는 사실을 잊지 마십시오.

♥ 주님! 정성을 다한 예배와 섬김의 자세를 갖게 하소서!

▨ 모든 일을 기도와 노력으로 철저히 준비하십시오.

트리의 기원

●마 5:14 너희는 세상의 빛이라 산 위에 있는 동네가 숨겨지지 못할 것이요

　　크리스마스이브에 마틴 루터가 숲속을 산책하고 있었습니다.

　　이미 늦은 시간이라 숲은 모두 어두워졌습니다. 그러나 깊은 산속을 거닐던 루터는 찬란한 빛을 내는 한 나무를 발견했습니다. 그것은 보통의 전나무일 뿐이었습니다. 그러나 가지 위에 눈이 소복이 쌓여 있었고, 하늘 높이 떠있는 밝은 달빛이 그 위에 쏟아지고 있어 밝아 보였던 것입니다. 루터는 그 순간 중요한 깨달음을 얻었습니다.

　　'우리 인간도 저 전나무와 같다. 한 개인은 그저 초라한 존재일 뿐이지만 예수님이라는 밝은 달빛을 받으면 세상에 아름다운 빛을 비추이는 존재가 될 수 있구나!'

　　루터는 이 가르침을 다른 사람들에게도 전하고 싶었습니다. 그는 자신의 거실에 전나무를 가져다가 놓고 밝은 빛이 나게 장식을 한 뒤 집을 찾아오는 모든 사람들에게 그 사실을 전했습니다. 이것이 지금의 크리스마스트리의 기원입니다.

　　인간은 스스로는 매우 나약한 존재입니다. 놀라운 업적도 주님과 함께하지 않으면 아무런 목적도 없는 허무한 것으로 끝나고 맙니다. 아름다운 크리스마스이브에 이 땅에 빛으로 오신 예수님을 생각하면서 그 빛을 비추는 아름다운 인생을 꿈꾸십시오.

💗 주님! 주님의 빛을 받고 사는 인생이 훌륭한 인생임을 알게 하소서!
🧩 예수님이 나를 위해 어떤 일을 하셨는지 생각하십시오.

일상에 임하는 성탄의 기쁨

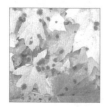

● 요일 4:2 이로써 너희가 하나님의 영을 알지니 곧 예수 그리스도께서 육체로 오신 것을 시인하는 영마다 하나님께 속한 것이요

성탄절을 맞아 어느 신학교의 유명한 교수님을 제자들이 찾아왔습니다.

"교수님, 오늘은 즐거운 성탄절입니다! 우리 이 기쁜날을 함께 축하해야 하지 않을까요?"

그러나 교수님의 반응은 시큰둥했습니다.

"오늘이 성탄절이라고? 성탄절을 기념하지 말고 그냥 오늘이 25일이라는 사실을 기뻐하는 것이 어떨까 싶군?"

제자들은 마음이 매우 상했습니다. 그토록 존경하던 교수님이 성탄절을 이렇게 홀대한다는 것에 크게 실망했습니다. 그 기색을 본 교수님은 계속 말을 이었습니다.

"수천만의 사람들이 오늘이 아니라 성탄절을 즐기지. 그들의 즐거움은 성탄절 잠깐일 수밖에 없다네. 하지만 예수님이 내 마음에 계신 '오늘'을 기뻐할 줄 아는 사람들에겐 성탄의 기쁨이 늘 끊임없다네."

성탄절은 예수님이 이 땅에 오심을 기념하는 날입니다. 뿐만 아니라, 예수님이 우리 마음에 오실 것을 기념해야 합니다. 그러므로 하루의 기쁨이 아닙니다. 성탄을 통해, 예수님의 이 땅에 오심을 통한 구원의 기쁨은 우리가 주님을 영접한 뒤 늘 누리며 살아가야 할 놀라운 기쁨입니다.

1년 중 하루의 성탄이 아니라 1년 중 365일 성탄의 기쁨을 누리십시오.

💚 주님! 성탄의 기쁨을 늘 안고 살아가게 하소서!

🎴 예수님이 이 땅에 오신 사실을 시인하고 만방에 전하십시오.

잘못 기차를 탄 사람

● 시 23:1,2 여호와는 나의 목자시니 내게 부족함이 없으리로다 그가 나를 푸른 풀밭에 누이시며 쉴 만한 물 가로 인도하시는도다

먼 곳으로 떠나는 대륙횡단 열차가 있었습니다.

열차가 출발한 뒤 몇 시간이 지났을 때 갑자기 기관사가 급하게 객실로 뛰어 들어와 외쳤습니다.

"큰일 났습니다! 여러분 모두는 차를 잘못 타셨습니다. 속히 행선지를 확인해주시고, 다음 역에서 내려 돌아가셔야 합니다."

기관사의 외침에 승객들은 깜짝 놀라 차표를 꺼내 확인해 보고 또 서로 비교해 보았습니다. 그러나 모두 같은 표를 가지고 있었습니다. 출발한 시각과 열차의 좌석을 맞춰보아도 아무런 이상이 없었습니다. 승객 중 한 사람이 조용히 손을 들고 기관사에게 말했습니다.

"죄송하지만 차를 잘못 탄 것은 우리가 아니라 당신인 것 같습니다."

기차를 운전하는 기관사가 잘못됐다면 그 여행은 잘 못 됩니다.

우리 인생의 목적을 이끄는 분이 참된 분인지에 대한 확신이 없다면, 그 인생은 역시 마찬가지입니다. 그 어떤 종교, 현인, 가치와 값진 것도 대신 할 수 없는 예수님께 인생을 맡기십시오.

💛 주님! 저의 인생을 온전히 주님께 맡기게 하소서!
🧎 우리를 바른길로 이끄시는 하나님에 대해 확신을 가지십시오.

돈에 대한 관찰

 ● 히 13:5 돈을 사랑하지 말고 있는 바를 족한 줄로 알라 그가 친히 말씀하시기를 내가 과연 너희를 버리지 아니하고 너희를 떠나지 아니하리라 하셨느니라

벤저민 프랭클린은 돈과 행복의 관계에 대해서 이렇게 말했습니다.

"돈은 지금까지 사람들을 행복하게 해주지 못했습니다. 그리고 앞으로도 그럴 것입니다.

저는 오랜 시간 이 문제를 오랫동안 관찰했습니다. 그 결과 돈에는 행복을 만들어내는 힘이 없습니다. 돈을 가진 사람들이 잠깐 느끼는 행복은 사실 욕심입니다. 돈은 가질수록 더 많은 돈을 원하게 됩니다. 돈으로 무엇을 해서 한 가지를 채우면 곧 두 세 가지의 빈자리가 늘어납니다."

이번엔 이름이 알려지지 않은 어떤 목사님의 격언을 소개하겠습니다.

"주님을 만나십시오. 많은 재물이 있어도 주님을 모르면 걱정뿐입니다. 그러나 아무리 가난해도 주님과 만난 사람은 행복합니다."

돈을 많이 갖는 것보다 중요한 것은 많은 돈에도 흔들리지 않는 사람이 되는 것입니다. 돈도 세상의 일부일 뿐이며, 돈을 이용하는 것은 바로 '나'라는 사실을 기억하십시오.

♥ 주님! 돈의 유혹에 흔들리지 않게 하소서!

🖼 많은 돈을 벌기보다 아름답게 사용하는데 관심을 가지십시오.

분별할 능력

●고전 2:13 우리가 이것을 말하거니와 사람의 지혜가 가르친 말로 아니하고 오직 성령께서 가르치신 것으로 하니 영적인 일은 영적인 것으로 분별하느니라

19세기 초에 모스크바에 데이빗 차크바스빌리(David Chakhvashvilli)라는 사람이 있었습니다.

자신이 유명한 과학자이며 사회학자라고 주장한 그는 러시아의 주요 대학들을 돌면서 수많은 강의를 했습니다.

그가 강의한 내용들은 '기술적 혁명', '원자론', '현대의학이란?', '진보된 사회에서의 사랑' 등과 같이 매우 거창하고 심오한 것들이었습니다.

그런데 몇 년 후 데이빗은 유명한 과학자도, 사회학자도 아니라는 사실이 밝혀졌습니다.

그의 직업은 학교의 수위였습니다. 게다가 과학 전공의 교육을 받은 적도 없었습니다. 아무런 지식도 없이 단지 교수자격증을 복제해 강연을 다니던 그에게 러시아 일류대학들은 시간당 몇 십만 원의 강의료를 주고 학생들에게 수업을 받게 했습니다.

사실 더욱 충격적이었던 사실은 그의 강의를 들었던 많은 학식 있던 교수와 학생들이 조금도 의심을 품지 않았다는 사실입니다.

분별력이 없을 때 큰 실수를 하게 됩니다. 성령에 집중하지 않고 말씀을 제대로 알지 못할 때 올바로 영적인 일들을 분별할 수 없게 됩니다. 영적인 문제를 중요하게 생각하고, 절대 소홀히 다루지 마십시오.

💗 주님! 성령을 통해 바르게 분별할 수 있는 눈을 열어 주소서!

🖼 올바른 판단을 내리기 힘들 때는 교역자들을 찾아가 상담하십시오.

세 가지 습관

● 눅 22:39 예수께서 나가사 습관을 따라 감람산에
가시매 제자들도 따라갔더니

위대한 복음 전도자 '빌리 선데이'는 원래 메이저리그의 유명한 야구 선수였습니다.

그러나 선수 생활을 은퇴한 뒤 술에 빠져 방탕한 삶을 살다가 주님을 믿고 구원받았습니다. 그는 이후 놀라운 열정으로 50여 년간 100만 명이 넘는 사람들을 주님께로 인도했습니다. 빌리 선데이는 자신의 신앙과 열정을 유지해준 비결로 세 가지 습관을 말했습니다.

① 하루 중, 15분은 말씀묵상하며, 하나님의 음성에 귀 기울이는 습관.

② 하루 중, 15분은 기도하며, 하나님께 말씀드리는 습관.

③ 하루 중, 15분은 전도하며, 하나님을 다른 사람들에게 전하는 습관.

사도 바울 이후 최고의 복음전도자라는 칭호를 받았던 빌리 선데이를 성장시켰던 것은, 이 세 가지의 단순한 습관이었습니다.

무슨 일에서든 기본이 가장 중요합니다. 하루에 적은 시간이라도 신앙의 기본을 철저히 지킨다면 누구나 귀하게 쓰임받을 수 있습니다.

좋은 습관이 좋은 삶을 만듭니다. 말씀을 실천하는 삶, 복음을 전하는 것이 하나님의 능력을 체험하는 가장 확실한 방법입니다. 믿음의 성장에 필요한 습관을 위해 노력하십시오,

♥ 주님! 주님을 본받는 좋은 습관을 들이게 하소서!

📖 하루에 한 가지 이상의 경건생활을 하는 습관을 들이십시오.

동일하신 분

● 시 40:2 나를 기가 막힐 웅덩이와 수렁에서 끌어올리시고 내 발을 반석 위에 두사 내 걸음을 견고하게 하셨도다

　냉전 시대, 소련에 비해 우주 기술이 뒤처져 있던 미국이 드디어 유인 우주선을 개발했을 때의 일입니다.

　미국의 기자들은 마침내 소련의 기술을 앞지르게 된 것이 너무 기뻐서 나사(NASA)로 몰려가 과학자들을 붙들고 인터뷰를 했습니다.

　"드디어 소련의 우주 기술을 앞지르게 되었습니다. 이번 프로젝트를 진행하면서 느낀 점이 무엇입니까?"

　기자들은 애국심을 고취시키는 감격의 한 마디를 기대했고 많은 과학자들이 또 그렇게 대답을 했습니다. 그러나 그 중 한 과학자는 이렇게 말했습니다.

　"이번 프로젝트를 통해 알게 된 것은 동일하신 하나님입니다. 하나님은 세상을 창조하셨고 그 법칙을 바꾸지 않으십니다. 따라서 우리는 그 법칙이 변할 염려가 없이 안심하고 우주선을 만들고 사람을 태워 보낼 결정을 내릴 수가 있었습니다."

　구원의 본질과 하나님의 능력은 세상이 창조되던 때에나, 2천 여년 전에나, 지금이나 동일합니다. 그리스도인들은 그분의 선하심과 동일하심을 믿고 따르기만 하면 됩니다. 언제나 변치 않는 하나님을 신뢰하며 흔들림 없는 신앙생활을 하십시오.

💜 주님! 세파에 휩쓸리지 않는 굳건한 신앙을 갖게 하소서!

🖼 감정과, 환경에 휩쓸리지 말고 항상 믿음을 삶의 중심에 세우십시오.

희망이 가득한 새 출발

● 시 71:14 나는 항상 소망을 품고 주를 더욱 더욱 찬송하리이다

미국의 부통령을 지냈던 험프리는 노년을 암과 투병하며 보냈습니다.

그의 암은 이미 치료가 불가능할 정도였지만 험프리는 항상 새로운 출발을 하는 맘으로 삶을 살았습니다. 그를 만날 때마다 사람들은 "몸은 좀 어떠십니까?, 많이 힘드시지요?"라고 묻곤 했는데, 험프리는 자신을 향한 사람들의 이 질문이 너무나 싫었습니다. 결국 그는 잡지 리더스 다이제스트에 많은 사람들이 볼 수 있게 다음과 같은 글을 실었습니다.

"역경은 새로운 출발을 위한 자극일 뿐입니다. 그러나 사람들은 너무나 쉽게 포기합니다. 나는 암에 걸렸고 죽어갑니다. 그리고 당신들 역시 암에 걸리지 않았지만 죽어갑니다. 암에 걸렸다고 해서 내가 웃음과 유머를 잃을 이유는 전혀 없습니다.… 그리고 지금 암이라는 역경에도 내가 더욱 즐겁게 오늘을 사는 이유 역시 이것입니다. 언제나 희망은 가득합니다. 역경은 시간이 필요한 문제일 뿐입니다. 우리의 인생에는 희망이 언제나 가득합니다!"

험프리는 임종 때까지 고별연설을 하지 않고 세상을 떠났습니다.

하루의 마지막은 곧 다음날의 시작을 의미합니다. 올해의 모든 안 좋은 기억과 실패의 아픔들을 모두 털어버리고 새로운 희망을 바라봐야 합니다. 모든 역경은 시간이 흐르면 사라지고, 그를 통해 우리는 더욱 성장하고 함께 하시는 하나님을 알게 됩니다. 내년 한 해 주님이 새로이 주실 희망찬 소망을 바라보십시오.

♥ 주님! 올해에도, 내년에도 언제나 함께 하여주심을 감사하게 하소서!

🎴 올해의 모든 안 좋은 기억은 올해의 추억 속에 던져놓고 새로운 시작을 하십시오.

하나님을 바라보라

지은이 | 김장환
발행인 | 김용호
발행처 | 나침반출판사

발행일 | 2012년

등 록 | 1980년 3월 18일 / 제 2-32호
주 소 | 110-616 서울 광화문 사서함 1641호
전 화 | 본   사(02)2279-6321
          영업부(031)932-3205
팩 스 | 본   사(02)2275-6003
          영업부(031)932-3207

홈페이지 | www.nabook.net
이 메 일 | nabook@korea.com
            nabook@nabook.net

ISBN 978-89-318-1436-1
책번호 마-1039

값은 뒷표지에 있습니다.

나침반출판사는 우리를 구원하신 아름다운 주님을
21세기 문명의 이기(利器)를 통하여 널리 전하고 싶습니다.

365일 자녀 축복 안수 기도문

내 아이의 인생이 복을 누리는 길!!
365일 성경말씀과 함께
자녀를 축복하며 안수하십시오!

정요섭 지음 / 국반판 / 400쪽 / 값9,500원

혀의 권세

당신의 미래, 운명을 좋게 바꿔주는 혀-
하나님이 약속하신 말씀을 믿고
당신의 것으로 주장하고
예언하는 법을 배우십시오!

톰 브라운 지음 / 신국판 / 200쪽 / 값9,000원

뜻모르고 당하는 고통과 시련

왜 착한 사람들도 고통을 당하는가?
왜 믿는 사람들도 만사가 꼬이는가?
이 책의 메시지가 당신의 삶에 적용되면
당신의 삶을 형통하게 될 것이다!

레베카 브라운/데니엘 요더 지음
신국판 / 240쪽 / 값10,000원

직통기도 직통응답

당신의 기도가 바로 응답되는 법을
제시한 책!

프란시스 가드너 헌터 지음
국판 / 224쪽 / 값9,000원